本书系教育部人文社会科学重点研究基地重大项目“中国‘民工潮’的问题、前景和对策研究”（项目批准号：02JAZJD790023）和教育部新世纪优秀人才支持计划“新世纪中国农民工市民化与农民发展研究”（项目批准号：NCET-04-0672）的研究成果。

ZHONGGUO NONGMINGONG SHIMINHUA JINCHENG YANJIU

中国农民工市民化进程研究

刘传江 徐建玲 等著

人民出版社

策划编辑:陈　登

图书在版编目(CIP)数据

中国农民工市民化进程研究/刘传江　徐建玲 等著.
-北京:人民出版社,2008.1
ISBN 978-7-01-006786-5

Ⅰ.中…　Ⅱ.①刘…②徐…　Ⅲ.农民-城市化-研究-中国
Ⅳ.D422.64

中国版本图书馆 CIP 数据核字(2008)第 001952 号

中国农民工市民化进程研究
ZHONGGUO NONGMINGONG SHIMINHUA JINCHENG YANJIU

刘传江　徐建玲　等著

人民出版社 出版发行
(100706　北京朝阳门内大街 166 号)

北京新魏印刷厂印刷　新华书店经销

2008 年 1 月第 1 版　2008 年 1 月北京第 1 次印刷
开本:710 毫米×1000 毫米 1/16　印张:19.75
字数:302 千字　印数:0,001-3,000 册

ISBN 978-7-01-006786-5　定价:38.00 元

邮购地址 100706　北京朝阳门内大街 166 号
人民东方图书销售中心　电话 (010)65250042　65289539

前　言

较大规模的乡城人口流动（劳动力转移）是二元结构背景下发展中经济普遍存在的规律，也是二元经济走向一元化现代经济的必经之路。20世纪80年代中期以来，在长期实行城乡壁垒政策后中国开始了由计划经济向市场经济转轨的进程，改革开放在加快了城乡经济发展的同时也扩大了地区间的不平衡，在此背景下出现了大规模、不稳定的农村劳动力涌入城镇，特别是大都市和发达地区城镇的“民工潮”现象。这股规模空前、举世无双，而且流动方向与流动时间均非常集中的“民工潮”自20世纪90年代以来引起了学术界和政府部门的高度关注。文献检索显示，我国学术界对“民工潮”的背景、成因、现状、有序流动途径、正面效应和负面效应等做了大量的分析研究，但已有研究较多注重经济动因、经济后果的研究，而对于低稳定性的乡城流动人口的经济社会学研究，如乡城流动人口社会整合、经济社会互动等问题，关注重视不够，对进入21世纪后我国乡城流动人口出现的新问题乃至农民工群体的根本出路的深入和系统的研究显得比较欠缺。从根本上说，无论是十年前出现的“民工潮”，还是近年来出现的“民工荒”，都只是中国特殊的社会经济背景下乡城人口（劳动力）流动的特殊表现形态，只有从深层次上并站在乡城流入人口（农民工群体）的层面来探讨上述现象，方有可能真正洞察到问题的本质和找到问题的出路。

众所周知，20世纪80年代以来，我国的市场经济导向改革放松了计划经济时代严格的乡城人口流动的规制，但在特殊的制度遗产和渐进性的改革模式下出现的城乡人口转移现象不是从农民（村民）到市民（工人）的职业转换和地域转移同步、合一、彻底的改变，而是呈现出与其他市场经济国家迥然不同的“中国路径”——农村人口的城市化过程被分割成两个子过程：第一阶段，从农民（农村剩余劳动力）到城市农民工的过程已无障碍；第二阶段，从城市农民工到产业工人和市民的职业和身份变化过程，目前的进展依然步履维艰，这正是亟须关注和解决的现实问题。因为从农民到城市农民工的流动过程已经没有实质性的障碍，才有可能出现“民工潮”；同时，也正是因为从进城农民工到城市产业工人和市民的职业和身份转变过程步履维艰，“民工潮”才会随着农民工的季节性流动而周期性地“潮涨潮落”。换言之，尽管计划经济时代建立起来的城乡“壁垒”已被打破，但已经从农民变成农民工的这一新兴群体仍然不能畅通无阻地穿越城乡之间有形和无形的“户籍墙”，未能完成城市化“中国路径”的第二段旅程，并因此而引发了由“民工潮”现象派生出的一系列社会经济问题。因此，中国构建和谐社会过程中乡城人口转移面临的首要问题是通过推进“农民工市民化”进程来解决农民工的根本出路问题，而不是大多数学者所说的一般意义上的“农村人口城市化”或“农民市民化”问题。

基于上述社会现实和认知，本课题组认为，对“中国‘民工潮’的问题、期间和对策”课题的研究，不宜再从经济体制改革的大背景和城乡收入水平差距的宏观层面来分析和预测“民工潮”或乡城流动人口的背景、原因、态势和影响，而是要更多地从微观层面、立足于对农民工群体的特征和行为来考察、探讨农民工的出路问题。具体来说：（1）将“农民工市民化”作为本课题的研究主线。这是基于我国城乡人口转移“先从农民到农民工”，然后“再从农民工到市民”的“中国路径”，以及经典的教科书理论上的“一步转移理论”不能有效地解释城乡人口转移的“中国路径”所面临的理论困境。因此需要用“农民非农化理论＋农民工市民化理论”的“两步转移理论”取代传统的“农村人口城市化”或“农民市民化”的“一步转移理论”，而现实中缺乏的是系统的“农民工市民化”理论。（2）推进农民工市民化进程，需要从农村退出、城市进入以及城市融合这三个环节着手。在农村退出环节，需要解决的核心问题是耕地流转制度与机制的创新、农地征用制度与机制的创新；在城市进入环节，需要解决的主要问题包括户籍制度的转型、城乡一体化就业制度的变革、农民（工）人力资本的投资与积累、农民（工）社会资本的投资与积累等问题；在城市融合环节，需要解决的核心问题是农民工生存保障的社会化和生存环境的市民化。现有的制度障碍是农民工市民化面临的最主要障碍，突破这一坚冰需要推进三大制度创新：构建农民退出农业、农村的新型机制；建立城乡统一的劳动力市场；打造面向农民工的新型社会保障制度。(3)重点关注“第二代农民工”的市民化。当今中国正处在一个快速变化的时代，不同的时代背景下出生和成长起来的农民工，个体的人格特征显著不同，改革开放以后出生的第二代农民工和计划经济时代成长起来的第一代农民工，不论在成长的社会环境还是家庭环境方面发生了根本性的变化，这在很大程度上决定了这两部分农民工不再是一个具有高度同质性的抽象群体，而是在文化、观念和行为上都有着明显差别的两个亚群体。目前，我国农民工市民化面临的前沿挑战是20世纪80年代以后出生的第二代农民工的市民化。随着第一代农民工年龄的增大和逐步返回农村，第二代农民工陆续进入城市并成为农民工的主体。这部分人成长的社会环境和家庭环境与其长辈发生了很大的变化，他们在文化程度、人格特征、打工的主要目的、城市认同感、生活方式、工作期望、与农村家庭的经济联系等方面与第一代农民工也迥然不同，他们的“城市梦”也比他们的父辈更执著，他们中间大多数人不愿意在结束了若干年的打工生涯后回乡务农，而且更加值得关注的是他们中间绝大多数根本没有务农的经历和经验。

三年多来，本课题组基于上述基本观点和思路，综合运用发展经济学、发展社会学、新制度经济学和人口经济学的分析视野，采用文献研究、问卷调查等方法，运用计量分析、统计分析和计算机数据处理手段，从理论、实证、体制（制度）和政策等层面探讨了农民工的市民化及其进程测度问题。本书正是这项研究的最终成果，具体而言：本书首先以中国世纪交替时期先后出现的“民工潮”和“民工荒”现象为现实背景，从时间和空间维度角度提出农民工市民化是中国特色乡城劳动力转移和城市化进程中的第二阶段（第一阶段：农民→农民工；第二阶段：农民工→市民）。而农民工市民化进程包括农民工从农村退出、城市进入以及城市融合三个环节。接着按照农民工市民化进程三个环节展开：第二、三章研究农民工从农村退出问题，包括土地流转、土地征用与农民工农村退出；第四、五、六章是研究农民工的城市进入问题，主要包括农民工城市进入的外部制度（户籍制度与就业制度）、劳动力市场、个人因素（人力资本与社会资本）与农民工城市进入；第七章是研究农民工的城市融合，主要探讨社会保障与农民工城市融合。最后，第八章是从总体上探讨农民工市民化进程测度的内涵、指标体系以及农民工市民化程度的实证分析。

本课题研究成果的新意主要体现在如下四个方面：（1）首次提出解释中国乡城劳动力转移“中国路径”两步转移理论，即：“农民非农化理论+农民工市民化理论”。我们认为中国乡城劳动力转移呈现出与市场经济国家迥然不同的“中国路径”：农村人口的城市化过程被分割成两个子过程：第一阶段，从农民（农村剩余劳动力）到城市农民工的过程已无障碍；第二阶段，即是从农民工到市民的农民工市民化阶段，面临着比“显性户籍墙”更加坚韧和难以穿越的“隐性户籍墙”。需要用“农民非农化理论+农民工市民化理论”的“两步转移理论”取代西方传统的“农村人口城市化”或“农民市民化”的“一步转移理论”。（2）首次系统地提出并深入研究了农民工市民化的多层次内涵及其内在关系和农民工市民化的三大环节。笔者首次提出了农民工市民化的内涵（包括生存职业、社会身份、自身素质以及意识行为四个层面向市民的转化）以及具体环节（从农村退出、城市进入以及城市融合三个环节），比较全面系统地论述了农民工市民化的各个环节。（3）系统地探讨了农民工群体的分化现象，并深入探讨了第二代农民工的新特征和第二代市民化面临的挑战。出生于20世纪80年代的第二代农民工是我国农民工市民化进程中最迫切也是最主要的部分。（4）第一次提出了测度农民工市民化进程的测量指标体系，并利用本课题组组织的针对流出地和流入地农民工所进行的两次问卷抽样调查获得的第一手数据对农民工市民化进程进行了实证分析。在农民工市民化进程实际度量中，我们强调主观意愿与能力两项关键要素，首次提出了外部制度因素、农民工群体和农民工个体市民化进程三层指标，并进行了实证分析。

本书是教育部人文社会科学重点基地2002~2003年度重大项目《中国“民工潮”的问题、前景和对策研究》（批准号：02JAZJD790023）的最终研究成果，同时也是教育部新世纪优秀人才支持计划项目《新世纪中国农民工市民化与农民发展研究》（批准号：NCET－04－0672）的研究成果。项目负责人刘传江主持参与了课题研究的全过程，承担了课题研究方案设计、调查方案设计、实地调查组织、文献研究、理论研讨、最终成果框架设计、部分章节撰稿和全部最终成果的修改、统编、定稿工作。课题组主要成员以不同方式参与了本课题的研究方案、最终成果框架和有关理论问题的研讨工作，在理论和方法论层面上对本课题的研究工作作出了诸多积极的贡献。课题组成员徐建玲、周玲、黄云平、李桂芝、罗晶、赵莉娜等主要承担了本课题的实地调查、资料收集、数据处理和部分章节初稿的撰稿工作，其中徐建玲还协助课题主持人完成了最终研究成果的修改、统编、定稿工作。撰稿人的撰稿分工是：刘传江（第一、五、六、八章，附录1、附录2），徐建玲（第五、八章，附录3），罗晶（第二章），李桂芝（第三章），黄云平（第四章），周玲（第六章），赵莉娜（第七章）。由于农民工市民化是一个具有中国特色的新课题，同时更主要是受水平和时间的限制，本书中很可能存在不妥乃至错误之处，恳请专家和同仁们批评指正。

刘传江

2007年10月

于武昌珞珈山麓

目　录

第一章 “民工潮”、“民工荒”与农民工市民化

一、渐进性改革引发了“民工潮”和“民工荒”

20世纪50年代后期开始的重工业优先、快速发展战略及其制度安排给中国的乡城人口流动和迁移构筑起了森严的城乡壁垒，几乎强制性地封堵了人们自发性的乡城人口流动。直到20世纪80年代改革开放后，自发性的乡城人口流动才重新成为可能。然而，在城乡二元结构及其“势差”非常显著的情况下，以农村为突破口、从传统体制外围改革为特色的渐进性改革，先后引发了广为关注的“民工潮”和“民工荒”现象。

（一）20世纪80年代中期开始出现的“民工潮”

1. “民工潮”现象

自20世纪80年代中期开始，以农民工为主体的流动人口大军开始在中华大地上涌动，而且其规模与年俱增。据不完全统计，全国流动人口，1982年不超过3000万人①，1985年上升到5000万人，1988年为

① 中国社会科学院人口研究所编：《中国人口年鉴1987年》，经济管理出版社1988年版，第165页。

7700万人，这其中外出打工的农民及其他农村人口约占70%。到20世纪90年代初，全国民工及他们所带动的农村流动人口，在5000万人以上。[①] 1992年全国约有6000万~7000万农民工在流动。[②] 根据农业部农村固定观察点办公室对11个省的75个村的跟踪调查，1993年75个村外出的农村劳动力占劳动力总数15%，据此分析，全国农村劳动力总数为4.3亿，外出劳动力大约为6450万人，这与有关部门测算的7000万人大体相近。[③] 另据中国社会科学院社会学研究所的测算，1995年离开本乡外出务工农村人口在6500万~7500万人，1995年达到8000万[④]，占流动总人口的81%~94%。[⑤] 2000年全国第五次人口普查资料显示，离开户籍所在地半年以上的人口为1.2亿，其中进入城镇在二、三产业单位打工离土离乡的农民工约8000万人。据有关部门统计，2002年离土离乡的农民工约为9460万，在人数上已经超过城镇有户籍的二、三产业职工。[⑥] 根据国家统计局农调队实施的农村住户劳动力抽样调查，调查样本农户中的农村转移劳动力占农村劳动力的比重由1997年的18.1%上升至2000年的23.6%。根据统计调查推算，2002年全国外出就业的农村劳动力超过9400万人，比上年增加约470万人。全年农村劳动力到乡以外就业的人数比上年增长5.24%。据劳动和社会保障部调查分析，2005年5月，我国外出农民工总数约为1.2亿人，其中进城农民工约为1亿，跨省流动就业的农民工约为6000万（按照外出务工的农村劳动力80%进入城镇、50%跨省流动计算）[⑦]，如果再

---

① 王洪春：《中国"民工潮"与经济发展》，载《社会学研究》，1997年第4期。

② 潘盛洲：《农村劳动力流动问题研究》，载《管理世界》，1994年第3期。

③ 郭书田：《"民工潮"—农村劳动力跨区域流动的分析》，载《科技导报》，1995年第4期。

④ 人民日报，1995年7月9日，第1版转引自陈浩：《中国农村劳动力外流与农村发展》，载《人口研究》，1996年第7期。

⑤ 王洪春：《中国"民工潮"与经济发展》，载《社会学研究》，1997年第4期。

⑥ 许巧仙：《"民工潮"现象的经济学思考》，载《河海大学学报（哲学社会科学版）》，2004年第6期。

⑦ 劳动和社会保障调研组：《当前农民工流动就业数量、结构与特点》，出自国务院研究室课题组：《中国农民工调研报告》，中国言实出版社2006年版，第70页。

加上在本地乡镇企业就业的农村劳动力，农民工总数大约为2亿人①。据有关专家预测，未来一段时期内，如果政策不发生大的变化，农民工的数量仍会以平均每年500万人左右的规模持续增加②。尽管这些调查的口径和范围不尽相同，调查方法和结果也略有差异，但都反映了农村劳动力流动数量巨大，并逐年增加的事实。③

2. “民工潮”产生的原因

有关“民工潮”产生的原因，或者说是社会经济背景，国内许多学者已经作了较多的研究和探讨，形成了以下主要的认识：（1）以蔡昉为代表的学者认为中国传统的重工业优先发展战略以及相应体制是“民工潮”产生的深层原因。随着农业劳动生产率的提高、人均耕地的减少，一旦国家在政策上有所松动，近30年所积淀下来的农村剩余劳动力（在20世纪50～70年代，中国农村新蓄积了约2亿的剩余劳动力）便大规模转移出来了，形成了所谓的“民工潮”。④ 在这一点上，许多学者看法一致。（2）不少学者从“推力—拉力”角度解释“民工潮”产生的原因。农村劳动力增长超出了刚性土地资源的有效容纳力，农业比较经济效益低以及乡村企业吸收农村劳动力能力减弱对农村劳动力产生了巨大的外推力；城乡居民收入差异日益扩大，城市经济活跃，就业机会较多，形成了对农村剩余劳动力的需求，形成了城镇对农村劳动力的内拉力；发达地区、尤其是城市对农村劳动力产生巨大吸引力。据对珠江三角洲外来农民工的调查：外流偏重客观或物质因素的占51.9%，偏重主观或精神因素的占42.2%。⑤（3）辜胜阻等学者从社会经济背景分析，认为农业生产责任制的实施、紧张的人地关系、粮食的增产、农产品流通体制改革等给农民流动创造了条件，同时，城镇的初

---

① 中国农民工问题研究总报告起草组：《中国农民工问题中报告》，出自国务院研究室课题组：《中国农民工调研报告》，中国言实出版社2006年版，第4页。

② 华迎放：《农民工社会保障问题》，载《新华文摘》，总第344期，2005年第20期。

③ 都阳、朴之水：《迁移与减贫——来自农户调查的经验证据》，载《中国人口科学》，2003年第4期。

④ 蔡昉主编：《中国人口流动方式与途径（1990～1999年）》，社会科学文献出版社2001年版，第4页。

⑤ 陈浩：《中国农村劳动力外流与农村发展》，载《人口研究》，1996年第7期。

步开放吸引了农村人口流动，地区间发展差异加大了人口流动的势能。[①]（4）罗玉达认为“民工潮”是中国工业化、城市化、现代化进程必然会出现的社会现象[②]。城市化滞后于工业化，非农产业与城市化的不协调是我国城市化的主要特点[③]。（5）杨云彦认为投资倾斜是劳动力跨区流动的重要导向因素。资本投入向东部地区的倾斜，为这些地区经济发展注入了强大动力，并创造了大量就业机会，中西部地区的劳动力大量流入东部地区。经实证分析，投资对劳动力流向有牵引效应，1985～1990年间各省区劳动力流入量和全社会固定资产投资的相关系数为0.7758，1990～1995年的相关程度为0.9454。[④]（6）刘正芳认为城市和农村的比较利益的差别是导致农民大量涌向城市打工的原因。[⑤]（7）段小梅认为寻求较高的收入水平是我国农村剩余劳动力转移的主要动机。我国农村剩余劳动力在省内的流动以大中城市为主，远距离流动则主要流向东部沿海地区，其原因就在于这些地区的收入水平都较高。[⑥]（8）谭文兵等认为农民就是从城乡收入之间的差额上选择能够给自己带来最大经济利益的机会和地点来进行迁移的。这种追求自身利益的迁移选择，是人口向城市化运动进程中强调微观动力机制的根本动因。[⑦]（9）蔡昉和都阳从绝对收入差距和相对收入差距角度分析发现，二者都对迁移有着重要的作用。因此不应仅仅看到城乡绝对收入差距带来的迁移，农村内部的收入差距扩大，甚至大于城乡之间的差距，对迁移有着激励作用。[⑧]（10）徐维祥等认为产业集群所导致的农村跨省流动是大量农村

① 辜胜阻、刘传江主编：《人口流动与农村城镇化战略管理》，华中理工大学出版社2000年版，第189～196页。

② 罗玉达：《农村剩余劳动力的现状及其出路研究——兼论“民工潮”的对策》，载《贵阳师专学报（社会科学版）》，2000年第3期。

③ 邹农俭：《中外农村劳动力转移模式的比较研究》，载《人口学刊》，2001年第5期。

④ 杨云彦：《劳动力流动、人力资本转移与区域政策》，载《人口研究》，1999年第9期。

⑤ 刘正芳：《民工潮：起源效应与对策》，载《财经科学》，2004年第4期。

⑥ 段小梅：《人口流动模型与我国农村剩余劳动力转移研究》，载《农村经济》，2003年第3期。

⑦ 谭文兵、黄凌翔：《农村人口城市迁移的动力机制》，载《城市问题》，2002年第2期。

⑧ 蔡昉、都阳：《迁移的双重动因及其政策含义——检验相对贫困假说》，载《中国人口科学》，2002年第4期。

剩余劳动力的主要途径①，同时产业集群成长支撑着农村劳动力的稳定转移②。

（二）近年来新近出现的“民工荒”

1.“民工荒”现象的出现

从2004年1月起，有着近9亿农民的中国首次遭遇了“民工荒”，打破了农村剩余劳动力“无限供给”的神话。在广东东莞首次官方确认民工紧缺以来，随后波及到珠江三角洲、长江三角洲、福建沿海地区、环渤海地区，并向中西部地区纵深发展，其中尤以珠三角地区为甚。仅深圳、东莞两市即缺农民工超过50万，据有关专家估计，广东省缺农民工超过200万。

长江三角洲地区以浙江宁波为例，据宁波各县（市）区就业管理部门对432家规模较大的企业开展的劳动力需求状况调查显示，这些企业的农民工人数缺口为2.9万，2004年的从业人员为22.95万人，用工缺口达12.6%。

环渤海湾地区以辽宁大连、山东烟台为例。据大连市外来劳动力市场的统计显示，2004年1~8月份，该市用工单位共提供岗位数约4.8万个，但劳动力市场只介绍了1.4万名农民工上岗，近3.4万个岗位处于空缺状态。据烟台市劳动力市场2004年第二季度职业供求状况分析显示：第二季度全市用人单位提供的各类需求岗位46830个，比2003年同比增加了6.7%，而进入市场报名、求职的人员总计只有40595人次。

中部地区以湖北武汉、湖南长沙为例。据业内人士估算，单只武汉汉正街缝纫工的缺口就在9000人左右，占总需求量的1/3。据湖南长沙妇联家政服务中心负责人介绍，2004年春节以来，该中心保姆市场求职的保姆数量大概减少了70%。

西部地区以新疆为例，新疆地方和生产建设兵团都普遍面临着往年

---

① 范剑勇、王立军、沈林洁：《产业集聚与农村劳动力的跨区域流动》，载《管理世界》，2004年第4期。

② 徐维祥、唐根年：《基于产业集群成长的浙江省农村劳动力转移实证研究》，载《中国农村经济》，2004年第6期。

少见的"民工荒"。新疆兵团2004年700多万亩棉花需要近40万名摘棉工。单农七师大概就需要10万余名外来工，缺口2万余人。据新疆石河子垦区农业局有关负责人透露，该地区2004年本计划从内地招收18万名季节性棉花采摘工，但实际上仅有10万人到位。"民工荒"在重庆、贵阳、兰州等不少西部城市均有不少的报道。①

2. "民工荒"的原因

始于2004年，最先发生在东南沿海的"民工荒"是在农村劳动力无限供给和城乡收入差距悬殊条件下产生的，对此，学术界给予了不同原因的解释：(1)"民工荒"是结构性短缺②，也是技工荒③。(2)"民工荒"出现的真正原因在于农民工的工资低，特别是没有伴随物价特别是粮食价格的上涨而导致净收入下降④，是劳资关系冲突的症结⑤。(3)政府的惠农政策减弱了农民工进城打工的冲动。⑥(4)通货膨胀使农民工产生适应性预期，由于预期通货膨胀率高于实际通货膨胀率，从而减少劳动供给导致短期内劳动力市场失衡。⑦(5)对农民工不利户籍制度、就业制度和社会保障制度等是"民工荒"的根源。⑧(6)产业过度集中以及产业转移滞后引起区域性"民工荒"⑨，是低级劳动密集型产业与城乡二元体制的"混血儿"⑩。(7)"民工荒"体现出民工维权

① 此处仅列举几例媒体的报道：(1)新华网2005年5月16日以《"民工荒"现象呈西移之势》为题报道了重庆市农民工短缺的情况；(2)中新社2005年2月19日报道：《许多民工迟迟还未返城　兰州出现节后"民工荒"》；(3)《贵州都市报》2005年7月16日第一版以《省城二季度劳动力市场求大于供的形势有所缓解，普工需求缺口最大》为题报道了贵阳市农民工短缺的情况。

② 李传志：《关于珠三角"民工荒"的思考》，载《经济问题》，2005年第5期。

③ 王国辉、穆怀中：《民工荒、技工短缺与农民工社会保障制度建立的临界点》，载《人口与经济》，2005年第4期。

④ 包小忠：《刘易斯模型与"民工荒"》，载《经济学家》，2005年第4期。

⑤ 黄晓静、张辉：《"民工荒"——中小企业劳资关系冲突的症结》，载《科技情报开发与经济》，2005年第18期。

⑥ 王建红：《农民工短缺的理性分析与应对策略》，载《南京人口管理干部学院学报》，2005年第7期。

⑦ 车圣保：《略论通货膨胀预期对劳动力市场的影响》，载《价格月刊》，2005年第9期。

⑧ 马用浩、由彦平：《社会转型视野中的"民工荒"现象》，载《求实》，2005年第7期。

⑨ 刘艳：《"民工荒"现象探析：一个产业转移的视角》，载《探索》，2005年第2期。

⑩ 韦曙林、许经勇：《透过"民工荒"现象看其问题的本质》，载《学术研究》，2005年第1期。

“用脚投票”的市场行为选择[①]和维权组织的缺失[②]。(8)“民工荒”凸显出劳动力市场多层次矛盾[③]，也是市场调节的必然[④]。(9)从劳动力个人供给角度看，第二代农民工和第一代农民工的不同价值取向和工作要求，导致在次属市场上劳动力供给不足。[⑤] 此外，进城务工成本不断升高、工业扩张对农民工需求扩大、随着西部大开发、中部崛起战略的推进而出现了民工流向成多元化发展态势等因素，也是出现“民工荒”的现实原因。

二、农民工群体及其社会经济特征

“民工潮”的冲击波尚未消退，“民工荒”的喊声又不绝于耳。现有的人口流动理论中找不到对这种看似矛盾现象的有力的解释。所谓“民工潮”、“民工荒”，其全称是“农民工潮”和“农民工荒”，为了寻找上述现象的实证成因和出路，首先需要考察“农民工”这一现实的概念和群体的内涵与特征。

（一）农民工的内涵和外延

1. 农民工称呼的演变

农民工一词经历了“盲流”、“民工”、“打工仔”、“打工妹”、“外来务工人员”、“新产业工人”等最终约定俗成下来。

(1)“盲流”。所谓“盲流”，根据字面意义来理解，原指盲目流动

---

① 卢巧玲：《从“民工荒”现象看农民市民化》，载《农村经济》，2005 年第 6 期。

② 程蹊、陈全功：《“民工荒”与民工维权组织的建立》，载《农村经济》，2005 年第 2 期。

③ 宋晶：《从民工潮到民工荒：基于劳动力市场管制视角的分析》，载《财经问题研究》，2005 年第 10 期。

④ 卢巧玲：《从“民工荒”现象看农民市民化》，载《农村经济》，2005 年第 6 期。

⑤ 刘传江、徐建玲：《“民工潮”与“民工荒”——农民工劳动供给行为视角的经济学分析》，载《财经问题研究》，2006 年第 5 期。

的人群。在国内最早出现该词是在1953年7月中央政务院发布的《关于制止农民盲目流入城市的紧急通知》。1984年后，由于国家实行严格的户籍管理制度，所谓的盲流，特指那些在改革大潮中从农村“流”到城市找活干的农民们，“非国家指派而到外地谋生、工作而没有当地户口的人”。[①] 该词的产生是与当时国家传统计划经济体制的特征相适应：对城乡人口流动的限制，才能更好维持社会的安定和经济计划的要求。“盲流”这个词的本义“盲目流动”已逐渐淡化，演变成了恶俗用语的代表。毋庸置疑，“盲流”一词是历史上对农民工非常具有歧视性的字眼，随着社会的发展早已退出历史舞台。

（2）“民工”。在20世纪50年代初期，人们所称的“民工”，通常指在政府号召下参加修筑公路、堤坝或帮助军队运输等工作的人，其中以农民为主。改革开放后，“民工”则主要指进城务工的农民。“民工”概念的内涵和外延已经发生很大的变化，从中可以明显看到历史变迁的轨迹，是变化的历史环境使农民有离开土地外出谋生的机会，是改革开放的政策催生了新的“民工”概念。[②] 之后，“民工”一词被“农民工”这个称呼所代替。

（3）“打工仔”与“打工妹”。“打工仔”与“打工妹”源于南方方言，具体时间已无从考证。改革开放后，经济较为落后地区的年轻人率先走出家乡到经济发达地区打工，社会上渐渐流行用“打工仔”、“打工妹”来统称进城务工的青年男女。1991年，首次反映广东地区外来打工者生活的电视剧《外来妹》，在中央电视台热播，并且引起全国轰动，将人们的注意力吸引到这个群体中去，也使得“打工仔”与“打工妹”这一称谓从此走出广东，成了全国通用的词汇。“打工仔”、“打工妹”的称呼非常明确地反映出进城农民工的特征，年龄以青年为主，工作性质是雇佣劳动。

（4）新产业工人。2004年中共中央、国务院一号文件下发的《关于促进农民增加收入若干政策的意见》中，第一次从理论上提出了

---

① 何忠平：《民工潮十八年关键词》，载《知识经济》，2003年第2期。

② 朱胜国：《取消“民工”称谓并无多大意义》，载《农村·农业·农民（B版）》，2005年第9期。

“进城就业的农民工已经成为产业工人的重要组成部分”的科学论断，这一论断对农民工的职业属性进行了明确的界定。这既说明国家承认了城市化和工业化推进过程中，作为农民和市民中间状态的农民工阶级地位和作用，也表明了农民向工人、农民向市民转化的必然趋势和改革的决心。有研究表明，农民工经过20多年市场经济的磨炼，目前已经具备了中国工人阶级的基本特征。首先，农民工的工资收入已成为家庭收入的主要来源；其次，农民工中的大多数已与社会化大生产相联系；另外，农民工中的大多数已具备相当的组织性和纪律性，与城市工人阶级已经逐步同质化。根据第5次人口普查资料，农民工在第二产业从业人员中占58%，在第三产业从业人员中占52%，其中，在加工制造业从业人员中占68%，在建筑业从业人员中占80%。农民工作为新近加入产业工人队伍的新产业工人已是我国产业工人的重要组成部分。①

上述这些正规、非正规甚至略带歧视性的称呼都是从不同角度对农民工群体的描述，如从职业角度的称呼：“棒棒”、“扁担”，从年龄角度的称呼：“打工仔”、“打工妹”，从职业角度的称呼：“新产业工人”，但更多的是从户籍和地理因素的称呼：“盲流”、“流民”、“江北佬”、“山东老乡”、“二等公民”等，这恰恰反映出农民工这一称谓所赋含的职业、阶层、户籍的双重性特征。

2. 对于农民工的界定

按照农民工内涵的广度，农民工定义分为以下三种。

（1）广义的农民工。是指从事非农产业的农民，即其身份还没有或未能得以转化又在从事非农产业的劳动者②。

（2）次广义的农民工。学者们通常将农民工定义为拥有农业户口但离开土地从事非农经济活动的雇佣劳动者③。从职业上说，农民工从事的是非农职业或以非农为主要职业，主要收入来自非农活动；从制度身份上说，还是农业户口，属于农民身份；从劳动关系上说，农民工是

① 中国农民工问题研究总报起草组：《中国农民工问题研究总报告》，出自国务院研究室课题组：《中国农民工调研报告》，中国言实出版社2006年版，第7页。

② 韦曙林、许经勇：《透过“民工荒”现象看其问题的本质》，载《学术研究》，2005年第1期。

③ 杨思远：《中国农民工的政治经济学考察》，中国经济出版社2005年版，第4页。

被雇佣者；从地域上说，他们来自农村，是农村人口。[①] 因此，这种划分认为那些自己雇用他人的农村人口，不应属于农民工范畴。次广义的农民工不仅包括就地转移的在乡镇企业从事非农产业的农村劳动力，也包括从农村中流出的城市打工者。

(3) 狭义的农民工。一般是特指从农村到城市中以打工为生的农民。陆学艺等人把改革开放后的中国农村分为8个社会阶层，而农民工是与雇工、农业劳动者等并列的一个农村阶层，他认为狭义的农民工是指在集体、国有单位工作的农村人口（或者有农业户口的人）[②]，显然这个定义是狭义中的狭义。

无论广义狭义，农民工都具有以下共同特征：第一，户籍属于农村，无本地常住城市户口；第二，要居住本地城市或长或短的时间；第三，大部分是处于劳动年龄的劳动力；第四，进城目的是从事有经济收入的活动，即为挣钱而来。

表1－1　农民工的界定

内　容	广义的农民工	次广义的农民工	狭义的农民工
概念范围	大	中	小
特　点	具有农业户口但从事非农活动的农村人口	受雇佣的打工者	进城务工人员
种　类	乡镇企业职工、进城农民工失地农民、私营企业主等	乡镇企业职工、进城农民工	进城农民工

为了进一步明确“农民工”概念的内涵，有必要对下列几组相关概念作具体的辨析。

(1) 人口迁移、人口流动与农民工

传统上把有户籍变动的居住地变化叫做“迁移”，而把没有户籍变动的居住地变化叫做“流动”。[③] 人口迁移是人们以定居为目的跨越一

① 朱力：《准市民的身份定位》，载《南京大学学报（哲学·人文科学·社会科学）》，2000年第6期。

② 陆学艺：《当代社会阶层研究报告》，社会科学文献出版社2002年版，第180页。

③ 蔡昉、林毅夫：《中国经济》，中国财政经济出版社2003年版，第56页。

定地理空间的移动现象，其中经济性移民通常占主导地位，由于他们能在城市中落实户口，会被承认为新的城市居民。改革开放以来，没有户籍变动的劳动力流动现象越来越普遍，出现迁移与流动的概念混同使用，泛指人口为寻找新的就业机会的跨地区移动。[①] 很显然人口迁移和人口流动的概念大于农民工，但以农民工为主体的人口迁移和人口流动常与农民工的研究相混同。

（2）农村剩余劳动力、农业剩余劳动力与农民工

剩余劳动力概念首先由著名发展经济学家 A. W. 刘易斯提出来，他认为剩余劳动力是指边际生产率等于零时的劳动力。但 T. 舒尔茨认为传统社会的农民是有理性的，不存在边际生产率等于零的剩余劳动力。此后，发展经济学家费景汉和拉尼斯认为剩余劳动力是指边际生产率小于生存工资时的劳动力，显然这里的剩余劳动力概念大于刘易斯所说的剩余劳动力概念。我国学术界对农村剩余劳动力存在是没有争议的，而且通常是按照第一种定义来讨论剩余劳动的。

农业劳动力与农村劳动力是两个内涵完全不同的概念。农业是相对于其他产业而言的经济概念，而农村则是相对于城镇而言的地理概念。孟昕和白南生把农业定义为狭义的农业，即指粮棉油等一年生作物的种植业。因此，得出计算公式：

农业剩余劳动力 = 农村劳动力 - 从事狭义农业的必要劳动力

农村剩余劳动力 = 农业剩余劳动力 - 从事农村其他各产业生产的劳动力[②]

由于农村劳动力绝大部分都是从事农业生产的，因此人们通常把农村与农业等同起来，许多理论文章没有区分狭义和广义的农业，很多时候将农业劳动力与农村劳动力混为一谈。

从上述分析来看，农业剩余劳动力对应的是广义农民工的概念，仅以雇佣劳动者身份存在的农业剩余劳动力与次广义的农民工概念相重合，以雇佣劳动者身份存在的农村剩余劳动力对应狭义农民工的概念。

---

① 陈敦贤：《流动人口社会保障体系论略》，载《中南财经政法大学学报》，2005 年第 3 期。

② 孟昕、白南生著：《结构变动：中国农村劳动力的转移》，浙江人民出版社 1988 年版，第 187 ~ 188 页。

为研究和行文方便，在不发生歧义的情况下，以上几种提法在本书中将与农民工的提法互换使用。

3. 农民工的内涵

“农民工”这一中国特色的群体观念具有复杂而又相互矛盾的特征。不论“农民工”这一群体被如何称呼，如何划分，一个不可否认的事实是：农民工是我国经济发展与社会转型过程中出现的一个过渡性群体。从20世纪50年代后期直至改革开放前夕，我国属于计划经济体制下的封闭型二元经济结构，农村人口和城市人口老死不相往来，农民除了参军、招工等极有限的渠道外，根本无法进入城市和成为市民。改革开放后，商品经济、城市经济快速发展，农村生产资料不断流向城市，其中表现最为突出的便是农村对城市的劳动力输出，这就造就了数量极其巨大的农民工。

“农民工”一词，从字面上理解，是“农民”，抑或是“工人”？过去，我们称其为“民工”，说明这一群体确实属于“工人”的范畴，但是，他们又不像城市工人那样，享有各种保险、福利和社会保障，在身份上他们仍然是农民，只是在职业上成为“周期性工人”（农闲便外出打工，农忙便回家种田）。因而“农民工”是介于“农民”和“工人”之间的概念，是一种过渡群体。从根本上讲，“农民工”是指“离乡不离土”的农民。他们离乡背井，来到城市，参与城市的建设，成为非农人口，这一群体仍然没有脱离土地，他们在家乡仍然保有一份土地，并以其作为保障或用来生产口粮。但是，也不排除农民工举家迁往城市而使土地撂荒的情况，且这种现象也是较为普遍的。

我国传统上对农民的界定有三个不同标准：职业、阶层、户籍。农民工是从农民中分离出来的一个特别的群体，因此对于农民工的理解也应当包括这三个方面。农民工是从农民中率先分化出来、与农村土地保持着一定经济联系、从事非农业生产或经营、以工资收入为主要来源，而不具有城镇居民身份的非农产业从业人员。可见，农民工这一概念表明的并不仅仅是一种职业，也不仅仅是一种社会身份或社会地位，而是社会身份与职业的结合。从职业上看，农民工是工人；从社会阶层上看，农民工是位于农民与市民之间的过渡型群体；从户籍（社会身份）看，农民工是农村人口（农民）。这些特征不仅仅是理论意义上的划分，而是与农民工享有现实的社会发展权息息相关。农民工阶层的形成又是一系列对外来人口带抗拒性质的行政管理制度因素如身份制度、户籍制度、劳动人事制度、地方保护主义政策等作用的结果，也促成了城乡分割的“二元劳动力市场”的形成，即一元是在城市中由拥有城市户口的市民所构成的收入较高、劳动环境较好、福利待遇较好、较为稳定的首属劳动力市场，另一元是在城市中由持农村户口的农民所构成的收入较低、劳动环境较差、福利待遇较差、缺乏稳定性的次属劳动力市场。这种二元劳动力市场的隔绝，反过来又会强化农民工在城市中的低下地位。①

4. 农民工的分类与分化

农民工群体随着经济社会发展出现了异质化——因收入、地位和分配社会资源的权利等方面的差异而产生了社会分层。由于对农民工的定义的广度不同，农民工的分类也存在不同。

（1）农民工的分类

陆学艺、杨思远等将农民工分为“离土不离乡”的在乡农民工和“离土又离乡”的进城农民工②③。

刘传江将农民工分为进城农民工、乡镇企业职工和失地农民三部分人群④，另外，还提出“新三农”现象，即无承包土地、无稳定职业、无社会保障的农民，或者是指无地农民、失地农民、外地打工农民。⑤

（2）农民工的分化

有学者根据拥有资本和雇佣方式的不同，将农民工分为三个不同的社会阶层：即占有相当生产资本并雇用他人的业主（老板）、占有少量资本、自我雇用的个体工商业者（个体户）和完全依赖打工的受薪者

① 刘传江：《当代中国农民发展以及面临的问题（二）：农民工生存状态的边缘化与市民化》，载《人口与计划生育》，2004年第11期。

② 陆学艺：《当代社会阶层研究报告》，社会科学文献出版社2002年版，第170页。

③ 杨思远：《中国农民工的政治经济学考察》，中国经济出版社2005年版，第4页。

④ 刘传江：《当代中国农民发展以及面临的问题（二）：农民工生存状态的边缘化与市民化》，载《人口与计划生育》，2004年第11期。

⑤ 刘传江、李桂芝：《当代中国农民发展以及面临的问题（三）：城市化进城中的“新三农”现象及其出路》，载《人口与计划生育》，2004年第12期。

（打工仔）。[①] 前两个群体，因其收入水平较高、居住条件较好、社会地位较高，比较容易完成市民化过程，并有可能跻身于城市中上阶层。占农民工群体中绝大多数的第三部分人处于城市社会的最底层或属于城市社会阶层之外的边缘性群体，是我们研究的重点。

周运清等依据流动农民个体所拥有的社会资源及其所从事的职业状况提出，都市农民经过二次分化后已基本上分化为四大职业层：业主层（个体工商户、私营企业主）、个体劳动者层（有营业执照的个体劳动者和“散工”）、雇工层（具有初高中以上学历的“白领”工人和无技能的“蓝领”工人）和不正当职业者（乞丐和“三陪”小姐）。[②]

王春光从代际认同角度提出农民工分化为第一代农村流动人口和新生代农村流动人口（年龄小于25岁的农民工），认为他们在流动动机和许多社会特征上有很大不同。研究表明新生代农村流动人口对制度性身份的认可在减弱；与第一代农村流动人口不同的是，他们中有一些人开始试着去认同流入地社会，然而，他们的努力并没有得到流入地社区认同；同时，对家乡的乡土认同在减弱，但对农业活动缺乏兴趣。随着新生代农村流动人口的增多，将会有越来越多的农村人口游离出农村社会体系和城市社会体系，在社会经济不景气的情况下，他们将很有可能演变为游民，成为赵树凯指出的“问题民工”。[③]

我们根据改革前后两个时期不同的生育政策和成长环境的客观条件出发，以1980年为界，将之前出生的农民工称为第一代农民工，之后出生的称为第二代农民工[④]。这与王春光将第一代农民工的子女定义为第二代农民工有所不同。随着社会的发展和改革深入，生长在城市中的第一代农民工子女是否继续成为农民工还是一个疑问，现在就称之为“第二代农民工”值得商榷。另外，我们认为第二代农民工随着时间推移，他们的年龄也逐年增长，而不一定是一个小于25岁的群体。因此，

---

① 李培林：《流动民工的社会网络和社会地位》，载《社会学研究》，1996年第4期。

② 周运清、刘莫鲜：《都市农民的二次分化与社会分层研究》，载《中南民族大学学报（人文社会科学版）》，2003年第1期。

③ 王春光：《新生代农村流动人口的社会认同与城乡融合的关系》，载《社会学研究》，2001年第3期。

④ 刘传江：《城乡统筹发展视角下的农民工市民化》，载《人口研究》，2005年第4期。

本书后文采用的第一代农民工和第二代农民工的概念是基于本书笔者自己的定义。

5. 农民工的定位及其评价

（1）农民工的定位

在学术界大致有三种意见，第一种意见认为农民工是工人阶级的一部分：宋林飞认为农民工群体作为工人阶级队伍中的新兴社会阶层，主要进入传统产业工人的队伍，农民工的边缘性特征是目前以至今后一个时期仍然存在但将逐步消失。[①] 刘怀廉认为农民工是工人阶级的新成员，同时也是产业工人的主体。[②] 第二种意见认为农民工不同于传统的城市产业工人：学者们认为农民工作为当代中国产业工人的重要组成部分毕竟不同于传统的产业工人，具有自己显著的特点。他们在经济地位、政治地位方面远不及城市中传统的产业工人，农民工是一个过渡性的社会阶层，最终面临着向产业的最终转化。[③④] 但张智勇指出，在目前户籍制度负面影响还未完全消除之前，提出“农民工是新的产业工人”的说法为时过早。[⑤] 第三种意见认为农民工是准市民：南京大学的朱力把在城市生活的农民工称为准市民，他从社会学的角度分析，认为农民工这个阶层已在事实上成为与我国农民、市民相并列的、相对独立的特殊社会阶层。这类劳动者既不同于农民，也不同于市民，很难再以户口把他们定位在农村或者城市，因此，采取准市民这个中性称谓能比较准确地反映这一阶层的发展历程及在城市中的地位。[⑥]

（2）对“农民工”这一称呼的评价

对于“农民工”这一称呼，也基本上有两种看法，第一种看法是农民工一词不再适宜：孙金栋指出“民工”一词留给人们的记忆是衣

① 宋林飞：《“农民工”是新兴工人群体》，载《江西社会科学》，2005 年第 3 期。

② 刘怀廉：《关于农民工政策的几个问题》，出自国务院研究室课题组：《中国农民工调研报告》，中国言实出版社 2006 年版，第 541 页。

③ 阎德民：《当代中国农民工阶层特征分析》，载《中州学刊》，2004 年第 5 期。

④ 金崇芳：《当代中国农民工阶层的群体特征探析》，载《理论导刊》，2005 年第 11 期。

⑤ 张智勇：《户籍制度、歧视与社会分层——论农民工目前不是中国新的产业工人》，载《生产力研究》，2004 年第 4 期。

⑥ 朱力：《准市民的身份定位》，载《南京大学学报（哲学·人文科学·社会科学）》，2000 年第 6 期。

冠不整、文化不高、素质低下，这与民工给城市带来的贡献极不相称，认为“民工”是早已过时的歧视行称谓，应当由《劳动法》中的“劳动者”这个中性称谓取而代之。[①] 也有学者认为农民工的称呼本身就是一种公民地位的不平等，是一个具有歧视性的概念，不利于社会主义本质与“代表最广大人民的根本利益”充分实现，与人与社会、城市与工业发展的概念不相符[②]，呼吁各级政府部门应做个表率，带头取消“农民工”这个带有歧视性称呼的字眼。[③] 第二种看法是农民工一词的取消与否没有多大意义：朱胜国认为，“民工”一词经历过约定俗成的过程，用“民工”称谓来指代一亿多兼具农民与工人属性的群体是恰当的，并且仅从字面上说“民工”绝不带任何歧视色彩，是城乡二元化差别、不公平的制度导致了农民的“二等公民”地位，才有对“民工”的种种不公正待遇，导致了该词具有歧视性色彩。只有不断从体制调整和制度革新上取消歧视性待遇，让民工和城里人一样享有公正的待遇，才是最为关键的，而仅仅取消“民工”称谓是没有多大意义的。[④]

（二）农民工群体的社会经济特征

农民工现象作为社会各界研究的热点，许多学者从不同角度做出了解释。本章试从时间维度和空间维度对该群体进行分析。

1. 时间维度分析：农民工——转型转轨时期的过渡性群体

当今的中国社会正处在一个深刻的变革的年代，我国由于过去长期以来注重发展重工业，使得现阶段工业化与城镇化的发展极不协调。从国际经验上来看，发达国家的劳动力非农化与其城镇化是基本同步的，人口流动、工业化和城镇化在同一过程中实现。而在我国，从现实来看，人口流动、劳动力转移和城镇化是分阶段逐步实现的。

---

① 孙金栋：《“民工”这个称谓该退出历史舞台了》，载《中国青年报》，2003 年 12 月 22 日。

② 贺汉魂、皮修平：《“农民工”：一个不宜再提的概念》，载《农村经济》，2005 年第 5 期。

③ 韩玉玲：《“农民工”的称呼该改了》，载《农村 · 农业 · 农民（B 版）》，2005 年第 9 期。

④ 朱胜国：《取消“民工”称谓并无多大意义》，载《农村 · 农业 · 农民（B 版）》，2005 年第 9 期。

在以前大多数研究文献中，比较常用的是“农民市民化”这个概念①。然而在实践中，我们发现，光是讲“农民的市民化”不太切合中国的实际。“农民市民化”包含的意义比较模糊，一则在中国农民的数量比较庞大，即使数量不大，从逻辑上或者国际实践经验上来看也不可能让所有的农民成为市民，毕竟农业是一个国家的基础产业。二则我国的城镇化进程也不可能一蹴而就，而是一个渐进的过程，应该是一个有序的分阶段的过程。

在中国市场经济转轨和乡城结构转型的进程中，农村人口城市化显示出独具特色的“中国路径”，即从农民到市民的转变一般要经历两个阶段：第一个阶段是从农民到农民工的转变，第二个阶段是从农民工到市民的转变。

因此，我们不能抽象地探讨“农民市民化”，而应该明确深入研究“农民工市民化”，是基于中国乡城人口转移“先从农民到农民工”，然后“再从农民工到市民”的“中国路径”。经典教科书理论上的“一步转移理论”不能有效地解释乡城人口转移的“中国路径”所面临的理论困境。因此，需要我们用“农民非农化理论＋农民工市民化理论”的“两步转移理论”取代传统的“农村人口城市化”或者“农民市民化”的“一步转移理论”。②“农民工市民化”这个概念能够更准确地体现我国特殊国情下的城镇化道路的渐进性和阶段性。

（1）第一个阶段：从农民到农民工

在第一个阶段中，从农民到农民工的转变面临的最大障碍来自计划经济时代政府人为构筑的“显性户籍墙”。在新中国成立初期，我国就确立了户籍管理工作的基本原则，即“保证人民居住迁徙之自由”，但在其后的户籍管理工作中，由于诸多现实原因，这一原则并未得到真正贯彻。1958 年颁布的《中华人民共和国户口登记条例》提出：“公民由农村迁往城市，必须持有城市劳动部门的录用证明，学校的录取证明，或者城市户口登记机关的准予迁入的证明，向常住地户口登记机关申请

① “我国农村劳动力转移与农民市民化研究”课题组：《农民市民化的趋势与国内相关理论学派的主张》，载《经济研究参考》，2003 年第 5 期。

② 刘传江：《城乡统筹发展视角下的农民工市民化》，载《人口研究》，2005 年第 4 期。

办理迁出手续。”1963 年，我国开始实行以是否吃“商品粮”为标准划分的农业户口和非农业户口的二元户籍管理制度，以此严格限制农村人口向城市流动。1964 年，国务院转批了《公安部关于处理户口迁移的规定（草案)》，进一步加强了对乡城人口流动的限制。1975 年，我国宪法取消了之前关于迁徙自由的条款。1977 年，公安部又颁布了一个严格控制“农转非”的户口迁移规定，使国家对乡城人口流动的限制达到顶峰。

但是，随着 20 世纪 80 年代以来的市场导向型经济改革，想进城的农民跨过上述“显性户籍墙”已经不再是不可逾越的事情了。1984 年，国务院《关于农民进入集镇落户问题的通知》，放宽了对乡城人口流动的限制。1988 年，我国又逐步放开了粮油和副食品价格，以户籍为基础的票证制度在 20 世纪 90 年代初最终被市场自由供求交易所取代，户籍和与之挂钩的粮油配给制度对乡城人口流动的限制越来越小。正是因为这种市场导向制度变迁，大规模的乡城人口流动引发了引人注目的“民工潮”现象。

除了户籍管理制度的逐步放开以外，自改革开放以来我国乡城人口流动规模日趋扩大，其主要原因还涉及以下几个方面：一是农业生产责任制给了农民流动的前提：时间的自由和行为的自由；二是日益紧张的人地关系强化了人口流动的基本推动力；三是粮食等农产品产量和农业剩余的增加为农民流动创造了现实的可能性；四是农产品流通体制改革便利了人口流动；五是农村非农产业经营及其比较利益的差距刺激了农民流动；六是城镇的初步开放吸引了农村人口流动；七是地区间发展差异加大了人口流动的势能。① 在这样的社会经济背景下，大量的农民离开农村来到城市，成为“从农民中率先分化出来、与农村土地保持着一定经济联系、从事非农产业生产或经营、以工资收入为主要来源，而不具有城镇居民身份的非农产业从业人员”②，实现了主要生存职业即从农民到农民工的转变。

---

① 辜胜阻、刘传江主编：《人口流动与农村城镇化战略管理》，华中理工大学出版社 2000 年版，第 189～196 页。

② 刘传江：《农民工生存状态的边缘化与市民化》，载《人口与计划生育》，2004 年第 11 期。

（2）第二个阶段：从农民工到市民

在第二个阶段中，农民工要转变为市民，需要穿越韧性更强的“隐性户籍墙”。虽然广大的农民工已经穿越了“显性户籍墙”来到城市，但他们仍面临一系列问题，这些问题导致他们并没有真正从农民中分离出来，真正成为城市市民。

在这一系列问题中，首当其冲就是城乡分割的二元劳动力市场。二元劳动力市场包括首属劳动力市场和次属劳动力市场，前者由持有城市户口的市民构成，其收入较高、劳动环境较好、更为稳定，后者由持有农村户口的农民组成，其收入较低、劳动环境较差、缺乏稳定性。广大农民工突破了“显性户籍墙”来到城市，但只有极少数能够进入首属劳动力市场，他们中的大部分不得不进入次属劳动力市场，从事那些城市市民往往不愿意从事的工作，生活在城市的底层。

除了城乡分割的二元劳动力市场，导致农民工无法成为真正市民的原因还有很多。比如从生存的根基看，农民工一般将外出打工视为暂时性挣钱谋生和致富的渠道，绝大多数人没有割断自己与农村承包耕地的“脐带”，而且将农村和耕地作为“退可谋生”的底线；再比如从生活方式看，绝大多数农民工属于生产型或分配型转移的劳动力，而非消费型的转移劳动力，他们的生活追求和消费方式是满足于温饱而非享受，满足于基本的物资需要而非高层次的精神享受；再比如从文化观念看，农民工总体上更像农民而非市民，他们自身的素质、劳动条件和生存环境使他们很难做到从家乡“连根拔起”，义无反顾地与家乡告别。① 基于这些原因，农民工要成为真正的市民还是有很长的路要走。

2. 空间维度分析：农民工——城市外来型边缘性群体

所谓边缘性群体是指游离于社会正规组织和制度（广义的制度，包括政治、经济和文化制度等）以外的群体，其基本特点是由于社会转型和制度变迁而导致这一群体无法通过社会正规组织表达其利益诉求，来获得正常的社会经济、政治、文化地位和环境，但这并不意味着该群体是弱质人群的集合。城市边缘性群体包括城市内生型边缘性群体和城市

① 刘传江：《农民工生存状态的边缘化与市民化》，载《人口与计划生育》，2004 年第 11 期。

外来型边缘性群体两种类型。前者主要包括下岗失业人员、城镇登记失业人员、城镇企业中停产半停产或破产企业的待岗职工，后者则主要是进城农民工。

在整体上，农民工是年轻力壮而且有一技之长或敢闯敢干的乡村“草根精英”，进入城市后因为制度、市场和个人等多方面的原因，绝大多数人无法穿越韧性更强的隐性户籍墙而成为都市边缘人。

（1）农民工是介于城市和乡村之间的“边缘人”

农民工生存状态的边缘化一方面是在城市被“经济吸纳，社会排斥”，另一方面既无法脱离农村又在各个层面与农村社区渐行渐远。

第一，农民工是农村社区的“草根”精英群体。

根据武汉大学经济研究所课题组 2005 年 3 月基于武汉市进城农民工抽样调查数据和 2000 年第五次全国人口普查资料中农村劳动力年龄结构①的对比，我们能够看出，城市农民工 15～44 岁的中青年劳动力占总数的 84.40%，而农村农民 20～40 岁的中青年劳动力占总数的 71.07%（见表 1－2）。城市农民工的劳动力结构优于农村农民，这也是农民工在农村社区强势的根本原因。

表 1－2　城市农民工与农村农民年龄结构比较

年龄组	城市农民工(%)	农村农民(%)
15～24	28.21	21.78
25～34	27.29	27.88
35～44	28.90	21.41
45～54	11.93	18.06
55 岁以上	3.67	10.87

从城市农民工与全国农村农民文化程度②的对比，我们能够看出，城市农民工受过初中以上教育的占总数的 75.23%，而农村农民受过初

① 根据国务院人口普查办公室国家统计局人口司和社会科技统计司编：《中国 2000 年人口普查资料》，中国统计出版社 2002 年版，根据第 579～581 页的内容整理得到。

② 根据国务院人口普查办公室国家统计局人口司和社会科技统计司编：《中国 2000 年人口普查资料》，中国统计出版社 2002 年版，根据第 623～632 页的内容整理得到。

中以上教育的仅为47.68%（见表1－3）。农民工的整体素质也远胜于农村农民，受教育的程度又直接影响受城市文明惠及的程度，因而城市农民工的生活方式也更加文明。

表1－3 城市农民工与农村农民的文化程度比较

文化程度分组	城市农民工(%)	农村农民(%)
文盲、半文盲	6.88	14.05
小　学	17.89	38.27
初　中	57.11	39.95
高中、中专	18.12	7.08
平均受教育年限(年)	8.01	7.26

一方面，城市农民工大多年富力强；另一方面，其受教育程度也高于农村农民，这样负载在其身上的人力资本更为密集，增值的潜力也更大。年龄结构和整体素质的优势决定了城市农民工相对于农村农民的经济优势，他们通过在外打工得到了高于种田的经济收入，这种优势也带来其在农村社区社会地位的提高。但是，城市农民工又没有彻底脱离农村，他们在户籍上仍是农村社区的一员，只是他们已经游离于农村社区主流之外，成为一个在农村社区地位相对超然的边缘群体。

第二，农民工进入城市后沦为城市的底层。

农民工离开农村，来到城市。他们立刻由社区中的"骄子"变成"弃儿"。从生活方式和消费行为来看，农民工无法真正融入城市生活。

从生活方式来看，城市农民工有着不同于传统农民和城市居民的生活方式，城市农民工除了少部分受雇于个体工商户和从事家庭保姆工作外，绝大部分都在工厂、建筑工程队等工商企业中工作，具有明确的作息时间，不受季节变化的影响，这与传统农民那种松散的时间观念和作息方式完全不同。但另一方面，由于城市农民工的劳动强度普遍较大，劳动时间较长，闲暇时间少，基本上处于一种工作、吃饭、睡眠这种原始、简单的生活状态，这与一般城市居民的生活方式相去甚远。根据我们2005年对武汉市农民工所作的调查，相当一部分从事建筑行业的农民工的生活方式是：建筑队接到项目时，农民工的工作与作息便类似于城市工人的倒班；而项目暂停或没有项目的时候，农民工大多成为闲散人员，要么被辞退回乡要么留在城市赋闲，赋闲的农民工以同乡为单位活动，仍然游离于城市之外。

从消费行为看，农民工在城市生活中的消费是以必需消费为主，显示出节俭性和低层次的特征。[①] 根据我们2005年对武汉市农民工的调查发现，农民工月平均消费362.82元，伙食开支为211.97元，占消费支出的58.42%，其次是生活必需品66.67元，占18.38%，住宿费52.26元，占14.40%，文化娱乐31.92元，占8.80%。由此可见，农民工属于低层次、生存型的消费方式，他们依然保持了农民勤俭的生活习惯，其他相关调查也显示出这一特征。[②③]

从深层次角度讲，农民工的消费行为首先主要反映了农村社会体系的功能维持的文化导向，从农村社会的模式来看，农民工的消费行为是合理和稳定的选择。其次农民工作为农民，他们要参照打工者群体的消费方式，作为城市打工族，他们又不可避免地要参照城里人的某些消费方式。这种矛盾处境构成了农民工消费方式的本质特征，反映了传统与现代两种消费方式和消费观念的冲撞。再次，城市农民工消费价值观念和生活目的的追求简朴，劳保福利和文化水平的缺乏，衣食住行和闲暇时间的单调，显示出农民工的生活尽管比乡村生活要进步得多，但离现代化城市的生活水平还有很大差距，这实质是城乡差距。

同时，城市对农民工的"经济吸纳，社会排斥"，实质上是大量农村剩余劳动力涌入城市后，城市公共产品的供给难以适应快速推进的城市化需求的具体体现。

（2）农民工生存状态边缘化的表现

自20世纪80年代的改革开放以来，我国的社会结构正在经历着从产品经济社会向市场经济社会转型、从农业社会向工业社会转型、从封闭半封闭社会向开放社会转型、从乡村社会向城镇社会转型、从伦理社会向法理社会转型。在市场经济导向改革仍是"现在进行时"的现实

---

① 朱力：《从流动人口的精神文化生活看城市适应》，载《河海大学学报（哲学社会科学版）》，2005年第9期。

② 钱雪飞：《进城农民工消费的实证研究》，载《南京社会科学》，2003年第9期。

③ 王曼：《北京农民工消费与储蓄选择——基于实证基础上的理论研究》，载《北京工商大学学报（社会科学版）》，2005年第11期。

背景下，计划经济时代城乡二元结构没有根除，城市对农村人口的偏见和歧视依然存在，没有通过官方正式渠道“穿越‘户籍墙’”的外来人口绝大多数只能在随城市繁华的车水马龙而“游动”的同时在边缘性的领域及空间里“沉淀”为“外来边缘人口”。与此同时，城市内部出现了分离，由从“正式单位”中“游离”出来的都市“内生边缘人”同体制内人口构成的城市亚二元结构随着改革和转型进程的推进而呈现与日俱增的强化倾向。社会转型在促进经济体制改革的进一步深入、社会现代化水平进一步提高、城市化进程逐步推进以及社会法制化程度进一步提高的同时，也加剧了一部分人群社会地位的向下流动，并一步步走向边缘化。城市外来边缘性群体的边缘性特征较之于城市内生边缘性群体更为明显，他们的边缘性主要体现在工作性质、居住分布、社会地位、经济地位、社会心态、继承性以及家庭模式方面。

第一，工作性质边缘化。绝大多数农民工通过次属劳动力市场在非正规部门或正规部门的非正规岗位就业，不仅工作环境差、待遇低、劳动时间长、不享受正规部门的社会保障，有时甚至连基本的权利都得不到保障。这些问题主要表现为：农民工所从事的都是城里人不愿意从事的工作，他们的基本人身权利得不到保障，用工单位与进城务工人员之间不签订劳动合同的现象十分普遍，拖欠、克扣工资的现象十分普遍。①

除此以外，农民工所在城市的政府也为农民工工作性质的边缘化推波助澜。为了解决城市市民的就业问题，很多地方的政府纷纷出台“腾笼换鸟”的措施，在很多行业、企业、工种方面限制招收农民工，甚至清退农民工，给下岗职工再就业腾出岗位。

第二，居住分布边缘化。作为外来人口，农民工群体在城市居住分布上的边缘性表现尤为突出。出于市区和边缘地带房价和房屋租金的差异性、消费水平的差异性，以及对周围环境的文化认同感和对平等的考虑，他们大多愿意居住在城市边缘地带，这里的人群与他们的境遇大致相同，互相之间不会产生歧视性心理，于是在心理上更加容易认同。因

① 孙立平：《城乡之间的“新二元结构”与农民工流动》，载李培林主编：《农民工——中国进城农民工的经济社会分析》，社会科学文献出版社 2003 年版，第 149 ~ 160 页。

而，城市农民工的居住分布多集中在城市的边缘或者城乡结合部等政策管理的“真空”地带，这些实际上都属于城市的“边缘”，农民工居住分布的边缘化性质可见一斑。

第三，社会地位边缘化。由于工作不稳定、无保障、收入低及自身受教育程度低（约80%的农民工受教育水平是初中及以下）等因素的交互影响，城市农民工在社会地位上明显低于制度内生存的人群（即普通市民），处于城市社会的最底层，而且缺乏向上流动的社会机制和社会空间，没有农民协会或农民工工会之类的组织来向有关单位反映他们的呼声，维护他们的正当权益，他们也几乎没有参政议政的渠道。

第四，经济地位边缘化。农民工进入城市以后，他们的经济收入和以前相比是有所提高的，但他们中的绝大部分人由于市场、个体或制度方面的原因，从事的都是报酬比较低廉的工作。根据我们2005年对武汉市农民工的调查显示，从农民工的收入分层结构来看，月收入在500～600元比重最高，达到35.09%，其次是600～800元的农民工，占26.38%，500元以下的农民工也有不小的比例，占17.66%。这样微薄的收入，除了应付日常基本开销以外，只有11.78%的收入能够被储蓄起来，以应付日后的子女教育、医疗保健、养老和其他不时之需，真正能自由支配的“闲钱”对绝大多数农民工而言几乎为零，很大一部分进城农民工的生活消费低于农村老家的水平，这导致农民工在城市中的经济地位边缘化。

第五，社会心态边缘化。社会地位和经济地位的边缘化共同导致了农民工社会心态的边缘化。由于社会地位和收入水平低下，农民工群体普遍自尊心和自信心偏低，他们既渴望拥有自尊和自信，又不得不选择忍耐和包容。他们渴望消费较为高档的商品，又不得不在低收入面前以低档消费品维持生计，在消费心理上也处于日益萎缩和边缘化的状态。他们在流入地以体制外方式生存，由于缺乏对城市政治决策的参与机会和难以获得公平公正待遇而产生失落感和孤立感，由于社会地位低下，对流入地区和单位没有认同感、归宿感，缺乏主人公意识。社会的不公平，使一部分农民工抱着宿命论的心态，而另外一部分农民工则可能产生对社会不满的情绪乃至反社会的行为，给社会稳定和安全带来隐患。

第六，继承性边缘化。在边缘性群体社会地位低、收入水平低、受教育水平低和心理边缘性的情况下，其子女也将继承父辈的边缘性特征，成为世袭的农民工。这可以从农民工子女的教育问题上得到例证。根据“五普”的数据，全国有14岁以下流动儿童1980万人，其中农村户籍儿童占74%，即1460万。有关专家估算，处于义务教育年龄儿童约有800万人，另据中国儿童中心的调查显示，流动儿童的失学率竟高达9.3%，一直未上学的占6.85%，失学的占2.45%。[①] 边缘性的世代相传，必将造就更大规模的新增边缘性群体。[②]

第七，家庭模式边缘性。社会学家们将家庭区分为不同的模式或类型，如核心家庭、主干家庭、联合家庭等，然而，目前我国数以千万计的农民工，却很难归入以往的家庭模式。因为，农民工家庭的最基本特征就是家庭成员的长期分居，即流入城市的农民工长时期与家庭其他成员分居，当然，其家庭关系仍然维持。学者李强在其《农民工与中国社会分层》一书中提到，我国农民工的家庭关系可归为五种基本模式：单身子女外出型；兄弟姐妹外出型；夫妻分居型；夫妻子女分居型；全家外出型。

由于农民工人口的过渡性质，由于其职业在农民和工人之间的摇摆性，也由于其季节性的迁移，必然导致其生存状态的不稳定性。而由来已久的对农民歧视的观念和政策，也不可避免地导致农民工生存状态的不断边缘化。这种边缘化是双重的，一方面，在农村，前往城市打工的农民工是最活跃的农民，他们往往生活水平高于普通农民，思想也较普通农民开放，生活方式也更为先进；而另一方面，在城市，他们的生活水平、思想观念以及生活方式，都无法和真正的市民相比，同时又由于各种歧视政策和观念，导致他们在城市成为弱势群体，是生活在最底层的贫困人口。农民工在农村和城市地位的强烈反差使得他们成为所谓的“底层精英”，成为当前中国最不稳定的人群，也成为中国推进可持续发展的巨大隐患。

3. 农民工生存状态边缘化的成因

流向城市的农民工，大多数年富力强，接受过一定年数的文化教

---

① 中国农民工问题研究总报告起草组：《中国农民工问题研究总报告》，出自国务院研究室课题组：《中国农民工调研报告》，中国言实出版社2006年版，第38页。

② 刘传江：《农民工生存状态的边缘化与市民化》，载《人口与计划生育》，2004年第11期。

育，一部分还具有一技之长和开拓创新精神，是中国社会的“底层精英”，但他们在城市仍然被边缘化。学术界的研究认为，其中既有市场的原因，也有个人的原因，但更主要的是制度性因素。由这三类原因造成的农民工生存状态边缘化可以称为市场性边缘化、个体性边缘化和制度性边缘化。

（1）市场性边缘化

这是指一部分农民工因为缺乏市场竞争能力，或者缺乏劳动技能和知识，或者年龄偏大等，所以找不到提高他们社会经济地位的好工作，甚至根本找不到工作，或者国家和企业根据市场发展需要对产业结构进行大规模的调整，成为一批下岗和失业的边缘人群。在现实中，农民工只能以非正规就业方式，进入城市中的次属劳动力市场就业。农民工只能被动接受那些收入低、工作环境差、待遇差、福利低劣的工作。究其原因，既有户籍制度和与户籍制度相连的就业制度、社会保障制度的限制，也有农民工自身人力资本和社会资本匮乏有关。

（2）个体性边缘化

主要指由于个人本身的原因，不带有普遍性的原因而导致的社会经济地位边缘化，比如家里有人得大病，又比如个人不善于经营，或者生性懒惰、不思进取等，导致家庭或个人社会经济条件恶化。这里尤其应注意的是农民工个人的前景、收入等预期。

（3）制度性边缘化

这是指国家或城市政府在制度设置上把一部分农民工排斥在正规劳动力市场之外，使他们变成城市主流社会的局外人，不能享受正式制度载有的许多利益，在户籍身份、就业机会、社会参与、子女就学、工资水平、福利保障等方面不享受城市居民的平等待遇。这种非国民待遇导致了他们生存状态的边缘化。制度的歧视源于我国偏颇的公平机制。我国一直沿用的公平机制实质上是一种结果公平，而不是机会和过程的公平。美国社会学家弗兰克·帕金（Frank Pakin，1979）认为，任何社会都会建立一套程序或规范体系，使得资源和机会为社会上某些人享有而排斥其他人。现代社会排他选择的制度导向的基本趋势是从集体排他型制度安排转向个体排他型制度安排，如主要通过考试择优录取和竞争淘汰的渠道而不是依靠种族歧视等措施限制一部分人对社会资源的享有权利。这种制度导向是维持社会稳定和促进社会进步的需要。由于市场原因和个人原因导致的边缘化属于个体排他机制所致，但最主要的公平机制边缘化是因为集体排他机制所致：农民工（包括底层精英群体）仅仅因为没有城市正式户口，而被正式制度和政策排斥在城市主流社会关系网络之外。

三、农民工市民化的障碍与进程

（一）农民工市民化的内涵

如前所述，从时间维度看，目前农村人口城市化的第一阶段即从农民到农民工的过程已无障碍，第二阶段即从农民工到市民的过程却步履维艰，所以中国构建和谐社会过程中乡城人口转移面临的首要问题是“农民工市民化”问题，所谓农民工市民化是指离农务工经商的农民工克服各种障碍最终逐渐转变为市民的过程和现象，而不是绝大多数学者所说的“农民市民化”问题①。然而，就空间维度来看，目前农民工在城市的生存状态呈现明显的边缘化特征，在工作性质、居住分布、社会地位、经济地位、社会心态、继承性以及家庭模式方面和真正的市民仍存在很大差别，所以“农民工市民化”的内涵就至少包括生存职业、社会身份、自身素质以及意识行为四个层面的含义，即农民工职业由非正规就业的农民工转变成正规就业的非农产业工人，社会身份由农民转变成市民，农民工自身素质提高，其意识形态、生活方式和行为方式的城市化。这四个层面相互影响、相互制约，其中前两个层面主要取决于宏观体制改革和相关的制度创新，对农民工市民化进程具有决定性的影响，而后两个层面则主要取决于农民工的个人因素。农民工市民化进程也是农民工不断摆脱其城乡边缘的状态，逐渐走向和融入城市主流社会

① 刘传江：《城乡统筹发展视角下的农民工市民化》，载《人口研究》，2005 年第 4 期。

的过程，从这个意思上讲，农民工市民化既是一种过程，也是一种结果。

为了更清楚地说明农民工边缘化特征和农民工市民化之间的内在逻辑关系，这里，我们把边缘化设为因变量 F，引致边缘化的自变量分别为制度因素 S、个人因素 I、市场因素 M，边缘化变量趋向正无穷时则农民工非市民化甚至贫民窟化，边缘化变量趋向 0 时农民工实现市民化(用 C 表示)，这里假设制度存在路径依赖，且制度因素 S 为有利于市民化的制度供给，包括户籍制度、就业制度、土地制度、社会保障制度等农民工不可控制的外部因素；市场因素是指市场的健全程度，且市场不断地向实现帕累托最优的方向发展；个体因素是指不受除市场与制度之外其他因素的影响，如人力资本 HR、社会资本 SC 以及为自身努力程度和对未来的乐观性 E 等，则边缘化与市民化的函数关系为：

$$C = -F(S,M,I)$$

有利于农民工市民化的制度供给将决定农民工是否能够脱离边缘化的困境，以及其市民化进程的实现程度，因而

$$\frac{\partial C}{\partial S} = -\frac{\partial F}{\partial S} > 0$$

市场经济发展越完善，经济道德越健全，则对农民工市民化的实现更有利，因而

$$\frac{\partial C}{\partial M} = -\frac{\partial F}{\partial M} > 0$$

个人因素中的人力资本、社会资本等的专用性越强，其资本存量越大，则社会地位越高，可能获得的经济收入越高，因而

$$\frac{\partial C}{\partial HR} = -\frac{\partial F}{\partial HR} > 0, \frac{\partial C}{\partial SC} = -\frac{\partial F}{\partial SC} > 0$$

其中难以确定的因素是农民工为自身努力程度和对未来的乐观性，在市场和制度供给既定，个人人力资本和社会资本约束下，大多数情况下是刚性的，因此该对市民化和边缘化的发展影响是难以确定的。

我们将 C 置于区间［0，1］内，实现市民化的代数表示为 1，边缘化 F 也处于区间［0，1］，这是由于市民化与边缘化在无其他因素影响

下完全逆向，恒等式 $C=-F$ 的定义域和值域都是［0，1］，此时"－"号仅代表变化的方向，而没有代数意义，因而新等式为：

$$C=-F(S,M,I)$$

$$C=\lim_{F\to 0}F(S,M,I)=1$$

$$C=\lim_{F\to 1}F(S,M,I)=0$$

这里我们得到了农民工市民化及其生存状态边缘化的逻辑关系，即市民化和边缘化是完全反向的两种社会流动模式，两种模式都是伴生城市化进程的，城市化和农民工的城市融合只会有两种结果：实现市民化或农民工被边缘化。农民工生存状态的边缘化对其市民化存在市场性、制度性和个体性三方面的阻隔，如果农民工边缘化的问题不能加以解决，不能改变对农民工"经济吸纳，社会排斥"的现状，不能将其有序的实现城市融合以及市民化，继续非农化与市民化断裂的现状，那么，中国农民工边缘化问题将演变为更为严重的贫民窟化。

（二）农民工市民化的障碍

农民工市民化面临的障碍来自许多方面，主要的因素包括如下四个。

1. 认识障碍

由于历史原因形成的对农民看法的不客观性以及计划经济时代城乡二元户籍制度安排所确定的农民与市民的身份区别，造成了市民（包括一部分城市决策者和执法者）对农民工观念上根深蒂固的偏见和行为上狭隘偏激的歧视。在城市就业压力较大的情况下，市民们认为农民工抢了他们的"饭碗"而强化了他们对农民工的不满情绪。农民工自身素质的局限性在一些城市人心目当中成了各种城市社会问题如较高失业率、较高犯罪率和环境脏乱差等的万恶之源。市民对农民工的偏见，不可避免地会影响政府决策者做出不利于农民工的城市排斥决策。

2. 政策障碍

应该说近年来中央政府出台的一系列政策在总体上是有利于农民工进城工作和生活的。但是，由于我国实行的是分级管理的体制，地方政府和中央政府在就业、社会保障等方面承担不同的责任，地方政府在制定和出台某种政策时，出于代表城市市民本位利益（如市民充分就业）的考虑，在对待市民化乃至农民进城问题上，排斥和抑制多于鼓励和支持政策。在政策制度的安排上，不把农民工与市民同等对待，而是采取重堵轻疏、重管理轻服务、重义务轻权益、重城市就业轻农民工安排的政策，如对进城农民工实行一系列的证件登记和过程性收费等。

3. 制度障碍

农民工市民化的制度障碍突出表现在农村僵化的土地承包制度、城乡分割的劳动力市场制度和以户籍制度为基础城市封闭的社会保障制度三个方面。一是农村实行承包期限较长的土地承包制度的着眼点是维护农村稳定，但缺乏流动性和经营权转让市场，加上与之挂钩的农业税赋负担，致使农民缺乏退出土地和农业的市场机制，这是农村剩余劳动力难以实现彻底转移的重要原因。二是城乡分割的劳动力市场制度使得进城农民工只能通过次属的劳动力市场寻找那些工作稳定性差、收入低、劳动强度大、无福利、无保障、无晋升机会等市民看不上眼的边缘性职业和岗位，他们因此难以进入城市正规体制之内，实现与城市主流社会的融合。三是与二元户籍制度对接的城市社会保障制度具有封闭性，没有将事实上在城市务工经商的农民工纳入城市社会保障体系之中，农民工由于城市工作大多具有不稳定性、临时性和收入低的特点，他们只好依靠农村的土地保障，难以割断与承包土地的“脐带”关系。

4. 素质障碍

农民工能否由“乡下人”转变成为真正的“城里人”，除了上述障碍外，还取决于农民工自身的文化技术素质和自我发展能力。这不仅是进城农民能够在城市找到工作、在城市立足的重要条件，同时更是农民工自我发展乃至融入市民社会、最终取得市民资格不可缺少的成功因子。综合素质较高的农民工，进城后一方面容易获得较多的就业机会，容易取得相对稳定的职业和收入；另一方面又容易融入市民社会，培育市民观念，承担市民义务，得到市民社会及其管理者的认同。目前城市农民工虽然大多数年富力强，具有一定的文化水平，一部分人甚至是农村的精英，但他们总体上的文化技术水平和能力素质不高，转移能力弱，进城就业竞争力低。这是农民工市民化进城缓慢的基本内因。

（三）农民工市民化的进程

要克服这些障碍，加快农民工市民化进程，具体而言，我们需要从农村退出、城市进入以及城市融合这三个环节着手（见图 1－1），制定能够促进农民工生存职业市民化、社会身份市民化、自身素质市民化和意识行为市民化的措施，全面推进真正意义上的农民工市民化进程。

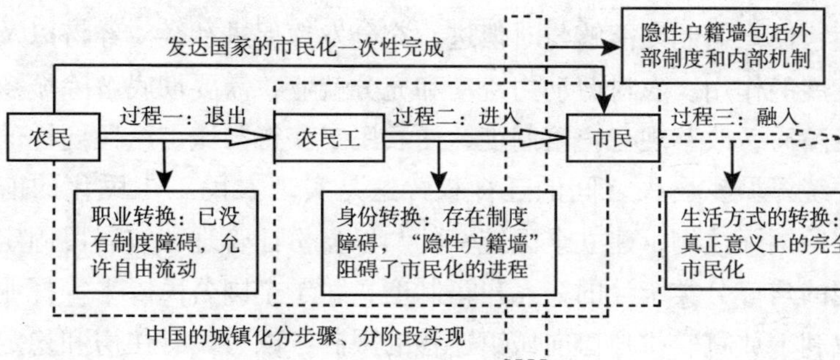

图 1－1 中国路径的人口流动模型

1. 农村退出环节

（1）耕地流转制度与机制的创新

现实中土地流转制度不完善，缺乏对转让或放弃土地承包使用权者进行合理经济补偿的成熟规定，导致农村剩余劳动力转移不彻底，形成“兼业”经营与农业小规模经营的局面。因此，完善的耕地流转制度与机制不仅有利于土地的规模经营和农民增收，而且只有在这种情况下，离开土地的农民才能放心地转出土地进而安心地在城市务工经商。不断完善耕地流转制度与机制，是推进农民工市民化的必由之路。

（2）农地征用制度与机制的创新

目前我国的土地征用制度中存在很多问题，包括土地征用不能够体现“公共利益”需要的目的、征用程序忽视了土地权利人的权利和地位、征用补偿缺乏明确的价值标准并被层层截留等①，在此过程中，严

① 杨进、张迎春：《关于改革农村土地征用制度的思考》，载《经济体制改革》，2005 年第 1 期。

重损害了农民的根本利益。当前应改变农村土地管理机制，逐步实现城乡土地一体化管理。要完善相关法规和政策，确认农民对土地的占有、使用、收益权利，使农地产权明晰化，充分保障农民的利益，使农民能够用自己的资产创造出资本。

2. 城市进入环节

（1）户籍制度的转型

户籍制度转型是指根据形势需要，逐步取消附加在户籍上面的不合理内容，使户籍制度能够与时俱进，充分发挥促进社会、经济以及个人全面发展的作用。农村劳动力流动和充分就业，需要彻底解除城乡分割的制度障碍，改革现行户籍制度，使农民工获得与城市居民同样的居民地位，统筹城乡居民之间的迁徙权，这是实现农民工市民化的前提条件。按照国际惯例，建立全国统一的、以身份证管理和按居民固定居住地登记的户口分类统计的一元户籍制度，赋予全国公民以平等择业和生活的权利。放宽农村户口向城镇迁移的限制，以公民有住房和稳定的收入为依据，促使农民人口向城镇转移。

（2）城乡一体化就业制度的变革

城市和农村之间就业机会平等的前提条件是劳动力的合理自由流动和自由选择，即建立城乡统一的劳动力市场，使劳动力资源在部门之间、地区之间和行业之间能够自由合理地流动，优化配置劳动力资源。一是政府转变职能，培育、调控而不是限制、包办劳动者自由参与和企业自主决策的劳动力市场。规范政府部门的行政行为，防止对农民工实行地区歧视性的不合理限制和收费，减少农民进城的就业成本，降低进城就业门槛，促进劳动力资源的合理流动。二是履行劳动合同制，主管部门依法对合同的权利、义务进行审查鉴证，保护劳动者和企业的合法权益。用工单位应同外来劳动者签订劳动合同，明确双方的权利、义务、责任，外来劳动者的合法权益受到法律的保护。三是在工资报酬上，外来劳动者要和本地职工同工同酬，不得克扣或拖延不发。与此同时，国家要建立就业公平监督管理机制，惩处不公平或歧视性用工。四是增强劳动者维护自身权益的能力，即按照工会法在企业建立包括农民工的工会组织，参与对企业的协商谈判，进而发展为政府、企业界、工会三方协商的劳动关系；对工人与企业间因权益矛盾发生的经济性罢工，应与政治性罢工在法律上有所区别，予以肯定和规范；除完善有关立法、执法、监督外，向农民工普及法律知识，使之增强以法律维护权益的能力。

（3）农民工人力资本的投资与积累

随着我国国民经济的快速发展，低素质的农村富余劳动力的"无限供给"和相对高素质的农民工需求增长之间的矛盾日益尖锐，而城镇化进程的加快无疑给农民工人力资本的投资与积累提出了迫切要求。但在实际情况中，很多农民工不能或不愿参加政府提供的教育培训，企业又不能或不愿独立承担企业内农民工的教育培训，而营利性的专门教育培训机构其高昂的学费又使多数不富裕的农民工望而却步，况且这些教育培训在农民工眼中的预期收益又低。要改变这一情况，我们就要为农民工设计满足市场需求的教育培训内容，创造合理的教育培训形式，筹集充足的农民工教育培训经费，切实构建有效的教育培训网络，并要为农民工人力资本的投资与积累提供合理的配套服务工作，这包括开展农村富余劳动力情况调查以建立农村劳动力资源库、根据市场需求抓住热点专业、建立农民外出务工信息网点、合理引导和发展当地农民的优势特色技能等。①

（4）农民工社会资本的投资与积累

社会资本的使用在农民工的就业中起着非常重要的作用，它一方面可以减少搜寻工作的时间，另一方面也为求职者提供了信息的来源。但由于农民工自身的特点和其边缘性的社会经济地位，加上转型时期中国对农民工的相关制度安排，我国农民工的社会资本在总体上看呈匮乏态势。为推进农民工社会资本的投资与积累，就农民工自身而言，要尽快融入现有的城市社区以弥补离开原有农村社区带来的社会资本损失，要在工作过程中不断提高自己的工作技能以期获得更高的回报，还要采取不断维护的方法避免社会资本的贬值；就政府而言，要提高农民工流动的组织化程度以实现农村剩余劳动力向城市转移的有序性，建立农民工的就业培训制度，建立覆盖农民工的社会保障制度，加大农村教育投资力度为农民工子女在城市就学提供有保障的制度环境，并制定相应的法

① 许小青、柳建华：《关于农民工教育培训问题的研究》，载《求实》，2005年第5期。

律法规以保障农民工的合法权益。除此以外，政府还应当鼓励志愿性中间组织的发展，协调他们的工作，建立工会、协会、互助会，沟通个人、家庭、企业和政府之间的关系，把整个社会连成一个整体。①

（5）农民工城市安居工程的构建

农民工城市安居工程的构建是农民工市民化在城市进入方面的一个重要环节。目前，农民工在城市的住宿条件太差，这种情况在建筑业出现，在其他工商企事业单位出现，更多的则出现在非正规就业部门，有的城市甚至在城乡结合部出现了农民工的棚户区或贫民区。要改变这一现状，我们就要把农民工的城镇住房问题纳入城镇住房制度之中：首先，要对社会出租住房和企事业机构为员工提供的集体宿舍房屋、设施、卫生、环境等制订国家或地方标准，并对其中最低标准的执行做出强制性法律规定；其次，要按照城镇职工实行住房分配货币化原则，探索对农民工城镇购房的支持方式，逐步将住房补贴政策扩展到农民工，并在今后将住房补贴纳入其工资总额之中；第三，要参照城镇职工住房公积金制度，制订并试行农民工城镇住房公积金制度，在条件成熟后，将其逐步纳入统一的城镇职工住房公积金制度之中；第四，要在税收、土地政策、融资渠道等方面制订积极有效的政策措施，鼓励和帮助农民工在小城镇自建住房，在城市通过住房合作社集资建房；第五，健全城镇二手房交易和住房租赁的法规，促进城镇二手房交易和住户租赁市场的进一步发育、活跃和规范；第六，调整城镇经济适用住房政策；第七，完善城镇廉租住房制度。②

3. 城市融合环节

（1）农民工生存保障的社会化

目前我国广大农民工的生存保障问题十分严峻，表现在缺乏劳动保护、缺乏医疗保障、缺乏失业救济和缺乏老年保障这几个方面。但是，基于历史原因和现实困难，一方面是庞大的保障对象，另一方面是薄弱的基础和奇缺的资金，农民工的社会保障制度建设困难重重。要突破这些困难，就要建立与城镇社会保障制度衔接的农民工社会保障体系，首

---

① 刘传江、周玲：《社会资本与农民工的城市融合》，载《人口研究》，2004 年第 5 期。

② 陆强：《安居才能乐业》，载《四川建筑》，2003，23（8）。

先在健康保障方面，我们要把农民工纳入工伤保险制度，要分类分层建立农民工疾病保障制度；其次在失业保障方面，可以把土地作为农民工的最后保障，有条件的地方可以把农民纳入城镇失业保险制度，城市也可以为失业农民工提供一些帮助使其渡过难关；最后在养老保障方面，要尽快建立农民工养老保险制度，设计合理的、切实可行的包括参保范围、养老保险费、农民工与用人单位终止劳动关系后养老保险金的支取以及农民工与用人单位解除劳动关系后重新就业的养老保险关系接续等内容在内的重要条目。①

（2）农民工生存环境的市民化

政府要促进农民工与城市的融合，就还要在其生存环境的市民化上做出努力。首先应当建立有效的社区服务体系，为农民工提供文化生活、心理健康咨询、子女教育等各方面的服务，让他们对社区和城市有归属感，提高农民工的精神文化水平，使他们能尽快融入社区和城市，形成市民意识；其次，要在行政管理体制上进行农村城市化的实质性转变，在管理体制及管理方式上作相应调整，通过社会结构、社会组织的重新整合，尽快实现由传统的农村形态向现代的城市形态转换；最后，还要加大宣传力度，提高市民的思想觉悟，改变城市社会对农民的歧视与偏见，加快广大农民工的市民化进程。

① 简新华、张建伟：《构建农民工的社会保障体系》，载《中国人口·资源与环境》，2005，15（1）。

第二章　土地流转与农民工农村退出

一、土地流转及其主要影响因素

（一）土地流转的内涵与类型

1. 土地流转的内涵

土地流转（Land Circulation）是指土地产权在不同经济活动主体之间的流动和转让，土地产权主要是指土地所有权或土地使用权。我国土地制度具有两种不同的形式，即全民所有制和劳动群众集体所有制，全部土地具有社会公有制性质，属于国家和农民集体所有。《中华人民共和国宪法》和《中华人民共和国土地管理法》规定，城市（含建制镇、独立工矿区）建成区范围内的土地全部属于国家所有；农村和城市郊区的土地，除由法律规定属于国家所有的以外，属于农民集体所有；宅基地和自留地、自留山属于农民集体所有。因此，我国土地流转应包括三个层次：即农民集体土地所有制内部（农民集体所有土地）的土地权属和土地利用方式的转移、城市全民土地所有制内部（城市国有土地）的土地权属和土地利用方式的转移以及农民集体所有土地向城市国家全民所有土地权属和土地利用方式的转移。其中，前两个层次的土地转移不发生土地所有权的转移，但发生了土地使用权的转移。第三个层次的土地转移既发生了土地所有权的转移，又发生了使用权的转移。①

我国农村集体土地的实物形态可分为：农用地、村庄、储备土地和其他；按照土地利用现状可分为八大类：耕地、园地、林地、牧草地、居民点及工矿用地、交通用地、水域、未利用土地。我国农村集体土地在形态上的分布以集体农用地占有最多，占全国集体土地的82.24%。②农村集体土地的流转，包括农业生产用地之间的流转、农用土地向非农用地的流转以及非农用地之间的流转，其流转的核心是土地使用权的转移。③农村产业结构和就业结构的调整、农户人口的变动和农地生产能力的变化以及农村经济发展的不平衡，使农村集体土地流转成为必要。现实中，人们之所以鼓励土地流转，大多是出自于以下两方面的原因：一是认为在平均化的家庭承包制下，造成了土地的分散化、细碎化，不利于土地的规模经营和经营效率的提高；二是认为土地流转会通过所谓的效率“拉平效应”改善土地资源的配置效率，简单的理解就是土地会向能够更有效使用土地的人手中转移，即向所谓的“种田能手”或者比较优势在于从事农业生产的人手中转移。

2. 土地流转的类型

国内学者认为，土地流转既包括土地权利的流转，又包括土地功能的流转（主要是指土地用途的改变），但在法律上则是指土地权利的流转。土地权利的流转，首先是指土地所有权的流转，其次是指土地使用权的流转。现阶段，我国土地流转更多地表现为土地使用权的流转，土地使用权的流转可以以土地转出方是否为所有权人（或者其代表）为标准，分为使用权的初次流转和使用权的再次流转。④土地使用权的初次流转是指权利的转出方为土地所有权人（或者其代表）；土地使用权的再次流转是指权利的转出方为土地使用者。土地使用权初次流转，以权利的转出者与接受者是否在一个组织之内为标准，将组织内部的流转称为初次内部流转，而超出本组织范围的流转称为初次外部流转。在使

① 李元：《中国土地资源》，中国大地出版社2000年版。
② 秦海荣：《关于集体非农建设用地流转的理解》，载《中国土地》，1995年第10期。
③ 李元：《中国土地资源》，中国大地出版社2000年版。
④ 张文根、吴维群：《集体非农土地流转管理思考》，载《中国土地》，2000年第8期。

用权初次流转之后，如土地使用权人为了一定的目的而将其获得的土地使用权再转移给他人，则称为土地使用权的再次流转。同样，土地使用权的再次流转可划分为土地使用权的再次内部流转和再次外部流转。不同领域的专家学者对土地流转关注点也不同，研究经济学的学者注意土地初次流转的比较多，研究法学的学者则注重再次流转的领域，研究农业的学者更关注农用地的流转，研究城市和工商业的学者着重研究城市土地的流转。①

本章研究的土地流转主要是农村土地流转，即第一层次的土地流转：农民集体土地所有制内部（农民集体所有土地）的土地权属和土地利用方式的转移。这个层次的土地转移不发生土地所有权的转移，但发生了土地使用权的转移。农用土地征用也是一种特殊的农地流转制度，它带有强制性，是农民集体所有土地向城市国家全民所有土地权属和土地利用方式的转移。这个层次的土地转移既发生了土地所有权的转移，也发生了使用权的转移，这部分内容将在第三章专门讨论。本章则是着重研究农户间、农户与村集体间以及农户与涉农企业间在土地二级市场自愿交易的土地流转行为。

（二）农地制度与农业政策对土地流转的影响

1. 现行农地制度对土地流转的影响

（1）现行农地制度的缺陷分析

土地作为一种有限且有价值的自然资源，其供给具有典型的稀缺性，这不仅表现为土地供给总量与土地需求总量的矛盾，还表现为由于土地位置固定性和质量差异性所导致的某些地区及某种用途的土地供给的稀缺性。人们为了满足自己多方面的需求，就必须在如何分配和使用土地资源上做出产权和交易安排，这种安排反过来对经济效率产生不同的影响。我国现行农业土地所采用的农民集体所有制下的家庭承包经营，其最主要表现为产权的不完整性和不彻底性，即由于集体所有者的“虚化”以及制度本身所存在的个人所有权和经营转让权的缺失，使其主体权益受到限制，这对农业发展、农民收益及其行为

① 严华珍：《龙游县土地流转的基本形式及问题》，载《农村经济导刊》，2000年第11期。

产生深远的影响。

首先，农村土地所有权存在主体不明确和所有权界定不清的缺陷。我国《宪法》规定农村土地归集体组织所有。《土地管理法》规定："集体所有的土地依照法律属于村民集体所有，由农业生产合作社等农业集体经济组织或村民委员会管理。"我国《民法通则》中却规定农村土地所有权归行政村，而村属于乡（镇）政府的派出机构。行政组织与经济组织两个不同性质的主体同时成为土地所有权主体。而村民委员会是村民自治组织，并不具备作为产权主体的法人资格。在实际中，国家成为土地的实际所有者，国家行使与掌握了土地所有权的绝大部分，因此，土地所有权的最终归属实际是不明确的。而所谓农地集体所有，在实践中则表现为乡、村和村民小组三级所有的格局，但各自的权利和边界并不清晰。农业部2002年的一项调查表明，土地所有权归行政村占有的占调查数的39.6%，归村民小组占有的占44.9%，行政村和村民小组共有的占14.7%，其他所有的占0.8%。这表明，绝大部分所有权归行政村和村民小组所有。但村民小组拥有的农地所有权表现却不充分，比如土地的发包、合同的签订和土地的调整很少由村民小组组织实施，而且土地所有权向村一级集中的趋势十分明显。

其次，土地使用权的缺损。由于土地集体所有，因而从理论上讲，每个生长在这个集体地域的成员，都有权分享对土地的使用权，并且在这一集体地域内出生的每一个合法成员同原有成员一样，都有权分享对土地的所有权，于是，人口增减后必须重新调整和分配土地。尽管2004年颁布的《土地法》规定土地承包期30年不变，但一些人地矛盾尖锐的地区仍在进行定期或不定期的土地调整和分配。土地分配权缺损，导致农民收入增长不利。由于土地可能再次被分配，农户现在承包使用的土地今后可能不归自己承包使用，从心理上讲，农民不认为自己种的地是自己的，所以他们就无法形成对土地承包经营权的长期预期，对土地的经营行为必然短期化，不愿意进行长远的投资，因而进行农田水利基本建设和土壤改良的动力也就不足。在实际生产经营过程中各种侵权行为的产生，农户经常受到来自国家有关行政部门、集体等方面的干扰，农民不能真正独立地经营。这种干扰使农民的土地经营效益难以最大化，农民从土地获得的收入减少。

最后，家庭承包责任制的缺陷。家庭联产承包责任制现在已不利于农民进一步增收。在市场经济下，增收靠的是降低农产品生产成本，关键是提高劳动生产率。家庭承包经营使农户成为一个个相对独立的生产经营单位。这种过于分散的经营，无法形成规模效益，不利于资本积累和劳动生产率的提高，制约了农业现代化的发展。一方面，许多经营水平高，经营条件好的农户，所承包的土地面积却不能增加，这就必然影响他们的土地经营热情，制约和降低其经营积极性；另一方面，许多经营水平低，经营条件差的农户，所承包的土地面积却不比别人少。这造成极为珍贵的土地资源不能得到充分合理的利用，实际上也就是对潜力巨大的先进生产力要素的禁锢和废弃。①

（2）现行农地制度阻碍土地流转

首先，由于农民对农用土地所有权的缺失，阻碍了农民工的农村退出。农民中有相当一部分人，在经历了“民工潮”和“民工荒”的洗礼之后，有意向退出农村进入城市生活，但由于土地权利的限制，不能真正实现土地所有权转移，最多只能实现农地承包经营权的转让，这种不彻底性使其无法获得农地所有权所带来的全部收益，这一方面对农业生产产生负面影响，另一方面对农民工从农村的退出形成负激励。

其次，土地承包经营权的获取方式阻碍了土地流转。由于农民对农用土地所有权的缺失，而承包经营权获得依据的是成员权，获得承包经营权的成本对个人而言并不高。但当农民退包或转租时，可能因此使其承包权被收回或发生变化，而重新恢复原有承包权的成本较高。这样的比较和预期，使得农民以兼业、粗放经营甚至弃耕方式保护承包权以保护自身利益②，而不是将承包权转让或租赁，阻碍了农用土地流转。

第三，不彻底的农地所有权和不稳定的承包经营权阻碍农用土地的有效流转。由于不彻底的农地所有权的存在，使得土地流转本身存在不彻底性和不规范性，很难形成真正意义上的农地产权交易市场，用来实

① 高倚云：《农民增收与农村土地制度创新》，载《农村经济》，2005 年第 11 期。

② 刘燕萍等：《市场经济体制下我国农村集体土地产权制度构建思路》，载《中国土地科学》，1998 年第 7 期。

现农民在土地上的全部收益权。现实中，土地流转更多的是停留在承包经营权的层面上。由于承包经营权的不稳定性，阻碍农户在土地上的长期投资，降低土地直接收益和土地资产价值，也使得对未来预期具有不确定性。这种不确定性严重阻碍了农用土地的有效流转，主要表现为：一是土地交易时间的不确定性。由于未来承包经营期限的不确定性，转租方和承包方无法达成明确的转租期限，只能以暂时和临时方式进行土地转租。二是土地交易价格不规范。由于承包经营期限的不确定性，影响农民对所租种土地的长期投资，土地现在和预期收益下降，土地的交易价格因此无法合理估计。较低的交易价格使得土地转租方当期权益受损，未来收益权更得不到保障，甚至发生有的农户倒贴转包土地[①]；而较高的交易价格，却因为未来租期的不确定，使承包方的利益受损，这严重阻碍了土地合理流转。

第四，土地处置权不完全，土地流转的交易费用较高。《土地管理法》规定，农地使用权的流转不仅需要交易双方协商一致，还须发包方同意。发包方将农村土地发包给本集体经济组织以外的单位或者个人承包，应当事先经本集体经济组织成员的村民会议三分之二以上成员或代表同意，并报乡（镇）人民政府批准。这样的规定提高了农地使用权流转的交易成本。

总之，现有的农地产权制度下，农户尚不是一个独立的经济主体，农地产权可分解性受到来自制度本身和行政方面的阻碍，农地使用权流转机制目前难以健康地发育，农地使用权流转收益低、交易成本高，农地流转不活。

2. *农业政策对土地流转的影响*

我国近年来的农业优惠政策，使农民得到了实惠。粮食收购价提高了，农民种田免交农业税，国家对农民进行种田种粮的直补和购买农机具的补贴。这对农民来讲，是破天荒的最大实惠，农民种地的积极性空前高涨，国家也为此投入了大量的资金补贴。这些优惠政策的实施，可以促进农业生产的良性发展，有效解决土地撂荒问题，提高农民的收入

① 张照新：《中国农村土地流转市场发展及其方式》，载《中国农村经济》，2000 年第 2 期。

水平，但是也对农用土地的流转产生一定程度不利影响。

农业税曾经是中国农民长久以来的历史负担之一。农村居民为农作物收成缴纳税款，交税数额不管收益如何都按照同一比率来定。在农业比较利益较低的情况下，农业税是农民肩上沉重的负担，在无法从农业得到预期收益的情况下，农民纷纷外出打工。土地流转虽然存在种种的不规范，但由于农业税的存在，外出农民也千方百计的把土地托付给亲戚或转租给乡里，用以减轻农业税的负担。甚至条件成熟的时候，希望最终从农村中退出，最终放弃土地的承包经营权。因此，改革前的农业税费政策，对农民从农村的退出具有较强的外推力，对自发性的土地流转具有促进作用。

2006 年 1 月 1 日，我国正式实施免征农业税，标志着我国进入了一个“后农业税”时代。国家提高农产品价格、对种田直补以及对购买农机具的补贴这一系列对农民“反哺”的措施，给农民带来了农业收益的直接提高。由于农业税的免除，外出打工农民的土地流转动机发生了变化。如果说以前是为了减少农业税所带来的成本，那么现在是无成本的，假如耕种的话，甚至可以得到粮食直补的潜在收益。因此，在这种情况下，农民不愿意转租土地，而是把土地留下来，一面打工，一面种田，这更加深了农民工“兼业性”和“两栖性”的特征。这对土地流转和农业长期产生不利的影响，有专家指出通过政策给农民增加收入的空间已经不大了，农业税已经免除，给农民各种补贴不可能无限制的增加。粮食价格面临下行压力，农业生产资料的价格明显上升，基本上抵消掉中央给予农民种粮的好处，仅仅依靠农业提高农民的收入水平[①]，前景并不乐观。同时，由于土地流转受阻，无法实现土地规模化经营，不能合理地引导农村剩余劳动力向城镇以及工业部门转移，逐步消除城乡二元经济结构，促进现代化农业的发展。此外，由于土地流转受阻，加深了部分农民“亦工亦农、亦商亦农”的兼业化状态，不利于农民工从农村的退出，无法有效促进农村劳动力向城镇集聚，推动城市化、农民工市民化和农村现代化进程。

① 《汪同三：2005 年度秋季报告的简要介绍》，http：//business. sohu. com/20060111/n241379360. shtml。

二、土地流转促进农民工农村退出的理论和实证分析

（一）农地的双重功能对土地流转的影响

土地作为一种自然资源，具有位置固定、面积有限、质量差异和永久性的自然属性。土地承载着人类一切活动，作为生产资料，始终为人类提供所需要的一切。因此，土地要素具有不可替代性。从生产力标准价值观来说，土地可谓人类自身以外最宝贵和最富有价值的东西。[①] 经济学之父亚当·斯密这样评价土地："土地是财富之母，劳动是财富之父。"英国著名经济学家马歇尔认为："土地是指大自然为了帮助人类，在陆地、海上、空气、阳光和热各方面所赠予的物质和力量。"[②] 从这个意义上讲，对农民来说，在短期中农用土地所具有的生产资料、创造价值的功能尤为重要，它支持着农民的生产和生活，为人类创造着赖以生存的价值。如果土地仅仅只有生产资料的功能，在没有制度障碍的情况下，农民将能够比较单纯地按照自己的意愿选择职业、进行职业转换的同时转让农地的产权。

然而，在当今中国农村，我们不能够忽视农用土地的第二重功能，它不是一个简单的生产资料，不是一个简单的财产，更主要的，它是农民的传统保障资源。在我国传统城乡二元分制的体制下，农民是被排除在我国社会保障体系之外的，农民在年老之后，享受不到城市居民的养老保险，因此从长期来看，农地对农民未来的社会保障功能显得更为重要，尤其是在人口相对比较多而土地资源相对比较短缺的地方，农地已经不再只具有生产资料功能，而更主要的是作为农民的基本保障，是保

① 刘书楷：《土地经济学》，地质出版社2000年版，第8页。

② 马歇尔：《经济学原理》，商务印书馆1982年版，第19页。

农民安身立命之用的。

我国许多学者对农用土地在农村社会保障中的作用进行了探索。有一种观点认为，在中国目前的情形下，土地可以承担农民的社会保障。姚洋指出，中国目前以均分土地为特征的平均主义农地制度在为农村人口提供社会保障方面，不失为对现金型社会保障的一种有效替代。[①] 李郁芳认为，在农村目前的条件下，还找不到任何一样能够取代土地为农民提供基本生活保障的物质条件。[②] 蔡永飞也认为，土地承包30年不变的家庭联产承包责任制既是土地制度，同时也就是社会保障制度，之所以一再延长承包制就是因为这个承包制具有暂时无法替代的社会保障功能。[③] 据统计，1999年全国社会保障支出1103亿元，其中城市社会保障支出977亿元，占88.6%，农村社会保障支出126亿元，占11.46%；城市人均413元，农村人均14元，相差29.5倍。农民没有社会保障，土地就成了农民唯一可做生存保障的资源，于是国家又出台了一个农村土地承包权30年不变的土地政策。然而，这一政策在一定程度上与农业规模经营和农村现代化的发展方向是背道而驰的，不可避免地阻碍了农业现代化进程与农民工从农村的退出。

土地的集体所有导致了土地福利化，土地保障功能远大于其生产功能，土地收益最大化目标退而求其次。而土地的福利化反过来形成一种倒逼机制，农民必须依赖土地保障。同时，土地归集体所有，就意味着作为集体的"一员"，可以得到土地的福利，而这种福利又遵循"出组不带"的原则，使集体成员不会轻易放弃属于自己的"一份"，即土地在，保障就在。因此，农地产出的低效率成为土地流转机制不完善的必然结果。土地制度造就的是一个静态的保障形式，它对农村保障失去了"造血"功能。只要土地的集体所有制存在，农地的社会保障功能就不会彻底消除。

伴随着社会收益的变化，劳动力从农业转向工业成为了一种必然，工业的快速发展，也需要大批的廉价劳动力。由于中国经济发展速度在

---

① 姚洋：《农地制度与农村社会保障》，载《农村内部文稿》，1999年。

② 李郁芳：《试析土地保障在农村社会保障制度建设中的作用》，载《暨南学报（哲学社会科学）》，2001年第6期。

③ 蔡永飞：《能否把土地承包经营权变为养老金卡——为建立农民社会保障制度献策》，载《调研世界》，2002年第4期。

短时间内增长太快，社会公共积累没有能力为大量涌进城的农民工建立社会保障体系，农民不能和城市就业人员享受到同等的社会保障条件，农民在城市的工作是临时性的，没有养老金、失业救济和医疗保险等社会保障，只要没有了工作，就没有了收入，无法在城市中长期生存下去。因此，农民分得的土地成了农民的固定收入来源，相当于基本生活保障。土地的社会保障功能主要体现在以下几个方面：第一，提供劳动者足够的食品，也就是最低生活保障；第二，集体土地收入能为失去劳动能力的老年人提供养老保障；第三，为村庄提供公共物品；第四，非常重要的是，土地能起到失业保险的作用，能够吸纳大部分农村剩余劳动力。正是由于土地为农民提供了农民自己和国家都无力承担的社会保障功能，农民不能轻易割断与土地的关系，只能在有限的程度上参与到非农产业中去。这就决定了农民在城市就业的同时并不愿放弃对所承包土地的使用权。

现行的农村土地制度对农民工城市进入是一种明显的制度障碍。由于土地是农民的基本生产资料，只要农民具有农民的身份，就不能剥夺他们的土地，就要“耕者有其田”。在长期劳动和生产中，农民对土地投入了大量物化和活劳动，农民对土地有着深厚的眷恋情结。正是由于土地对农民的重要作用，我国政府为了确保农村的稳定和农民的利益，实行了土地30年不变的承包政策，不准土地自由买卖、自由转移。这一农村家庭承包经营土地的基本政策，对确保农村经济稳定发展具有重要意义。但目前农地流转制度不够完善，缺乏对转让（放弃）地权（主要指土地承包使用权）者进行合理经济补偿的成熟规定。这样，承包的小块土地在成为农民“保命田”的同时，也成为套住农民的枷锁，使之难以脱离土地这个“根”，难以勇敢地走出农村，迈步走向城市。在城市社会保障无法覆盖农民工的情况下，农民进城务工经商，其收入非常有限，不会轻易放弃作为在城市打工的退路以及未来养老保障的土地。因而，他们只能像“候鸟”一样在城市和农村之间往返奔波。这既不利于土地的规模化经营和农村现代化建设，更不利于农民工从农村的退出和城市的融入。

农民工不能真正从土地和农村退出，“民工潮”的出现就不可避免。据统计，我国目前流动民工总数在8000到12000万人之间，而且估计每年还会有100多万农村劳动力加入流动大军中。这群“离土又离乡”的城市农民工，已构成了一个相对独立的社会结构单元。

农民工不能真正从土地和农村退出，也使得当前城市农民工管理问题仍处于无序状态。虽然农民工无论从人权，还是从为国家做出贡献上讲，都应该享受与城市居民同等的待遇，农民工群体整体上还是处于弱势，他们在城市务工的过程中遭遇到许多不公的“待遇”。同时，农民工对所在城市缺乏归属感和认同感，他们要么随时准备回家，要么总是处于流动之中，也不可避免地带来了诸如城市农民工犯罪增加等社会问题。

（二）土地流转与农民工农村退出

1. 土地流转对农民工农村退出的“推力”作用

农民工市民化包含着两个阶段和三个环节，两个阶段是指从农民到农民工的转变和从农民工到市民的转变，就具体进程而言，包括农民工从农村退出、城市进入以及城市融合这三个环节。土地流转既推动了农民向农民工的转变，又促进了农民工向市民的转变。在农民工市民化具体环节上，土地流转对农民工从农村的退出具有积极的“推力”作用，农民工从农村成功退出，对农民工的城市进入和融合也具有促进作用。

我国的土地制度阻碍着农民工从农村的退出，延缓了农民工市民化的进程。由于在我国缺乏适度的土地流转机制，造成了土地使用分散、闲置、流动性差，土地配置效率低下等问题，这也成为目前影响农村社会生产力发展，制约农业生产适度规模化经营和农村剩余劳动力转移的主要障碍。首先，不健全的土地产权制度，使土地不能按照有利于规模生产的方式进行调整。我国农用土地制度采用集体所有制下的家庭联产承包责任制，农户只拥有承包经营权，这对农户来说实际是残缺的产权。其结果是由于农户的行为缺乏长期性，不利于鼓励农户投资，不利于土地向种田能手转移，不利于实现土地的规模化和市场化。没有高效益的农业生产，农村剩余劳动力就难以摆脱土地的束缚向非农行业转移。其次，不完善的土地流转制度，使农村劳动力不能得到有效的转移。现今农村土地使用权的流动（包括转让、转包、转租、抵押入股等）还不完善，制约了农民工农村退出的进程。以农村人口大省四川省为例，据有关部门测算，当前四川农村剩余劳动力在2300万左右，占农村劳动力的60%以上。据统计，进入“九五”以后，四川外出务工人数基本稳定在900万人左右。在外出务工的农民中，举家外出呈现逐年上升趋势。据四川省农调队对双流、仁寿、渠县等10个县113个村民小组近两年农户全家外出情况调查分析，2000年四川有近50万农民举家进城，比1999年增加10万人左右。在举家外出的农户中，90%以上是生活和工作在城市，仍然还承包着耕地和缴纳农村税费的“城市农民”。[①] 按照土地不得撂荒的政策规定，土地的转包问题已成为外出务工农民，尤其是举家外出的农民工心中的一块心病，外出农户承包的田地急需通过合法的途径实现流转。只有解决了承包田地的流转问题，才能顺利推进农民工从农村的退出，也才能真正实现农民的增收。再次，农地特有的社会保障功能，使农村劳动力无法割断与土地的“脐带”联系。刘红梅等人对浙江省农村土地市场的实证研究表明，土地的生活保障功能、提供就业的功能以及直接收益功能三者之和占土地效用的比例为0.977593[②]，也就是说，土地对于农民而言十分重要，以至于不能放弃承包土地。事实上，只要有合适的补偿，愿意放弃承包土地的农民的比例就会大幅度上升。[③] 基于土地制度对农民工农村退出的阻碍作用，土地流转可以合理地引导农村剩余劳动力向城镇以及工业部门转移，改变农民工“亦工亦农，亦商亦农”的兼业化状态。

土地流转还能通过“以土地换保障”的方式，将农地对于农民尤其是农民工的生存保障以其他形式体现出来，为进城农民工提供进城资本和应有的社会保障。深化农村土地制度改革，通过强化农民的土地财产权，建立土地的市场化退出机制，能使农民在自愿放弃土地时得到应有的补偿，为农民实现向城市的稳定转移提供资金支持和“原始积累”。农村土地市场化并没有削弱土地的保障地位，反而会增强土地的保障力度。对于大多数农民来说，土地市场化会促使农民通过土地组织形式的创新达到土地集约化、规模化生产，提高生产效率，增加农民收

① 田琦、彭小菊、张义方：《四川农村土地流转制度改革研究》，中经四川网，2002年1月20日。

② 刘红梅、王克强：《浙江省农村土地市场实证研究》，载《中国农村经济》，2001年第2期。

③ 国家统计局农调总队、上海市农调队：《发达地区农民不想轻易放弃承包地》，载《农业经济导刊》，2002年第4期。

入，从而会增强他们的保障能力。另外，土地市场化会增加被征用土地的价值，增加失地农民的卖地收益，从而提高其社会保障能力。土地市场化会促使一部分素质高的劳动力转让土地而移民城市，从而减缓农村社会保障的压力。而一部分文化水平较低的农民仍然从事农业生产，并不会对他们的社会保障构成负面影响。一些病、疾等突发灾难的保障与土地民有还是公有没有必然的联系，这些问题都必须通过社会保障体系来解决。至于土地对失业人口的吸纳功能，土地市场化或土地集体所有制所起的作用是一样的。①

从人口迁移的成本和收益考虑，明晰的土地产权安排能降低农村人口向城市迁移的经济损失、心理成本和交易成本，从而增加迁移的预期收益。农民可以更加自由、理性地做出迁移决策。因为农民是在土地所有权和承包经营权得到承认，并在经济上得到一定程度上的实现之后才离开土地，其经济利益不会因不从事农业生产而遭受损失。

2. 农户土地流转意愿的实证研究

焦玉良以地处鲁中平原传统粮棉区的潍坊市为背景，在对该地区经济发展中等的高密市进行调查和分析的基础上，探讨了这一地区农民土地流转意愿的基本情况，分析了与土地流转有关的诸多因素对农民土地流转意愿的影响。② 农民土地流转意愿受到了城市化愿望的影响。土地使用权的流转不是一个单纯的经济问题，要从社会、政治的角度结合经济问题去考虑，很多学者认为加快城镇化和农村工业化，农村剩余劳动力会自动转移到城市中去，进而实现土地流转。③ 官兵通过对河南东部一个自然村的全面剖析，得出农民外出打工是当地农民土地流转的动力，把土地转包出去就成了这些在外打工的农民职业转变之后的必然选择。④ 通过分析表明，进城定居的意愿对于土地的流转意愿存在明显的影响（参见表2-1、表2-2），它对两个模型的贡献率很大，是影响土地转出意愿的最大因素，证明了以前学者的研究。

① 彭美玉等：《明晰农村土地所有权的紧迫性》，载《宏观经济研究》，2005年第11期。

② 焦玉良：《鲁中传统农业区农户土地流转意愿的实证研究》，载《山东农业大学学报（社会科学版）》，2005年第1期。

③ 陈锡文：《当前我国农村经济和农村政权》，载《改革》，2004年第3期。

④ 管兵：《管庄的土地转包》，载《社会学研究》，2004年第1期。

表 2－1　土地转出意愿的线性回归模型参数估计

	B	Std. Error	Beta	t	Sig.
(Constant)	2.116	0.349		6.069	0.000
进城定居意愿	0.268	0.053	0.322	5.061	0.000
农业收入比重	1.007	0.198	0.286	5.079	0.000
身体状况	−0.201	0.058	−0.216	−3.451	0.001
R = 0.606　Adjusted R Square = 0.358　Std. Error of the Estimate = 0.71					

资料来源：焦玉良：《鲁中传统农业区农户土地流转意愿的实证研究》，载《山东农业大学学报（社会科学版）》，2005 年第 1 期。

表 2－2　土地转入意愿的线性回归模型参数估计

	B	Std. Error	Beta	t	Sig.
(Constant)	3.532	0.482		7.335	0.000
婚　否	−0.766	0.180	−0.265	−246	0.000
农业收入比重	−0.621	0.215	−0.184	−2.891	0.004
对农村负担的认知	0.349	0.075	0.284	4.655	0.000
进城定居意愿	−0.171	0.059	−0.195	−2.922	0.004
性　别	−0.332	0.106	−0.179	−3.117	0.002
种田是否划算	0.171	0.071	0.146	2.386	0.018
R = 0.578　Adjusted R Square = 0.309　Std. Error of the Estimate = 0.77					

资料来源：焦玉良：《鲁中传统农业区农户土地流转意愿的实证研究》，载《山东农业大学学报（社会科学版）》，2005 年第 1 期。

除了上述模型中的因素以外，对土地的感情在一定程度上影响了人们的土地流转。对土地的感情，即恋土情结，虽然无法用具体的指标测量，但它对农民流转土地决策的影响是不言而喻的。但这种情感已经被下一代农民正在建立的相对开放的思想观念所冲击，土地在这一代人的眼里与其他生产资料别无二致。在今天，农村的年轻人正像孟德拉斯对 19 世纪六七十年代法国的年轻农民的描述那样，“他们把这种土地依恋如此粗暴地抛弃掉了”①。鉴于此，年龄虽然没有被纳入模型，但有必要单独将年龄与农民的流出意愿和流入意愿做相关分析（见表 2－3）。

① H. 孟德拉斯著，李培林译：《农民的终结》，中国社会科学出版社 1990 年版，第 63 页。

显而易见，年龄不同，土地的流转意愿就有差异，年龄越大越不愿转出土地，而且似乎有转入的愿望。

表2－3 年龄与农民土地流转意愿的相关系数统计值

年龄＊转出意愿	相关系数值	－0.296
	显著度	0.000
年龄＊转入意愿	相关系数值	0.154
	显著度	0.028

资料来源：焦玉良：《鲁中传统农业区农户土地流转意愿的实证研究》，载《山东农业大学学报（社会科学版）》，2005年第1期。

3. 土地流转对农村劳动力转移的实证分析

土地流转通过推力机制以及降低中间障碍机制能够促进乡城人口流动，转移农村剩余劳动力，加速农民工从农村的退出，促进农民工在城市的“沉淀”。下面以重庆市1997年至2003年间农地流转与农村劳动力转移的数据（见表2－4）为基础，对理论进行实证分析和检验。

表2－4 1997～2003年重庆市农地流转、农村劳动力转移统计

年份	流转农地		转移农村劳动力	
	绝对数(万亩)	占耕地面积比重	绝对数(万人)	占农村劳动力比重
1997	10.51	0.44%	350.4	26.5%
1998	16.18	0.67%	355.4	27.0%
1999	24.92	1.04%	365.8	27.2%
2000	38.37	1.67%	401.8	29.9%
2001	93.8	4.5%	414.7	30.8%
2002	123.93	5.32%	537	40%
2003	166	12%	579.9	43.3%

资料来源：张杰等：《农村土地流流转与劳动力转移的关联分析》，载《涪陵师范学院学报》，2005年第5期。农地流转2000～2003年数据来自重庆华龙网和政府文件资料，1997～1999年为根据2000～2003年平均增长速度推算所得。农村劳动力转移数来自《努力把我市农村劳务开发当成一大产业来抓——我市农村劳动为转移情况调查及今后工作意见的研究》，重庆市农委资料。

以农村劳动力转移为因变量（Y），农地流转为自变量（X），进行回归分析可以得到回归方程如下：

$$Y = 330.408 + 1.461X$$
$$(20.418)\ (7.943)$$
$$R^2 = 0.927 \quad R = 0.963 \quad F = 63.096$$

回归分析结果参见表2－5：

表2－5　农地流转与农村劳动力转移的回归分析

变　量	回归系数	标准误差	T统计值	概　率
C	330.4083	16.18252	20.41760	0.0000
X	1.461109	0.183942	7.943305	0.0005
R^2	0.926574	因变量均值		429.2857
调和 R^2	0.911889	标准离差		92.16627
回归的标准误差	27.35814	赤池信息准则		9.690821
残差平方和	3741.339	施瓦茨准则		9.675407
对数似然估计值	－31.91802	F统计值		63.09610
杜宾—瓦森统计值	3.044051	概率(F统计值)		0.000510

查表可知，方程通过了相应的回归总体线性的显著检验（F检验），参数显著性检验（t检验）。方程拟合优度判定系数 R^2 校正值为0.911889，拟合优度很好。

上述结果表明：重庆市农地流转和农村劳动力转移之间高度正相关，相关系数R达到0.963。在不考虑其他因素的条件下，农地流转每增加1万亩，农村转移劳动力将增加1.461万人，显示了农地流转对农村劳动力转移的巨大影响。但是，这一结果在现实中是被高估了的。农村劳动力转移不仅受到农地流转的单方面因素影响，城乡收入差距过大，非农就业收入较农业收入高等经济动因也是不可忽视的。不过我们还是可以得出一个结论，那就是农地流转与农村劳动力转移确实存在着正相关的关系，并且对农村劳动力转移影响显著。

但是，该方程所反映的农地流转对农村劳动力转移影响程度比理论预期小。因为根据重庆2003年耕地面积和农村人口、农村劳动力数的情况，按1亩地负担0.7个农村劳动力计算，有1亩土地参与了流转，相应就有0.7个农村劳动力转移。从回归方程得出的结论则表明，流转农地每增加1亩，就会增加约1.5个转移劳动力。产生这种差别的原因主要有：一是重庆农村人口多，而土地少，人均占有土地仅为0.83亩。也就是说，单位劳动负担的土地面积太少，而土地承担的劳动力压力过大，农村存在大量的剩余劳动力（包括隐性的和潜在的农村剩余劳动力），因而现实中转移劳动力与土地流转之比远大于理论值。二是土地对农民还很重要，除了为大多数农民提供生活之源和就业保障之外，还承担着重要的社会保障功能，加上农民对土地的依恋思想和情结，因而出现农村劳动力转移与农地流转并不一致的情形。劳动力转移了，但土地可能不流转，由家人或亲友代耕，甚至弃耕抛荒。三是当前土地的制度安排和流转价格对农地流转的影响。目前所实行的农村土地集体所有、家庭承包经营制度使农民拥有的农地产权存在严重缺陷；同时农地流转市场基本上还未建立，流转的信息和费用都不确定，人们对未来的预期不明朗；只要非农就业收入高于农业收入，农民愿意转移到城市工业部门。这就形成了农地流转与农村劳动力转移在理论与现实之间不对称、不平衡的局面。[①] 它们的意义就在于告诉了我们以后努力的方向，改变这一局面的出发点、根据和目标。

（三）土地流转与第二代农民工的农村退出

1. 农地保障功能的“虚化”和“弱化”

所谓土地保障的“虚化”，指的是土地收益在农民收入中所占比重不断减少从而对农民生活保障的实际能力逐步下降的情况。土地保障的“虚化”现象首先出现在沿海开放地区的农村、大城市周边以及其他先富裕起来的农村地区。在这些地区，随着农村经济的不断发展，非农产业不断壮大，非农收入比例不断提高，农民对土地的依赖性也在不断减弱。对主要劳动力已外出务工的农户而言，其所承包土地的收益通常不会达到主要劳动力外出务工前的水平，农户大多采用了粗放的经营方式，土地收益除完成国家下达的粮油生产任务外，结余部分首先是保证自身生活需要，其次才用于出售。出售农产品所得现金收入只能维持基本生活日常所需。这样，土地的产出率从高点回落，土地收益仅能维持

① 张杰等：《农村土地流流转与劳动力转移的关联分析》，载《涪陵师范学院学报》，2005年第5期。

基本生活水平，也就是解决温饱。一方面，对主要劳动力外出务工的农户而言，由于粗放经营而使土地产出率呈下降趋势；另一方面，对以土地收益为唯一生活来源的农户而言，由于受到经营规模的限制，土地收益大大低于社会平均收益，如果不外出务工的话，所得收益也只能解决温饱。这就使农业生产的增长出现了停滞不前的情况，从事农业生产的农民的收益相比较城市就业人员而言，差距呈扩大的态势。而对于进城的农民工，土地的保障功能也被“弱化”了。城市农民工失业后，多数是靠自己过去的积蓄维持生活，其次是靠向亲友、老乡借钱生活。李强2002年的调研证明，农民工在失业后，没有任何一例是得到了劳动单位或地方组织的帮助。由此可以看到，城市农民工完全是处在城市的社会保障网络之外。数据还表明，即使遇到了失业的危机，也只有很小比例（14.6%）的农民工表示愿意回家乡去生活。所以，外出的农民工，遇到经济困境以后，回家乡的可能性很小。换言之，当农民工在城市里失去生活来源以后，他们在农村的土地，也只能是“远水不解近渴”，实际上并不能保障他们在城里的生活。① 因此，尽管许多农村流动人口在家乡还有耕地，但多数家庭都由在农村劳动力来耕种或者转租、撂荒，即使是失去土地使用权，也很少有人愿意放弃城市生活。②这种现象在第二代农村流动人群中表现得更为突出。

2. 第二代农民工的离农倾向

根据武汉大学经济研究所课题组2005年3月对武汉市进城农民工的抽样调查③，我们发现第二代农民工不论在受教育程度上，还是在务农的经历上都与第一代农民工差别甚大。第二代农民工外出打工更多是

---

① 李强：《当前我国城市化和流动人口的几个理论问题》，载《江苏行政学院学报》，2002年第1期。

② 李路路：《移民新趋势需予关注》，经济参考报，2002年4月17日。

③ 该调查由武汉大学经济研究所课题组设计、组织和实施，武汉大学经济研究所部分博士生、硕士生以及相关专业的学生作为访谈调查员，于2005年3月参加了对武汉市进城农民工的抽样调查。本次调查采用面对面的问卷访谈法，共在武汉市武昌区和洪山区进城农民工比较集中的25家建筑工地、集贸市场、酒店、职业技术学院、民营企业各随机抽选20名农民工作为调查对象，问卷调查的农民工总样本为500人，调查完成后通过数据清理和逻辑检验的有效问卷436份。此次问卷调查的内容包括5个部分，分别从农民工的基本信息、外出打工情况、农村土地状况、社会保障状况以及农民工生存状态对农民工的生活和工作进行描述。本次抽样调查的问卷参见附录2，抽样调查的基本统计分析情况参见附录3。

为了自己，提高收入和学技术占了不低的比例。另外，年龄越轻则越倾向于长期在外发展，在对未来的打算中，第二代农民工中有46.21%明确表示留城，而第一代农民工中只占18.09%。

第二代农民工在对农村土地使用方面的问题几乎不知道，很多人回答“不清楚”。可见，第二代农民工虽然对农村仍具有一定的乡土认同，但是与第一代相比，他们对家乡的认同更多受系于与亲人的情感，而对于土地和农业的感情日渐淡薄。他们逐渐适应了城市生活，对农村生活逐渐产生不适感觉，在农村的社会交往圈狭小，农业活动无法激发他们浓厚的感情和兴趣，他们对农村的一些习惯和传统开始表现出不认可。在这种情况下，现行的土地制度无疑不能为这些年轻的农民工提供任何资源，甚至连对第一代农民工具有的“最后的保障”功能都很有可能失去了。

土地不能使第二代农村流动人口最终回归乡村，但作为城市的“边缘人”，他们没有基本的社会保障，他们如何融入城市“沉淀”下来，成为真正的市民就显得非常迫切。从这种意义上说，土地流转制度的完善和土地流转市场的健康发育，对于第二代农民工的合法权益的保护和他们从农村的有序退出，具有非常重要的现实意义。

三、土地流转的方向及模式

（一）土地流转的几个方向

1. 农村土地流转制度的创新

农民工要彻底实现从农村的退出，自下而上的农村城市化的基础非农产业要实现专业化发展，面临一个不可回避的问题是如何处置转移劳动力原来承包的耕地，逐步割断进城农民工同土地的“脐带”，避免大量亦工亦农的兼业化现象。为此，在制度上必须使一批不需要以土地为生的人与土地分离，也就是要让他们与自给性的生产和生活方式彻底决裂，变成纯商品消费者；同时，逐步扩大农业土地经营规模。新的土地制度目标原则是让耕者有其田，不耕者自动放弃土地。这样的制度安排，既能使离农不成功者有了社会保障，又能适时地促进土地集中。这就迫切需要土地使用权流转制度的创新，促使转移劳动力的土地向种田能手集中，实现农业规模经营。从耕地退出的角度看，应该让退出耕地经营权的农户仍能凭他们原拥有的土地经营权而获得经营权收益。例如，通过耕地经营权折算成股份转让给企业型农场，出让农地经营权的农民可以作为农业工人在企业型农场就业获取劳动报酬，也可以另谋职业。从农地流入的角度看，政府应当采取措施培育、造就一个懂经营、会管理的农场主阶层。与此同时，进行农业生产经营组织的创新，以企业式的管理、核算和收入分配模式取代以血缘关系为纽带、不计人力成本和效益的家庭耕作模式，逐步将传统的家庭式生产组织改造为企业式农场。农场主（经营负责人）可以是农场土地经营权的拥有者，也可以是其他土地经营权拥有者的经营代理人。①

根据发达国家实现农业规模经营的成功经验，可运用土地调整与流动政策、扶持土地流转的财政与信贷政策、农产品价格导向支持政策、差别农业税收政策、农业合作政策、农业劳动力转移就业政策等多种政策及其组合来促进土地流转，推进农业规模经营。② 在市场经济条件下，当农民扩大生产规模的投入能力不足或兼业趋向较强时，政府可以采取措施吸引商业资本和金融资本介入农业，同时实施一系列推动、鼓励农场或农户转让或扩大耕地经营规模的立法与政策。譬如：（1）通过耕地经营权的转让或折资入股扩大农业经营企业（包括农户）经营权规模。吸引产业资本、商业资本介入农业，鼓励农户将他们承包的少量耕地转让或折算成股份加入多户入股后形成的农业农场，部分农民以农业工人的身份成为新组建的农场的职工，更多的农民可以在获得入股农场的耕地经营收益的同时，进入城镇务工经商。（2）政府农业部门成立非营利性的农地管理公司，通过市场行为收购并合并、整治过度细

---

① 刘传江：《当代中国乡城人口流动的中间障碍因素分析》，载魏津生等主编：《中国流动人口研究》，人民出版社 2002 年版，第 32 ~ 49 页。

② 刘传江：《世界农业经营规模：变迁、现实、政策与启示》，载《国际经济》，1997 年第 10 期。

碎的小块耕地，扩大地块规模，然后以规模经营为前提条件出售给农场，同时对转让出土地使用权的农户予以适当的经济补偿，或为他们提供新的就业机会。

2. 土地换保障：推进农民工的农村退出和城市融合

由于土地流转制度不够完善，缺乏对农民工转让土地使用权进行合理补偿的成熟规定，农民工在打工收入有限、缺乏城市社会保障的情况下，视土地为他们生存的最后保障，对进城定居采取谨慎的态度。如果农民能够将土地使用权有效流转，将土地保障转化为现金保障，农村土地和劳动力这两大生产要素就会得到更合理的配置，从而使部分农民摆脱土地的束缚，专门从事非农业生产，进而推动城市化进程，促进农民阶层向非农阶层的流动，缓和城乡矛盾，维护社会稳定。

所谓“以土地换保障”指的是这样一种用社会保障替代土地保障的方案：农民在年老、到乡镇企业就业、进入小城镇定居的时候，让出其原先承包经营的土地，由转包者缴纳一定数量的经济补偿，使其参加相应的社会保险；或在因建设被征用土地的情况下，征地单位用征地补偿费的一部分为被征地农民建立社会保险。①

“以土地换保障”的一个重要理论依据就在于土地的保障职能。土地不仅是最基本的农业生产资料，而且对现阶段的中国农民来说，还是重要的保障机制。在传统的农业社会，土地的这两项职能是连在一起的。1978 年以来的农村改革初步实现了土地这两项职能的分离。一方面，非农产业的发展正在使越来越多的农村居民不再以土地为主要的生产资料；另一方面，由于农村社会保障的缺失，土地仍然是包括从事非农产业活动的人口在内的全体农村居民的生存保障。现阶段土地保障职能主要有两个方面：一是养老保障，拥有一份土地，自己耕种或由子女耕种，农村老年人口就有了基本社会保障，或者说，土地成为农村家庭养老或社区集体养老的物质基础；二是从事非农产业的农村劳动力的失业保障或“退农保障”，拥有一份土地，从事非农产业的劳动力在遭遇挫折的时候，就可以退而务农，使自己的劳动价值得以实现，并获取基本生活资料。由此可见，土地的保障职能来源于土地可以提供就业机会

① 陈颐：《论以土地换保障》，载《学海》，2000 年第 3 期。

和土地自身产出。

“以土地换保障”作为关于农村土地流转、农村土地征用使用和农村社会保障体系建设的重要制度创新，它的实行将有力地推进农业规模经营、农村分工分业和农村城镇化进程，并将对农村未来的发展和现代化事业产生深远的影响。这主要体现在以下几个方面：

首先，“以土地换保障”将促进土地流转和农业规模经营。“以土地换保障”能够有效解除农民的后顾之忧，促使更多的农村老年人口、从事非农产业的劳动人口、进入小城镇落户的人口转让其土地承包经营权，从而有效推进土地流转和农业规模经营，推动农村人口的城镇化。

其次，“以土地换保障”将促进农村社会保障体系的建设。“以土地换保障”就是要把对农民转让土地和征用土地的补偿直接转换为社会保障基金，这就形成农村社会保障体系建设的制度化的资金来源渠道。当然，仅靠对转让土地和征用土地的补偿并不能解决农村社会保障体系的全部资金需要。尽管如此，“以土地换保障”对农村社会保障体系建设的促进作用将是实质性的、深远的。

最后，“以土地换保障”有助于推进农民工的农村退出，并加速农民工在城市“沉淀”和融合。如果将农民进入城镇后能否享受最低生活保障与其是否将承包土地使用权一次性出让挂钩，相信进城农民工对土地的“眷恋”程度会大大降低。中间障碍因素相反会变成一种推力，使农民工更有信心在城市中生存，向市民转变。

3. 土地产权股份化和市场化

土地产权股份化包含两个层面上的产权安排：一是土地使用权股份化，即在稳定家庭承包制的前提下，允许农户将其所拥有的土地承包权及相关权益以股份的形式进入证券市场；二是土地所有权份额股份化，即在当前集体土地产权主体模糊、产权关系不明晰的制度安排下，将集体所有的土地视为共有财产，即将集体土地所有权视为共有产权，并赋予每个集体经济组织成员一定的土地所有权份额，集体经济组织成员可以个体的土地所有权份额作为股权进入土地市场。[①] 当集体成员想脱离

① 郭剑雄、苏全义：《从家庭承包制到土地股份投包制》，载《中国农村经济》，2000年第7期。

农业部门或者进入农业部门时，可以通过土地证券市场，自由选择是放弃土地产权股份，还是拥有土地产权股份，以寻求机会成本最小、预期收益最大的谋生方式。

土地产权市场化，即将农村土地产权作为可以流转的资产在市场上进行交易。根据产权交易的层次和方式可将土地产权市场化做三个层面上的产权安排：一是农户以转租、转让、转包、入股和抵押的方式，在市场上交易土地承包使用权；二是农户将属于自己的集体土地所有权份额拿到市场上进行交易；三是集体经济组织以土地所有者的身份，对集体土地的所有权、使用权在市场上出租、出让和发包。

无论土地产权的股份化，还是土地产权的市场化，都是在承认集体土地所有制下农民的财产权利之后，再赋予农民与之相应的产权权能。按法律规定，农村土地使用权可以转让、转包，但由于土地市场尚未建立，加之政府和集体对农户的双重干预，使土地产权的流转异常艰难。有些地方政府甚至为了发展房地产业，强行低价收回农村集体的土地所有权，使农民不仅丧失了使用土地的权利，也丧失了土地所有者的地位。因此，明晰土地产权不仅有利于国家对土地资源用途的管制，而且有利于农民维护自己的权益。如果农民应有的土地权利得到真正认可，并在市场上可以顺利地流通和变现，使农民在选择进入城市、或是返回农村时都有一定的经济保障，减少了农民的许多后顾之忧，从而降低了迁移的心理成本。那么，这样的制度安排会有利于农村人口在城乡之间自主选择。

（二）土地流转模式探讨

当前在国内普遍采用的土地流转模式主要有以下几种：

1. 土地出租

土地出租在中国具有深厚的历史和现实根基。作为一种债权型流转，优点在于适应性较强。在农村社会保障制度尚未完善，农户与土地的情结难以完全割舍的背景下，既可实现土地资源的重组，又避免了农民过早丧失土地，保障了农村社会经济的稳定。

2. 土地置换

土地置换是在对土地依赖较大的村或村民之间通过协商交换承包地的办法，达到统一品种布局、规模开发、避免分散经营的目的。置换的特点是适应性范围广、手续简便，适合于农业人口分流进展缓慢的土地流转初期，可兼顾部分农户追求产业化经营以增加群体增收能力的愿望与其他农户“控制土地、独立经营、拥有生活保障”的要求。

3. 土地储蓄信托银行（试点）

土地流转的阻力之一是缺乏使分散的、短期的（2～5年）闲置土地向中长期规模利用转化的有效途径。土地储蓄信托银行可以通过吸收2年期以上闲置土地，并保障农户可随时收回储蓄或托管的土地，满足了农户寻求保障、安全和收益的心理。同时，通过集中信贷解决了短期闲置的土地难以规模化利用及供求脱节的问题，因此将有力的推动农村短期、零散土地流转的开展。土地储蓄信托银行的运作，是借鉴货币储蓄信贷有存有取，存取时间存在差异，银行必然保有一个稳定的余额，可以中长期贷出的原理，续短为长，把短期土地储蓄及托管积累为中长期可规模化利用的土地。

4. 业主集中承租返包

业主集中承租返包的实质是一种中长期的土地租赁，它的特点是：产业化经营与土地流转两位一体，相互衔接；业主既可以是法人也可是自然人；法人业主承担降低农户风险并有效调动经营积极性的社会化服务、保护价与全部收购等责任。这种模式代表了土地流转与产业化融合的潮流，反映了经济组织引导土地流转，弱化流转中的行政组织力量，降低经营风险，以经济组织内部激励约束代替外部约束的大趋势。

5. 土地使用权的股份化运作

股份化运作是在土地流转中，通过引入股份制因素，明晰个人拥有的产权权能，以有限责任规避经营风险；通过土地入股分红，建立吸引土地入股参与产业经营的利益激励机制和收益增长机制；通过资本符号化，发挥股份易于并购、重组的特点，扩大流转空间，降低交易成本。股份化运作的形式：一是以队和村为单位的合作经济组织以土地评估入股，村成立“土地股份合作经营公司”，将土地长期承包权变成长期股权，村民拥有股权，以股份分红体现集体和个人的利益；二是在开发型农业中，以生产项目为中心，吸收土地入股，公司扣除农业税、乡统筹和村提留等专项费用后，股份红利一次性兑现给股东。

在以上这五种模式中，土地使用权的股份化运作最有利于农民工从农村稳定退出和在城市沉淀。这种模式的优越性在于，股份化运作是将土地使用权入股，并没有改变农村土地集体所有性质，只是强化和规范了使用权，修正了均田承包配置资源的低效格局。同时股份化运作较好地解决了农业投入不足的问题，可以将分散资金集中起来，架起了土地与资金的桥梁。若将土地使用权在价值形态上一次性地永久界定到农民个人所有，人口增减不再作调整（但可以继承股权），则必会从根本上打破土地与劳动力平均结合的格局，促使他们下决心离开土地，向非农产业和小城镇转移。

（三）土地流转中存在的问题及政策建议

1. 土地流转中存在的问题

我国的土地流转制度改革经历了一个曲折发展的过程。在实施农村土地流转的过程中，积累了许多经验和教训。具体表现为：

（1）早期的土地流转中村集体对产权明晰采取了回避的态度，导致农地的权属关系、权能要项等制度规定不完整，出让人和受让人对土地流转的信心不足，土地权益纠纷难以解决。

（2）缺乏土地产权保障机制，导致土地权利的难以确认。有的村集体在农户租出土地使用权后，取消了农户对土地的承包权，混淆了土地的承包权与经营使用权的关系。更为普遍的情况是，农户在租出使用权之后，虽然名义上还保留着承包权，但却失去了实际上的经营权。

（3）基层行政组织利用行政权力以及土地流转的组织者、管理者的身份侵占流转中农户的利益，逐级截留、拖欠、拒付租用土地的各项经费，导致农户要求收回土地或不愿出租；或者违背自愿的原则，无视农业人口分流进展较慢的条件约束，强制收回已承包的土地，过早剥夺土地对农户基本生活的保障。有的地方在收回农户承包地后，甚至不对农户作任何经济补偿。

（4）缺乏中介服务组织，导致土地流转局限于狭窄地域范围内，土地资源配置以及流转后期的经济效益不理想，难以对大规模的以产业化为目标的流转和经营提供支持。

（5）评估、定价体制不合理，土地流转补偿偏低，土地转出方难以享有土地流转过程中几何级数的增值收益，反而丧失基本生存保障，导致农户宁愿撂荒也不愿转出土地。

2. 政策建议

针对上述现象和问题，笔者认为应当从以下几方面着手促进土地流转更好的实施并发挥作用。

（1）充分利用土地流转的内在动力，促进土地流转。一要正确处理土地流转各方的经济利益关系，尽量满足各方的利益要求和收益预期。无论是土地流入、流出方还是流转中介组织，都要从保护耕地、充分合理利用耕地的角度出发，互让互谅，利己利人，以保证经营利益最大化。二要积极推动农业产业化经营，以获得规模经营效益。农地产业化经营、规模经营是农民进入市场、有效参与市场竞争的重要经营形式，而当前真正有能力进行规模经营和产业化经营的则大部分是一些涉农企业和个体经营大户，这就要求在推进土地的流转过程中一方面要照顾经营者的利益，另一方面也要照顾农户的利益，做到有偿流转、以法规范，因地制宜、科学有序。

（2）不断深化农村土地承包制的改革，加快农村土地的流转。在长期坚持农村土地家庭承包经营的前提下，要强化集体的土地所有权，最大限度地放活承包权和经营权。一是在外流劳动力较多，二、三产业发展较快的地方，改变农户分散承包土地的经营格局，允许集体将土地调整集中连片，向社会公开发包。二是将土地这一基本的生产要素商品化。将土地作为商品价格化，即按不同等级确定土地的市场价格，按照价格规律实现土地的合理配置。

（3）建立完善土地流转机制，规范土地流转。农村土地流转的主要目标是实现适度规模经营，提高资源配置效率。因此要把握好农村土地流转的基本原则，即优化组合、因地制宜、自愿互利、市场机制和政府协调相结合等原则。同时根据土地流转机制的市场性、方式的多样性、空间的开放性以及流转过程的规范性等流转特征，建立健全合理的土地流转机制，使农村土地流转进入规范化的轨道。

（4）积极培育农村土地市场，加速土地使用权流转。土地使用权是一种资源，只有通过不断流动才能实现最优组合。要形成统一、规范、公平的土地使用权交易市场，首先，要明确土地使用权的主体和客体。现阶段使用权主体为农户，也可以是家庭农场、联户生产组织和农业企业，客体为独立的包含使用权的土地。其次，要打破土地社区界限和行政壁垒，允许土地使用权在一定范围内流动。在土地转包、竞标和拍卖中，社区内外的人员享有同等权利，允许跨地域买卖和承包土地，鼓励跨地区联片经营土地。同时要积极进行土地经营制度和流转方式的创新，运用市场机制对土地进行合理配置，进一步解放生产力，发挥土地更大的效益。

（5）制定相关政策法规，确保农村土地的合理流转。在土地流转过程中，要认真执行现行土地制度，按照自愿、有偿的原则依法进行，不得以任何理由强制农户转让。一定要做到确保所有权，稳定承包权，搞活使用权。对农户承包土地的流转，要在政策上给予鼓励和支持的同时，对流转的办法、程序、合同关系的变更、相关的制约都要做出明确的规定。要制定鼓励农村劳动力外出打工或务工经商的政策，加快农村劳动力转移的步伐，促进农村分工分业的发展。另外，土地流转要保持其原有的农业用途，杜绝借土地流转之机吞食耕地，确保农村土地的合理流转。

第三章 土地征用与农民工农村退出

一、土地征用及其补偿

（一）土地征用的概念

一般而言，土地征用是指有关政府机构或者是获得政府授权的法人基于基础设施建设、公共产品供给、经济发展或社会稳定及发展的需要，对他人（包括法人和自然人）土地产权及其使用权利的强制性收购。与土地流转不同，土地征用所发生的土地产权交易通常并非体现了土地产权出让者的意愿，而只是体现了土地产权购买者单方面的需求。因此，现实中的土地征用权是一种具体的行政征用权，用以垄断公共强制力资源，以抑制因个体任性而阻碍社会公共利益实现。各国（地区）通过法律建立了土地征用制度，美国法学上称之为“最高土地权的行使”（eminent domain），英国称之为“强制收买”（compulsory purchase），法国、德国及我国台湾地区称之为“土地征收”（land expropriation），日本称之为“土地收用”或“土地收买”，我国香港则称之为“官地收回”。①

---

① 朱青：《中外土地征用制度比较与借鉴》，载《国土资源》，2004年第1期。

尽管各国（地区）对土地征用的称法有所不同，但土地征用权的性质基本是一致的，土地征用的性质可以看成是政府的强制购买。这就决定了征地的三个基本特征：一是征地权的强制性；二是征地具有公共目的；三是损失应给予合理补偿。①

（二）土地征用的补偿标准比较

各国（地区）的土地征用补偿采用的标准不同，表3－1显示了各国不同的土地征用补偿标准。

表3－1　不同国家（地区）的土地征用补偿标准

国家或地区	补偿标准
美　　国	采用公平的市场价格，其中包括土地的现有价值与土地未盈利的折扣价格，充分考虑了土地所有者的利益，同时还考虑了因征用而导致邻近土地所有者经营上的损失补偿
加拿大	征用部分补偿依据土地的最高和最佳用途，根据当时的土地市场价格补偿。另外，还包括：有害或不良影响补偿，干扰损失补偿，重新安置的困难补偿
瑞　　典	土地征用补偿价格的计算以10年前该土地的价格为准
英　　国	对征地补偿的土地征用费，主要是根据土地征用之前的市场价格计算，如果有些土地征收前因要转为公共用地而造成地价上涨，原则上补偿价格不包括地价上涨部分，但对某些合理的上涨部分可予考虑
法　　国	土地征用补偿价格以征用裁判所的一审判决之日的价格为基准计算，同时为了控制补偿价格，被征用的土地用途以公布征用时1年前的实际用途为准
德　　国	以政府公布的土地征用时土地的市场价格为准
意大利	对于征用农村土地给予的补偿费的基础是农业中值，简称VAM，VAM在每个农业区每年确定一次，依庄稼类型和土壤肥力而定，VAM大致相当于被征用土地的平均市价
澳大利亚	补偿数额的确定要考虑土地征用当天的市场土地价值，还要考虑土地权利拥有者的当天个人财产价值等

① 郭立芳、林秀琴：《关于土地征用范围界定的思考》，浙江在线，http：//www.zjol.com.cn，国土知识简介，2002年6月12日。

续表 3－1

国家或地区	补偿标准
日　本	征用损失补偿按被征用财产正常的市场价格计价赔偿，土地补偿还包括：通损赔偿，少数残存者赔偿，离职者的赔偿，事业损失赔偿
中国香港	一般是根据土地收回当日市场价格确定，如果上述计算的补偿费不足以补偿业主的实际损失，政府会在法律许可的补偿外，另加一笔补偿费
韩　国	以征用裁决时近邻类似土地交易价格为基准，再用物价变化率予以修正
印　度	土地被征用发布公告时的土地市场价值，还包括因征地造成的其他损害补偿
中　国	“征用”、“征购”双轨制①，对公益性用地与非公益性用地分别采用不同的征地补偿制度，公益性用地的“征用”仍保留原法律意义，而非公益性用地的“征购”价格以市场价格为依据来制定

资料来源：王立正、刘丽：《国外土地征用补偿标准方式及支付时间》，载《国土资源情报》，2004 年第 1 期。

（三）土地征用的补偿程序

各国（地区）的土地征用补偿程序同补偿标准一样，也是不尽相同，但从部分国家和地区土地征用补偿程序，可以总结出一般补偿程序：土地的原所有者或利益相关人提出补偿申请；主管土地征用的政府机构（或征用机构）自己或请专业评估师对被征用土地及相关资产进行调查评估；主管机构确定补偿金额和方式；支付补偿；如果在补偿方面有争议，则由法定机构进行裁决。②

我国在土地征用方面的研究多侧重于土地征用补偿标准和土地征用权限方面，失地农民安置方式及补偿方式的已有研究没有与土地征用制度改革相联系，缺乏对被征地农民补偿与生活出路相关性分析。通过对国外土地征用的研究，我们可以从我国国情出发，借鉴国外在土地征用权限、土地征用范围、补偿标准、土地征用程序等方面的经验。

---

① 孟祥舟：《实行土地征用补偿“双轨制”创新的探索》，载《河南国土资源》，2003 年第 10 期。

② 王立正、刘丽：《国外土地征用补偿程序及纠纷解决》，载《国土资源情报》，2004 年第 1 期。

二、土地征用浪潮与失地农民现象

（一）土地征用浪潮引发失地农民现象

1. 工业化和城市化引发征地热潮

我国当前正处于工业化和城市化快速发展时期。工业化与城市化的发展要求城市在面积上不断的扩张，而我国的土地制度规定了农业用地归国家所有，国家垄断土地一级市场，农地的非农化过程通过国家行使征地权来实现。下面通过城市化率、征地面积等相关数据来看一下城市化速度与土地征用面积的关系（见表3－2）。

表3－2　1995～2004年城市化率、土地征用面积等统计数据

年　份	城市化率(%)	城市建成区面积(平方公里)	征地面积(平方公里)
1995	29	19264	
1996	29.4	20214.18	1018.05
1997	31.9	20791.30	519.38
1998	30.4	21379.56	515.54
1999	30.9	21524.54	340.47
2000	36.2	22439.28	447.25
2001	37.7	24026.63	1812.19
2002	39.1	25972.55	2879.86
2003	40.5	28308	1605.6
2004	41.8	30406.2	1612.6

资料来源：国家统计局：《中国统计年鉴》（1996～2005年）。

我国城市的建成区面积从1995年的19264平方公里增加到2004年的30406.2平方公里，增长了57.8%。近10年的征地数据表明有10000多平方公里的土地被征用，与城市建成区的扩展是同步的。这种

一致性归因于我国农村土地国有，土地用途的转用完全由国家控制，通过土地征用来实现农业用地非农化的制度。城市化率快速提高的现状及其趋势，直接关系到土地征用，也直接影响到我国的耕地面积，进而影响到我国失地农民的数量。

2. 土地征用与失地农民数量

从中国统计年鉴与国土资源部网站的相关资料中，我们找到了部分年份的全国耕地面积与人均耕地面积的数据。图 3－1 是基于这部分统计数据展示出来的我国耕地面积和人均耕地面积日益下降的基本态势。

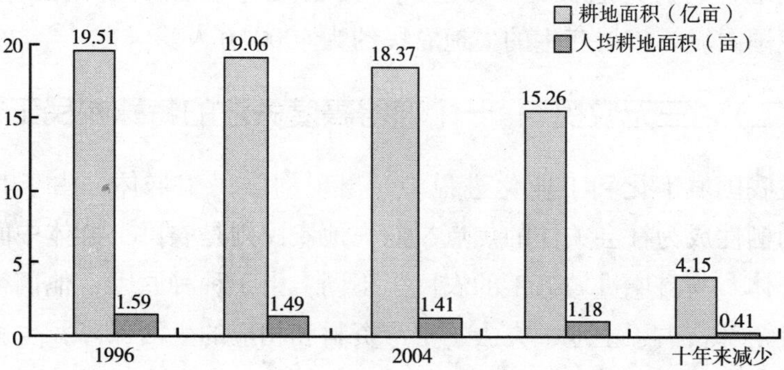

图 3－1　全国耕地面积与人均耕地面积

1996 年国家统计局关于全国耕地面积的数据为 19. 51 亿亩，人均耕地面积为 1. 59 亩，而仅仅过了 10 年，全国总耕地面积减少了 4. 15 亿亩，减少了原有土地的五分之一还多，《农民日报》以“我国基本农田目前已不足 16 亿亩”① 作标题报道了国土资源部的最新调查结果，人均耕地也减少到 1. 18 亩。以上数据反映出我国近 10 年来耕地面积的减少速度。耕地资源的保护应引起全国人民的足够重视，它直接关系着我国的农业与粮食安全。

耕地面积的减少原因有几方面：建设项目占用耕地、灾毁耕地、退耕还林等。其中，退耕还林是为了保护生态平衡，为农业与社会更好的

① 高文：《我国基本农田已不足 16 亿亩》，载《农民日报》，2005 年 10 月 25 日。

发展提供条件，西北省份大量土地荒漠化使我们认识到保护生态的重要性，这一项目的实施不应因为耕地面积减少而取消。灾毁耕地是不可避免的，需要做的工作是尽量恢复耕地及减少灾毁耕地的程度。建设项目占用耕地，是近几年来我国耕地迅速减少的重要原因，正如前面分析的，我国处于城市化快速发展的阶段，城市的扩展不可避免的占用土地，耕地相应减少是其必然结果，但是我国当前的城市化过程中，由于征用与转让土地制度不健全，存在严重的土地浪费现象。

随着土地征用范围的扩大，耕地面积不断减少，失地农民的规模随之扩大。除了在原有耕地基础上，人均耕地减少以外，还造成大量农民失去土地，成为失地农民，乃至“三无农民”。据统计，截至2002年底，我国因城市扩展产生的失地农民约为4000万人。①

（二）“三无农民”：一个值得高度关注的特殊农民工群体

在我国城市化和工业化进程中，出现的农民工群体，由于其边缘性、两栖性成为社会关注的焦点，而失地农民则是农民工群体中间的特殊亚群体。与自愿进城务工的农民工不同，由于种种原因，他们被迫部分或者全部丧失了土地，失去了生产资料和相应的生活保障，也就是说他们已经处于部分或者全部从农村退出的状态。这其中，种田无地、上班无岗、低保无份的“三无”农民更是失地农民中的最弱势群体。失地农民作为特殊的农民工群体，他们从农村退出不彻底，或者说被迫完全从农村退出后，无生存能力，这些严重的社会问题，将会严重阻碍我国和谐社会的构建以及农民工市民化进程。尽管从个体上看失地农民失去土地的多寡不同，对他们未来生活的影响程度也不尽相同，但其总体非自愿性失去土地的特征相同，因此，从这个角度来讲，我们在研究失地农民这个群体时，更偏重于特别关注“三无农民”。

1. 失地农民的类型

（1）按失地性质分为失地型失地农民和无地型失地农民

失地型失地农民是指在我国的工业化、城市化正处于快速发展时

① 王海坤：《失地农民出路与现实：4000万失地大军游荡城市》，载《中国经济时报》，2004年4月10日。

期，由于工业园区与城市的发展必然要占用大量的农业用地，而导致的失地农民。有数据显示，1997 年到 2002 年，6 年间耕地占用 9542 万亩，扣除新开垦耕地 3378 万亩，净减少 6164 万亩，年均减少 1027 万亩。[①] 如果按人均 1.4 亩耕地计算，失地农民有 4403 万人，平均每年新增加失地农民 730 余万人，这是一个很大的数目。而且今后每年都有大量的失地人口加入失地农民的行列。

无地型失地农民则是指在第二轮土地承包时未分到土地的人口，包括分地时的非集体经济组织成员、新婚媳妇和新出生的人口。各类返乡务农人口，如：复员军人、学生和下岗归农人员。据有关专家在全国近 10 个省份的调查，我国农村至少有 10% 的人口没有土地，是一个比失地人口更加庞大的群体。无地农民问题还没有充分暴露，因为无地人口家庭的其他成员有地，这个问题在很大程度上被多数农村家庭拥有一些承包地的现状而暂时掩盖了，但其潜在的危机仍然十分严峻。

（2）按所在地区分为农村型失地农民和城郊型失地农民

农村型失地农民是指农村居民因公路等基础设施的建设征地和越来越多的宅基地占地而失去土地，或耕地被上游地区工业污水超量排放严重污染或水源被严重破坏，事实上失去可耕种土地。相当一部分失地农民长期居住在农村地区，生活靠家庭其他成员土地、外出打工或进行家庭经营等维持。

城郊型失地农民是指原先生活在城市或城镇郊区，因城市的发展和扩张而失去土地。他们的生活方式与城市市民相近，消费水平相对较高，失去土地对他们来说，虽然是挑战与机遇并存，但现实的土地征用制度和补偿机制对他们却是弊大于利。

（3）按失地原因分为"新圈地运动"、"以地生财"、"新城市化运动"与"新农村运动"引发失地农民

"新圈地运动"引发失地农民是指各地攀比性地建设开发区、工业园、城市广场、商厦、度假村、游乐场、高尔夫球场、道路及绿化带"热潮"中，不少省市依靠"新圈地运动"扩大内需和发展经济，大量

① 王海坤：《失地农民出路与现实：4000 万失地大军游荡城市》，载《中国经济时报》，2004 年 4 月 10 日。

的农业用地在此运动中被改为他用，导致失地农民的产生。《中国经济时报》2004 年 4 月 8 日报道，在各地城市化的进程中，仅开发区一项，规划面积不仅超过了现有城镇建设用地总量，甚至超过台湾岛和海南省的面积。

“以地生财”引发失地农民是指许多地方政府通过土地批租和改变土地用途占用大片良田而导致农民失去土地。其动因不是工业化和城镇化建设的现实需求，而是“圈地生财”动机的刺激。由于财政的条块分割，各地政府通过土地批租和改变土地用途（将农业用地改变为工业用地、将工业用地改变为商业用地），提高土地的市场价值，从而增加其财政收入或预算外收入。

“新城市化运动”引发失地农民是指一些城市政府因为政绩工程、形象工程的需要，将大量农地低价乃至无偿地划给开发商，成片住宅区建设和商品房开发，与工业园、开发区相配套的住宅区和商品房同样占用农业用地，引起大量农民失去土地。

“新农村运动”引发失地农民是指新农村小康建设，因农村人口的增加和生活条件的改善，农民的住房条件也在不断提高，然而，农村建房热缺乏规划管理控制或规划建设不科学、占地审批失控、超标现象屡见不鲜，大量农业用地不断的改变为建设用地，农民不断失去赖以生存的土地。

2. 失地农民的特征及现状

（1）失地农民整体素质低于自主流动的农民工

失地农民作为一个特殊群体，在年龄结构、文化水平、身体素质和性别结构上与农民没有太大差别，整体素质与农民群体相似。与城镇居民相比，身体与文化素质较差。从国家统计局的统计资料可以看出，2002 年按行业分的全国就业人员受教育构成中，农、林、牧、渔就业人口文盲与半文盲所占比重为 11.7%，而小学与初中所占比重为 83.5%，与之相对应的非农就业部门中的就业人员文化程度以初中和高中为主，所占比重均在 80% 以上，大专及以上学历，主要分布在非农业部门。从卫生部的卫生统计提要数据可以看出，农村人口死亡率和婴儿死亡率均高于城市，人均寿命低于城市。失地农民作为原来农民的一部分，其身体与文化素质方面与农民存在同质性。

失地农民与“草根精英”的农民工相比，在年龄结构和文化水平上也有差别。农民工在年龄结构上较为年轻，年龄大多在18～40之间，年富力强，大部分正处于劳动年龄。文化层次多在初中以上，文盲与半文盲较少。而失地农民年龄结构分布较为均匀，既有需要抚养的婴儿又有需要赡养的老人，还有没有文化与学习能力差的中年人。在文化程度上，失地农民和普通农村农民相似，小学、文盲与半文盲所占比重大于农民工。失地人群中间通常包括农村社区的弱势群体，在失地后更加需要特别的救助。

（2）失地农民就业能力与竞争意识不足

失地农民属于非自愿转岗人员，与农民工相比，在年龄结构、文化素质等因素的影响下，决定了他们在非农就业中的学习能力与转岗就业的适应力较差。由于缺乏非农就业技能，在与农民工和下岗工人的竞争中，往往处于不利地位。

与很多农民相似，部分失地农民仍然存在自给自足、小富即安、因循守旧的观念，小农思想使他们不愿意冒风险去接受新事物，缺乏进取心和艰苦创业的精神，对市场变化缺乏承受力，而且自强自立的心理素质也不高，事事靠政府和集体的思想还存在，存在一定程度的甘于贫困和碌碌无为的精神贫困现象。由于竞争意识的缺乏，失地农民在激烈的市场竞争中难以立足，更难以融入城镇快节奏的工作和生活。

（3）失地农民生活现状不容乐观

2003年上海、江西、辽宁、浙江、广东、江苏、四川、湖南、宁夏等省市的农调队对部分失地农民进行了调查①，抽取了部分失地农民家庭作为调查对象，表3－3为调查的各地失地农民基本情况。

① 资料来源：中国三农信息网，http：//www.sannong.gov.cn，2005年9月23日，文章：（1）《大理州失地农民调查》；（2）《广东三市县失地农民调查报告》；（3）《红河州农民失地现状调查报告》；（4）《黄桥地区失地农民现状调查》；（5）《江苏失地农民调查》；（6）《江西失地农民调查》；（7）《辽宁失地农民生活现状的调查分析》；（8）《妙高镇失地农民生活现状调查》；（9）《宁夏失地农民情况调查》；（10）《山西失地农民调查》；（11）《山西晋中市失地农民调查》；（12）《上海部分失地农民调查》；（13）《四川失地农民生活现状调查》；（14）《浙江失地农民的调查》。

表 3－3　失地农民的基本情况

调查地区	调查户数	人均征地面积（亩）	人均补偿收入（元）	就业情况（%）					社会保障
				安置就业	外出务工	务农	赋闲在家	经营二、三产业	
江　西	100	0.63		0.4	13.6	40	34.5	11.5	无
上　海	120	0.74	26903						31%
四　川	150	0.99	5000	0	29.1	26.1	7.1	37.7	无
浙　江	455	0.53	8828	1.1	19	33.4	11.9	33.7	14.3%
宁　夏	100			0	30.2	13.7	43	13.1	无
江　苏	320	0.57	11647	7.8	9	12	18.5	47.8	9.5%
广　东	100	0.46	5000	1.6	42.9	32.5	8.4	14.6	
云南大理	40	0.43		1.85	11.1	27.8	23.2	36.1	无
云南红河	45	0.79		0	9.3	22.9	28	39.8	无
湖　南	100	0.72	7000	1.2	25.2	24	20.7	28.9	无

资料来源：中国三农信息网，http：//www.sannong.gov.cn，2005年9月23日。

表3－4列举的是上海、江西等省市对失地农民在土地征用前后人均纯收入与消费支出的调查数据及其变化比率。

表 3－4　土地征用前后失地农民人均收入与消费支出对比

调查地区	土地征用前人均收入（元）	土地征用后人均收入（元）	收入增长率（%）	失地前人均消费支出（元）	失地后人均消费支出（元）	消费支出增长率（%）
上　海	4753	4904	3.2	3863	4327	12
江　西	2549.5	2409	－5.5			0.3
辽　宁	3338.4	3515.6	5.3	2184.8	2478.5	13.4
宁　夏	2361.09	2215.3	－6.17	1398.72	1344	－3.9
山　西	1706.5	1867	9.4	945	1056	11.7
四　川	3980	4326	8.7			
江苏黄桥	5638.4	5896.8	4.5	3186.9	3461.6	8.61
广　东	3401.9	4623	6.5	2662.4	2745	3.1
云南红河	1701.43	771.52	－54.65	1271.19	1460.95	14.93
湖　南	2269	2514	10.8	1808	2075	14.8

资料来源：中国三农信息网，http：//www.sannong.gov.cn，2005年9月23日。

根据以上各农调队的调查报告，在对各地失地农民的就业情况与收入、支出变化及社会保障进行简单分析之后，我们可以得出以下结论：

第一，失地补偿水平低。即使在所调查省市中补偿标准较高的上海市与江苏省，人均征地补偿费也分别只有26903元和11647元。2003年我国的人均收入达到了1000美元，人均征地补偿费仅相当于城镇人口的一到两年的平均收入水平，有些省市甚至只及普通市民年均收入的几分之一。

第二，安置就业的比例低。农民失去土地后经营二、三产业的比例较高，其次是外出打工与务农，而部分地区赋闲在家的比例较高，在几种就业方式中安置就业的比例最低。

第三，社会保障覆盖面小。在调查的十个省市中，有七个省市的失地农民没有社会保障，而经济较为发达的江苏省与浙江省的社会保障比例也仅为9.5%与14.3%，上海市失地农民的养老保障也仅有31%的失地农户家庭享有，平均水平只有333元。

第四，收入与消费增长幅度不大。除江西、宁夏、云南红河、湖南外，其余被调查省市人均收入在征地后有所增长，但增长幅度不大，均在10%以下。消费支出的变化较为一致，除宁夏外，其余地区人均消费支出变化均呈增长趋势。消费支出增加是由于失地农民生活所需的粮食、蔬菜、燃料等资料由原来的自给自足转变为购买，消费支出相应增加。

第五，相当一部分失地农民生活水平有所下降。由于收入增长率均小于消费增长率，失地农民土地被征用后，生活水平有不同程度的降低，这与2003年九三学社的一项调查①结论相同，他们通过调查发现，目前60%的失地农民生活处于十分困难的境地，他们面临生活、就业、再发展和社会保障等难题，有稳定经济收入、没有因失地影响基本生活的只占30%。对于广大的农民而言，失去土地意味着失去经济来源、生活保障和发展空间，土地征用补偿费应该起到原有土地的大部分功能，或者有其他制度安排来提供失地农民相应保障。

① 新华社：《4000万失地农民生活保障问题受关注》，金光农业网，http：//www.jgny.net，2004年5月3日。

另外，在统计数据中无法反映出来的还有：补偿费拖欠不到位，补偿分配不公平，补偿手段单一等问题。

正是由于以上土地征用规模与失地农民规模的扩大，而土地征用补偿低，分配不合理，导致失地农民的生活水平受影响。近几年来，失地农民因土地征用问题上访现象突出，这也是当前征地制度所产生的“后遗症”。据调查，在上访事件中，有七成是因为土地征用问题，而且多数呈现群众性、组织性、对抗性、持久性。失地农民的不满情绪和逆反心理呈上升趋势，严重恶化了干群关系，也直接影响了社会安定团结的大局。印尼、菲律宾等发展中国家曾因农民没有土地可耕种，而引发了武装斗争，这一点应该引以为戒。从制度经济学角度来看，土地征用制度的交易成本太高，尽管这个制度曾经给政府带来收益，但当前的制度成本增加到影响稳定，当然就需要改变。

（三）失地农民的重要出路：失地农民市民化

1. 失地农民的安置方式

（1）失地农民市民化

失地农民作为农民工的组成部分，其转变为市民的过程可以分为从农业退出、进入城镇、融入城镇三个阶段，失地农民由于失去作为生产资料的土地，退出阶段是被迫实现的，与自愿流动的农民工相比，整体文化和身体素质较差，在就业能力与竞争意识方面落后于城镇居民和自愿流动的农民工的情况下，完全通过市场竞争来实现失地农民的市民化是不现实的。因此，政府作为市场调节的辅助部门，应该发挥政策制定与执行者作用，给予失地农民更多的优惠政策和关心。如采取免费培训等方式增加失地农民的人力资本与社会资本存量，在就业上对失地农民给予一定的免税等支持，将失地农民尽快纳入城镇社会保障体系，加强社区建设，支持失地农民市民化尽早实现。

我们按照失地农民所处距离城市的地理位置不同把可以失地农民划分为“城中村”的失地农民和城镇市区外的失地农民，后者包括城郊失地农民和远离城镇的乡村失地农民。

对于“城中村”的失地农民的安置肯定是市民化，他们已经在城市中生活、工作。在改造好的“城中村”中，他们的生活方式已经与市民无异，在未改造的“城中村”中，失地农民也有部分已经在城市中的非农业部门工作，他们生活在城市中，生活方式也接近市民，对于这部分失地农民只要改变其组织形式、户籍、社区管理与服务等形式上的东西，就可以实现其市民化。他们的市民化进程是必然的，也较容易推进。

关于城郊的失地农民安置方式，应该视其情况进行分类处理。对于近郊土地大部分被征用的村集体，他们的市民化进程也较为容易推进。对于远郊的为数不多的失地农民，他们的市民化进程可能要缓慢一些，随着城市化的推进，城镇规模的扩大，他们的市民化是必然趋势，应该采取推进其市民化的措施。

因修高速公路、水库、军事设施等公共设施在远离城镇的农村进行征地而产生的失地农民，对于不同类型也应该有不同的安置方式。对于因修路等原因产生的村庄部分农民失地的情况，他们的市民化难度较大，一方面，他们市民化的成本较高，另一方面，从社会资本方面来讲，其市民化的阻力较大，因此，对这部分失地农民不作统一要求，可以自愿选择其安置方式。对于因大型水利工程而产生的整个村集体的征地与拆迁，这些失地农民应该进行搬迁，我们认为在条件允许的情况下，应该就近搬迁到城镇进行安置，促进其市民化。

当然，此处应对三峡水利工程进行说明，由于三峡水利工程所需搬迁的农民数量过多，根据1992年三峡水库淹没调查，淹没涉及16个区县（自治县、市）的237个乡镇、110个城（集）镇，其中城市两座，县城7座，淹没涉及企业1397家，淹没耕园地30万亩。到2009年三峡工程建成时，重庆库区将最终完成103万移民的搬迁安置任务，移民搬迁任务占三峡库区的85%以上。[①] 没有任何城市可以在限定时间内接收上百万的移民，所以，三峡水利工程的大多移民还是采取了农业安置的方式。而一般的几个村集体的数千失地农民的城镇安置还是可行的。

（2）失地农民的其他安置方式

由于失地农民的复杂性，如离城市的距离、失去土地的程度不同，

---

① 陈云：《三峡大移民（上）——看重庆怎样破解世界级难题》，新华网，2003年5月30日。

我国很多地方尝试采用不同的安置方式，除失地农民市民化之外，理论界的许多学者也提出各自不同的补偿安置方式。

当前我国失地农民的征地补偿，大多为一次性货币安置，也有些地区采取了土地款入股安置、留地安置、用地单位安置、社会保险安置等方式，另外，理论界提出征地补偿安置方式还有：农业安置、土地整理开发安置等。其中较有代表性的有：浙江瑞安市的入股安置，深圳市的留地安置，嘉兴市的社会保险安置。①

这些安置方式在一定程度上，维护了失地农民权益，对解决失地农民及征地制度存在的问题有一定参考价值，但基本上都只是从短期上解决了问题，而不符合社会的长远发展趋势。

留地安置与农业安置在失地农民的生活与社会交往等方面不会有大的改变，不需要失地农民转变生活方式，有利于其生活的安定与社会稳定，但这两种方式的缺点是不利于推动工业化与城市化的发展，我国“三农”问题的一个重要原因是农地经营规模小，无法产生规模经济；从发展角度来看，过剩农村劳动力的非农化是社会发展趋势，而农业安置与留地安置却是把农民固定在农村，不利于农村经济的发展与三农问题的解决。

土地换社保模式的优点是从根本上解决了失地农民的社会保障问题，但它并没有解决土地级差收益由政府垄断的问题，社会保障的本质仍是由农民自己出钱，而且是在非自愿的情况下实行的这一政策，并未触动征地制度的本质，只是把应该给予失地农民的安置补助费和土地补偿费，为失地农民建立社会保障，并不需要政府财政的转移支付。这种模式实际上人为强化了城乡社会保障的分割分治。② 另外，把其他农民排斥于社会保障之外，不利于城乡一体化的发展。

土地款入股安置的优点是为失地农民征地补偿费的投资提供机会，有利于失地农民收入的持续性与长期性，其缺点是失地农民的收入具有不确定性，其投资收益并不能由失地农民或集体来掌握，失地农民在权

① 胡宏伟、唐莉：《土地保障与失地农民补偿模式分析》，载《统计与决策》，2005 年第 9 期。

② 赵奉军：《我国农地征用制度改革的三种模式》，国研网，2004 年 3 月 18 日。

益方面仍然处于被动地位。另外，土地款入股安置不利于失地农民的再就业，容易造成失地农民的赋闲与不劳而获的生活习惯，形成不良社会风气，不利于社会的安定团结与发展。

从社会发展趋势与工业化和城市化的发展角度来看，失地农民市民化是失地农民尤其是“三无农民”的最佳安置方式与出路。但必须明确的是，失地农民市民化并不是失地农民的唯一出路，应该根据失地农民的不同类型选择不同的安置方式。

2. 失地农民实行市民化的必要性与可行性分析

（1）失地农民的发展要求失地农民市民化

农民与市民的重要区别就是农民拥有土地，而市民没有，所以国家给予市民以社会保障、非农就业机会等来保障市民的生活。与市民相对而言，土地为农民提供了工作与生活保障，是农民的生产资料与生存保障，然而，土地被全部征用后，“三无农民”成为无承包土地的群体，他们大多生活在城镇或郊区，失去土地，仍让其保留农民身份并不合理。

从失地农民的发展角度来看，给予生活与工作在城市中或郊区的失地农民市民身份，让其市民化是有利于他们的生活与发展的，是公平合理的。当前社会上的“三无农民”是新的弱势群体，社会有义务对弱势群体给予必要的扶助，以体现社会公平。而且必须明确的是，在征地过程中出现“三无农民”现象，并不是合理与必然结果，失地农民应该有其他出路可供选择。

（2）维护社会安定

社会的稳定需要推进失地农民市民化进程，伴随着农地征用过程，越来越多的失地农民出现失业、缺少保障、贫困等一系列问题，因而出现了失地农民集体上访、聚众闹事等聚群行为①时有发生。聚群行为的危害性是明显的，从表面上看，造成交通阻塞、征地困难、阻碍城市化进程、妨碍被征地农民融入城市的过程等问题；从深层次上看，将延误现代化

① 聚群行为是指由社会群体性矛盾引发的，不受既定社会规范约束，具有一定的规模，造成一定的社会影响，干扰社会正常秩序的群体行为。

建设与法制化进程[①]。总之，聚群行为对于社会稳定会产生不利影响。

失地农民现象影响到了社会的安定与发展，只有妥善安置与解决失地农民现象，才能保证社会的稳定局面。失地农民市民化可以解决一大部分失地农民问题，从而保证社会的安定与可持续发展。另外，失地农民市民化也有利于“三农”问题的解决，农业人口的非农化是社会发展的必然趋势，而让部分失地农民优先市民化是符合社会发展趋势的。

(3) 推进城市化发展

城市化是世界发展的一种共同趋势，它是一个农村地域城市化、农业人口市民化、产业结构非农化的过程，同时也是城市文明、城市生活方式、城市价值观念向乡村地区扩散、渗透的精神变化的多层面的综合转换过程。

限制农业人口的非农化，只有土地资源与产业的城市化是不完整的城市化，事实证明这种城市化的质量与速度都会受影响。我国改革开放前，优先发展重工业化道路与长期城市偏向（urban bias）的政策，实行严格的户籍制度等把农民拒于城门之外，导致了我国城市化水平的滞后。农业人口应该与土地同步城市化，这样才能保证城市化进程的健康发展。因此，失地农民市民化是城市化发展的要求。

城市化的发展不仅要求城镇对农业人口的接收，开放与接受不仅体现在人口流动上，而且应该伴随着人们生活方式转变即农村居民向城市居民转变的过程。城市化是为经济发展提供更为有利的条件，而伴随的“三无农民”现象却在起反作用，对于失地农民，应该伴随着土地的非农化，实现其市民化。从经济发展与城市化进程来看，失地农民市民化是其必然要求。只有这样才能推动城市化的健康、快速发展。

(4) 体现了交易补偿原则

第一，征地补偿理论。陈泉生较系统地综合了征地补偿理论的各种观点，他认为共有 5 种学说[②]：第一种是“既得权说”，认为人民的既得权既然是合法取得的，就应当得到绝对的保障，即使是公共利益的需

① 陈传锋等：《被征地农民的社会心理与市民化研究》，中国农业出版社 2005 年版。

② 陈泉生：《论土地征用之补偿》，载《法律科学——西北政法学院学报》，1994 年第 5 期。

要，使其遭受经济上的特别损失，也应当基于公平的原则给予补偿。第二种是“恩惠说”，强调国家统治权与团体利益的优越性，主张绝对的国家权力，以及法律万能和公益至上。因此，认为个人没有与国家相对抗的自由，甚至完全否认国家对私人提供损失的必要。国家对个人的补偿完全是一种恩惠。第三种是“公用征收说”，认为国家法律固然有保障个人财产的一面，但也有授予国家征收私人财产的权力的另一面，对于因公共利益的需要而作的合法征用，国家可以不承担法律责任，但是仍然应给予个人相当的补偿，以求公平合理。第四种是“社会职务说”，认为国家为了使各人尽其社会一分子的责任，首先应承认各人的权利，这是实现社会职务的手段，因为权利的本质具有义务性，人民的财产被征用后，国家酌量给予补偿，才能使其社会职务得以继续履行。第五种是“特别牺牲说”，基于法的公平正义观念，认为国家的合法征地行为，对人民权益所造成的损失，与国家课以人民一般的负担不同，它是使无义务的特定人对国家所作的特别牺牲，这种牺牲应当由全体人民共同分担给其以补偿，才符合公平正义的精神。另外，还有公共负担说，认为政府的活动是为了公共利益而实施，其成本应由社会全体成员平均分担。合法的行政行为给公民、组织的合法权益造成损失，实际上是受害人在一般纳税负担以外的额外负担，这不应该由受害人个人承担，而应当平等地分配于社会全体成员，其分配方式是国家以全体纳税人缴纳的金钱来补偿受害人所蒙受的损失，进而在全体公民和受害者之间重新恢复平衡机制。

在以上6种观点中，“特别牺牲说”较有说服力，在实际中易为大家接受，所以成为土地征用赔偿的通说。

第二，征地补偿原则。征地补偿原则受各国经济发展水平等影响，各国采用的补偿原则不同，征地补偿原则可大体分为完全补偿、适当补偿（相应补偿、合理补偿）和公平补偿（公正补偿、正当补偿）三种原则，其中，适当补偿与公平补偿属于不完全补偿。

完全补偿对补偿要求的数量与质量最高，它是本着对财产权的保障和平等原则，既包括当前损失也包括未来损失，既有经济方面的，还有社会、生态、精神等其他方面的。这种补偿符合情理，但它忽视公共利益，过于强调个人利益，不符合征收或征用的强制性。适当补偿是种较低标准的补偿，即只要给予补偿即可，这种补偿不能满足社会公平原则。公平补偿是补偿价值与被征用财产价值大致相当的补偿，它是对前面两者的调和，因此，公平补偿是比较合理的补偿原则，美国、法国及日本均采用此原则。而我国在征地过程中，虽没有明确规定补偿原则，但可以从中看出，我国现行法律中规定的补偿原则是适当补偿原则。

第三，"涨价归公"论与"涨价归农"论。以"涨价归公"为理论依据认为土地被征收后增值部分应该归国家所有，与土地原所有者无关，这种观点并不合理。"涨价归公"是孙中山先生平均地权思想中的一个概念，它是指通过土地增值税将上涨部分收归国有，而不是直接拿走。① 因此，"涨价归公"的思想并不能作为阻碍提高征地补偿的依据，对于这一思想应该有准确的理解。与"涨价归公"相对应的"涨价归农"② 是当前部分学者的主张，认为应该按非农地市场价格补偿失地农民，农地转用后实现的增值部分应当完全归农民所有，它的理论基础为"农地发展权"是农民拥有的农地产权的一部分。

"涨价归公"论与"涨价归农"论都具有明显的片面性，两种观点都只考虑到国家或失地农民单方面拥有的权利，有失于公平合理，"涨价归农"忽略了国家与在耕农民的利益，不利于农地的保护，同时给社会经济发展造成沉重压力。"涨价归公"不利于失地农民的发展，从而影响社会稳定与经济发展。

国家因公共利益征地，受益者为不特定的大多数人，依"公共负担面前人人平等"原则，特定被征用土地者为了公共利益做出了特别牺牲，应由社会全体受益者对这种牺牲做出补偿，同时基于对公民财产权的保护，征用土地必须给予合理的补偿。③ 依据征地补偿理论中的特别牺牲学说与补偿原则中的公平补偿原则，我国的征地补偿应该给予被征地者以合理补偿。

---

① 唐健：《征地制度改革观点综述》，载《中国土地》，2004 年第 6 期。

② 周诚：《农地征收补偿新论》，载《国土资源》，2006 年第 1 期。

③ 郭立芳、林秀琴：《关于土地征用范围界定的思考》，浙江在线，http：//www.zjol.com.cn，2002 年 6 月 12 日。

三、改革土地征用制度，保障失地农民权益

（一）土地征用过程中存在的问题

1. 现行土地征用制度不完善，农民不能分享土地非农化和城镇化过程中升值的利益

我国的土地征用制度仍是计划经济时代的产物，不适合当前市场经济的发展。在不同法律与法规中的相关规定也并不完全一致，补偿标准不合理，客观上公共利益的难以界定，都为征地制度的实施增加了难度。

（1）现行法律制度框架内征用权规定的内在冲突

我国的土地征用权主要在《宪法》、《土地管理法》和《城市房地产管理法》中有所规定，但对于土地征用权的规定，在这些法律中却是相互矛盾、冲突的。从《宪法》的相关规定可以看出，只有在符合公共利益的前提下行使征收征用权才是合理流动的，如果农地向市地的转换并不具有公共利益性质，如进行房地产开发等，就属于滥用征用权。但是从《土地管理法》规定可以看出，只有从集体所有转换为国家所有，才能成为建设用地，如前面提到的房地产的开发等，只有先进行土地的征用，才能从农地转化为市地进行建设。现行的《城市房地产管理法》中也有同样类似矛盾的规定。城市化进程伴随着土地利用方式的转变，农地征用是不可避免的，但从法律规定中，非公共利益性质征用土地是违法行为，农地的非农化面临着两难境地。由此可以看出，我国土地征用过程，均采取由政府统一征、为国家所有的办法，国家垄断土地一级市场，无论是公益事业用地，还是经营性用地，均由国家施行强制性的征地权，侵犯了农民集体的土地所有权与农民的土地使用权。

（2）公共利益范围界定不明，造成土地征用权滥用

公共利益（The Public Interests）是指一定区域内公民个体利益的集合，

它既反映了公民的整体利益和长远利益，同时又与个人的利益存在密切的关联，其范围界定有一定难度。但是当前我国公共利益范围界定不明确，其主要原因在于法律法规没有明确界定，土地征用在法律制度内的相互矛盾与冲突，造成土地征用严重超出公共利益范围，产生征地权滥用现象。

当前我国土地征用权滥用现象突出，下面是有关部门的部分统计数据：6015 个开发区，经国务院和省级政府审批的只有 1800 多个，70% 所谓的开发区都是违法违规设立的。规划面积 3.54 万平方公里（相当于 5300 多万亩），其中相当数量是耕地，而且有的是高产农田，开发区的规划面积已超过现有城镇建成区面积的总和。46 个大学城，占地面积超过 40 万亩，306 个高尔夫球场，占地面积 48.8 万亩，其中也占用了不少耕地。更有甚者，有的以建大学城和高尔夫球场为名，大搞房地产开发。[①] 强制性征地权之所以被滥用，成为房地产与开发区等营利机构低成本获得土地资源的重要途径，公共利益界定不明是主要原因。

（3）征地补偿标准不合理，农民利益受损

《土地管理法》对征地补偿的规定：征用土地的补偿费由土地补偿费、安置补助费以及地上附着物和青苗的补偿费三大块组成，土地补偿费和安置补助费的标准，分别为该耕地被征用前三年平均年产值的 6 至 10 倍和 4 至 6 倍，两项之和最高不得超过 30 倍，而实际采用的补偿标准只有年产值的几倍。几倍于年产值的“补偿”价格对农民集体土地永久性所有权实行“买断”，农民失去了土地使用权、收益权。被征用土地的补偿费根本不能反映土地作为稀缺资源的价值，补偿标准的计算是基于农业用途的土地收益，完全没有考虑土地发展权问题。

征地利益分配不合理。据调查，在征地所得利益分配格局（如图 3－2）中，农民仅得到青苗补偿费、劳动安置费和整个补偿费的 5%，集体组织与政府部门分别得到 25% 和 70%。按当前消费水平，农民得到的补偿安置费仅能维持 2～7 年的基本生活。土地增值与农民无缘，土地被征用后政府或用地单位在土地经营中获得几倍甚至数十倍的收益，而作为土地所有者的农民集体和农民，却与之无缘，只能得到不足以弥补安置费用的补偿。

---

① 国土资源部：《全国乱占滥用土地相关数据公布》，载《经济参考报》，2004 年 8 月 9 日。

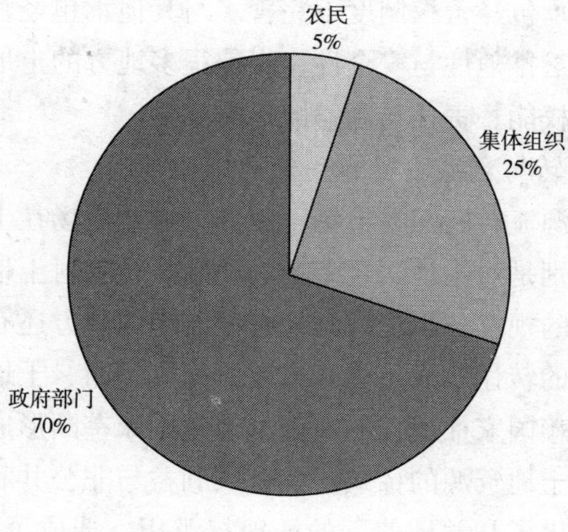

图3－2 土地征用利益分配

资料来源：鲍海君、吴次芳：《关于征地补偿问题的探讨》，载《价格理论与实践》，2002年第6期。

2. 农地产权制度与流转市场不完善，农村土地的权益得不到有效保障

（1）农地所有权归属不清

首先，集体所有者代表不明确，按现行的《宪法》、《民法通则》和《土地管理法》，农村土地属于集体经济组织所有。然而，是乡镇、村级还是村民小组集体组织所有却是不明确的，由此造成集体所有土地产权内涵模糊，主体不明，往往产生三级之间的越权、侵权。集体土地产权主体的职能不明确，在土地征用过程中，农民完全处于被动，而集体经济组织因为产权不明，不能很好地代理农民的土地所有权，产生了“委托—代理”成本、风险和收益的显著不对称现象。

其次，所有权内容不完善。在农地使用权、收益权与处分权权能方面，存在国家土地行政管理权排斥、代替集体土地所有权的倾向。所有权的不完善，使得农民及农民集体在征地过程中的利益无法得到应有的保障。另外，由于利益分配不均引发的征地权滥用，地方政府掌握土地审批权，出于自利的驱动，势必扩大征用范围而造成大量不合理征地。①

① 李胜兰：《我国农村产权制度改革与农村城镇化发展》，中山大学出版社2004年版。

最后，农地承包经营权制度不完善。与其他承包经营权相比，农地的承包经营权缺乏排他性与安全性，当前很多地方的土地调整频繁，管理不够规范，其权能、责任与利益缺乏对称性。

(2) 土地流转与交易市场的空缺

我国土地资源流转和交易市场不成熟，导致市场在土地配置中让位于政府垄断，特别是对土地一级市场的垄断。在农村土地流转方面，全国还未形成统一的规定，不允许农地自由流转的地方还有很多。在农地使用权与所有权的转让方面，国家或政府完全垄断，土地所有权与使用权的转变完全依赖国家征地权的实施，通过国家垄断形成的土地交易价格不能有效反映土地资源的稀缺。在公共利益与非公共利益未加明确区分的情况下，产生了利益诱使下的征地权滥用，造成了大量失地农民，尤其是“三无农民”的产生。在我国土地征用过程中，正是由于土地交易市场的缺失，造成了土地资源的配置效率低、利益分配不公平等现象。

3. 失地农民在多维权益主体博弈中处于弱势地位

法律与政策的制定是由相关利益主体之间的权益博弈结果，一个强势利益团体，在财产产权界定与利益分配中处于优势地位。土地征用法规与政策中存在的不利于保护失地农民利益的问题，很大程度上是由于农民的弱势地位决定的。土地征用过程中的参与主体有：农民或农民集体、用地单位（新的土地使用者）和政府部门（中央政府与地方政府），以下分别就三种当事人的行为进行分析。

(1) 政府的垄断行为损害失地农民利益

由公共选择理论可知，各级政府作为利益主体，其行为与经济人相似，也有趋利避害的特征，政治过程并非完全出于公共利益考虑，这点在征地过程中从政府行为中有所体现。相关制度不完善为政府相关部门与工作人员的机会主义行为倾向提供了条件。在土地征用过程中，政府既是管理者又是经营者，在监督机制不完善的情况下，投机行为难以避免。征地制度绩效在这方面有所表现，最终成为损害被征地农民权益的因素。

另外，不科学和不合理的政绩考核机制促使地方政府的土地配置行为导向不利于农民。当前我国对地方政府的政绩考核，主要是看经济增长速度、城市发展状况、招商引资成果，地方政府担负着加快本地区经济发展、改善人民生活以及本地区基础设施建设的巨大压力。相比之下，由于保护农民权益方面缺乏相应的考核内容和指标，一直不为地方政府所重视。为了增加财政收入，发展当地经济，有些地方政府偏好“以地生财”，依靠低价征地、高价出让获得大量财政收入，或以低地价竞相招商引资，土地收益转让给投资者，以损害农民的利益为代价推动城市化和当地经济发展。

（2）用地单位的投机行为侵占失地农民利益

某些用地单位和开发投资商利用我国当前土地征用制度的不完善和政府的偏好，从本身利益出发，为了降低投资成本，以公益事业用地等名义征地。近年来，各地纷纷以“教育”、“体育”等名义征地的“大学城”占地面积呈攀比扩张之势。借助公共利益用地之名义，被征地农民只获得极少量的基本的补偿，很多用地单位正是通过侵害农民利益而获利。据调查，在国家和各地政府实施征地的项目中，只有不到10%的被征土地用于公共项目用地。① 另外，某些用地单位借助与当地政府的关系或利用某些政府人员的寻租行为，降低征地补偿，侵占了被征地农民的利益。

（3）农民集体及农民处于被动劣势的境地

在土地征用过程中，农民集体与农民处于被动、从属的地位，只是国家行使征地权的承受者，没有拒绝的权力。在各级政府、用地单位与失地农民的利益博弈中，农民的地位低下、力量薄弱，无能力与政府或用地单位相抗争，完全处于弱势地位。在土地征用过程中，失地农民为维护自身的利益，只有采用过激手段，与政府或用地单位发生冲突，影响了社会的稳定。

4. 城乡观念等非正式制度、子女教育等正式制度、社会保障制度的空缺，失地农民陷入困境

在失地农民出路的选择过程中，相关的劳动用工、户籍、社会保障、教育等正式制度与城乡观念、心态等非正式制度均发挥重要的作用。

---

① 陈芳、张洪河：《谁在滥用“公共利益”权力——探查土地流失“病灶”》，新华网，http：//news. xinhuanet. com/newscenter/2004 -08/03/content_ 1699804. htm，2004 年 8 月 3 日。

（1）城乡观念、社会心态等非正式制度的限制

20世纪50年代后期以来，严格城乡分割的户籍、用工、社会保障等制度人为地阻断了城乡人口流动，人们的观念长期受制度与社会现状的影响，形成了城乡分割、市民优于农民的心态。改革开放以来，国家放松了对人口流动的严格限制，城乡人口开始流动并快速发展起来。20世纪90年代的“民工潮”曾引起各界人士关注，由于制度不完善、观念的时滞性，市民与农民在受教育、用工、社会保障等诸多方面存在差别。政府部门政策上的排斥，市民观念上的偏见，阻碍了农民融入城市的进程。失地农民的最终出路是他们的市民化，与市民享有同样的机会与待遇，但是，失地农民的市民化这一进程因为绝大多数农民无法彻底地“穿越”有形和无形的“户籍墙”而步履维艰。

（2）子女教育、劳动用工等正式制度的差别

正是由于存在城乡二元结构、城乡分割的观念与心态，子女教育、劳动用工等制度在农民与市民的区别对待难以改变，在城市的劳动力市场上有首属劳动力市场与次属劳动力市场之分，农民只能在次属劳动力市场上找到劳动条件恶劣、待遇较低的工作，无法实现人力资本和社会资本的提升。在城市中，失地农民无法与市民拥有平等的工作与生活机会，而且失地农民社会资本相对稀缺，不利于其求职与发展。与自主性流动的农民工一样，失地农民所面临的子女教育问题引起社会广泛关注，但解决方案并不乐观。户籍制度也在一定程度上阻碍了劳动用工、社会保障、子女教育等问题的解决，改革户籍制度也是当前制度改革的重要环节。

（3）社会保障制度的空缺与限制

我国人口众多，当前的经济水平决定了我国当前的社会保障不可能在统一的标准下覆盖全国人民，广大农民不能像市民一样享有社会保障，他们只能依靠土地与家庭保障。被征用土地的农民失去了土地保障，而未得到国家给予的社会保障，处于两难的尴尬境地。由于土地对农民的保障功能远远大于其生产功能，被征地农民失去了土地保障，面临着失业、大病、养老及“入乡随俗”的风险，过低的安置补偿费无法代替土地保障为被征地农民提供基本生活、养老、医疗等保障，农民失去土地就意味着失去了基本的保障。在这种情况下，“农转非”对农民没有吸引力。

（二）促进土地征用制度改革，保障失地农民权益

1. 明确土地征用的相关概念

（1）土地征用的概念

国家根据建设需要，依法将集体所有的土地给予适当补偿和安置剩余劳动力后转为国家所有，叫土地征用。土地征用是国家对集体收回土地所有权的行为。土地征用的结果改变了土地所有权性质，由集体所有的土地转变为国家所有。在城市规划区内，城镇集体中个人进行非农业生产建设需要使用集体所有土地的，也需由国家进行征用，其土地所有权变为国家所有。①

由土地征用的概念可以看出，我国法律中所规定的土地征用，实际是对农村集体土地的征购或征收。土地征用的对象应该是土地的使用权，其所有权并未因征用而消失，待特定公共事业目的完成时，国家仍将土地归还其所有者。而所有权的变更，农地征用中土地的集体所有转变为国家所有，应该称之为土地征收或征购。目前，土地征收法规中的欠缺之处也为人们所认识，在 2004 年宪法修正案中，对土地征收制度进行了完善，对土地征收与土地征用进行了区分，对土地征收补偿条款进行了补充。

公益性项目与经营性项目用地的区别主要在取得方式上，公益性非营利用地应该是征收或征购，政府通过实施征地权获得土地，这部分用地是本书研究的对象。而非公益性用地的取得不应该由政府实施征地权，应该由用地单位与土地所有者在符合国家相关政策的条件下，自行协商达成交易，因此称之为征购是不合理的。在交易过程中，政府的审批与所有权的转变是有必要的，但政府作为管理者，不能直接参与土地的交易，不应该实施其强制的土地征用权。明确区分公益性项目与非公益性项目用地，这对土地征用制度改革有重要意义。

（2）明确土地征用权的性质

国家或政府征收土地是一种特定的行政行为，有其基本的特征：公共目的性、强制性和补偿性。公共目的性是国家实施强制性征地权力的

① 参见国土资源部，网址：http：//www. mlr. gov. cn。

前提。在国外土地征用制度的比较与分析中，可以得出结论，在众多确定公益征收制度的国家，法律上无一例外的将征收的目的明确限定为公共福利、公共利益等。

目前我国农地征用中并未对“公共利益”范围给予明确的界定，国家出于保护耕地的考虑，对农村集体所有土地的非农化用途予以限制，农地非农化用途的转变，只能通过土地所有权转变来实现。图 3－3 表示当前的土地转换形式①，即农村土地向城市土地的转换，不论是否是“公共利益”范围的征地均通过政府的征用这一过程，国家垄断土地一级市场，而农村集体土地没有权力直接进入土地一级市场，政府在征用土地过程中同时以“管理者”与“参与者”双重身份介入，不可能公平的处理经济主体之间的利益分配。由此造成强制性的征用权对农村集体与农民的不公平，而且，在土地征用过程中，容易产生寻租和腐败等管理问题。

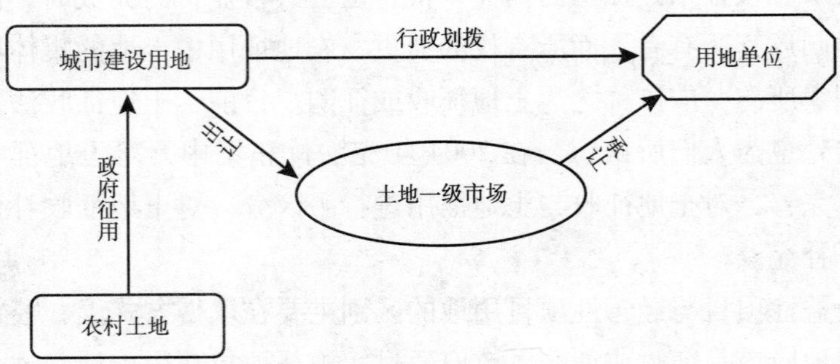

图 3－3　当前农地转用途径

对于征地权的滥用予以纠正和限制，首先要明确征地权的使用应该仅限于“公共利益”的范围。当然，公共利益的范围的界定存在一定难度，这正是由公共利益内容的不确定性与发展性所决定的。有些学者认为严格区分“公益项目”和“经营性项目”在理论上和实践上都是不可行的。在补偿水平上，两者不应该存在太大差别。但在土地征用权限上，不应因为“公益项目”与“经营性项目”的难以界定就不予界定，在征地权的行使上应该严格区分“公益项目”与“经营性项目”。

① 参考黄祖辉、汪晖：《城市发展中的土地制度研究》，中国社会科学出版社 2002 年版，第 138 页。

例如，征收权的适用范围应仅限于“公益性项目”用地，而对“经营性项目”不能行使强制性征收权，而是应该在国家相关政策规范下，通过交易主体的协商与谈判进行自主交易。严格限制征收权的使用范围，有利于保护农民利益。明确“征收权”后的土地转换形式，用图3－4予以表示：

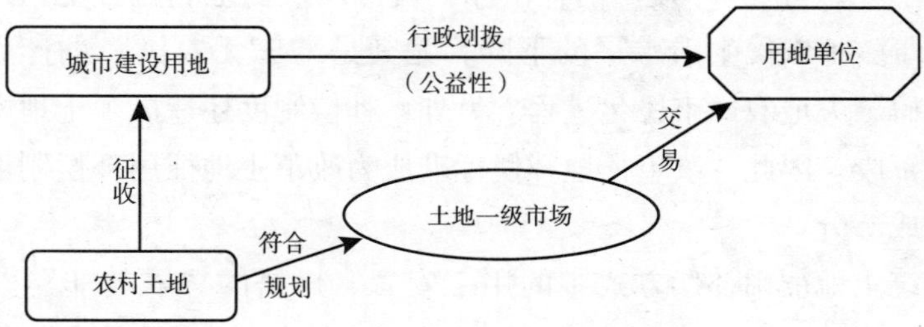

图3－4　明确“征地权”后的土地转换形式

（3）“公共利益”范围的界定

我国征地制度中“公共利益”范围的界定应采取具体项目列举式。只有符合下列土地征用目录的建设项目用地，才能启用国家征地权。

根据国内外关于“公共利益”范围的界定，可以把“公共利益”范围界定为：第一，军事用地及其他国防建设用地，具体包括：军事设施、军事基地、兵工厂；第二，各级国家机关用地；第三，国家重点扶持的能源、交通、水利用地，具体包括：水利灌溉工程、煤矿、道路、机场、水库、堤防、油田；第四，公共设施用地，具体包括：水、电、油、气管道、港口、广播电视、气象观测、公共汽车站、电信邮政系统、消防系统；第五，公益及福利事业用地，具体包括：学校、医院、体育设施、公园、公共图书馆、公共绿地、慈善福利事业、经济适用房；第六，环境工程等有关生态保护用地，具体包括：防护林、污水处理系统；第七，为实现国家经济政策需要所批准土地：土地整理、整治区等。

明确土地征用概念、征地权的性质与“公共利益”范围，规范土地征收制度，可以减少土地的征收数量与范围，从而减少失地农民的数量，维护失地农民权益。在农地非农化过程中，减少征地部分，通过非公益用地的交易，让用地单位承担失地农民市民化所需的物质资本，由此，减少政府与国家所负担的失地农民市民化的成本，有利于失地农民市民化的推进。

2. 改革补偿制度与土地征用程序

（1）改革土地征用补偿制度

《土地管理法》中规定的补偿标准偏低以及征地利益分配格局，直接导致了失地农民生活水平的下降，尤其是“三无农民”的产生，同时也阻碍了失地农民市民化进程。另外，补偿制度还造成了土地资源的闲置与荒废。因此，改革征地补偿标准成为改革土地征用补偿制度中的重要组成部分。

传统土地征用补偿方式中的用工安置、户籍的“农转非”及低标准的补偿标准，在当前市场经济条件下，对失地农民的安置与补偿已不能有效发挥作用。农民失去土地后，不仅失去了土地资源及其升值收益，而且如果失地农民要进入城市进而融入城市，还要面临就业风险、社会保障、居住成本、搬迁成本、信息成本等一系列生存成本，原来的征地补偿并不能弥补这些成本。土地补偿制度的改革方向应该是以货币化安置为主，配合社会保障、就业培训等其他相关措施，以推动失地农民市民化进程。

在征地补偿过程中，应该遵循统一补偿标准，此处的统一标准不仅是从地域范围而言，而且对于不同形式的土地征收价格，应该采用统一制定的价格标准。①

（2）完善土地征用程序

现行土地征用制度的程序设计概括来讲，就是“两公告一登记”。在实际工作中，很多土地征用行为并没有遵守这一程序，当地政府或用地单位完全忽视被征地农民的知情权、参与权与上诉权，农民往往是在土地被征用，征地补偿费确定后才得到通知，申诉权也被剥夺。正是由于征地程序不规范，造成当前因征地、拆迁引起的信访成倍增加，成为农民上访案件中所占比重最大的问题。另外，政府实行征收，补偿方案

① 标准不同于水平，各地经济发展水平不同，征地价格水平应与各地经济发展水平相适应，统一标准并非统一补偿金额。

由政府核准，土地管理部门对政府缺乏必要的监督，这也影响了土地征用程序的公示性，难以保障土地权利人的权益不受侵害。

根据土地资源的现状和社会经济发展对土地的需求，科学规划土地用途，实行严格的土地用途管制，加强征地项目审查过程的公开性与透明性，严格限制征地权的滥用。在完善土地征购程序方面，可以参考并借鉴日本、新加坡与我国台湾地区的做法。首先，申请征地，用地单位根据所需土地征用面积大小，向有关政府部门提出征地申请，提供详细征收计划书，包括兴办事业性质、征地面积、范围、土地使用者情况、所需补偿金额及分配等。第二步，申请裁定，核准机关对于兴办事业是否符合“公共利益”范围进行认真调查，确定性质后裁定是否批准申请。第三步，发布征地公告，保证农民的知情权、参与权与上诉权。在公告之后，建立和完善土地征收的听证制度，给予权利人以发表意见的权利，听取有关专家和人民的意见。最后，对征地执行与补偿情况予以监督，相关政府部门加强监督力度，发挥社会舆论监督的作用，做到事前防范、事中监督和事后查处相结合。同时，赋予司法机关一定的权力，建立相应的征地纠纷仲裁机构，对征地过程中存在的问题与纠纷予以解决，做好土地征收的行政复议和诉讼工作，保证土地征收的合法性与公平性。另外，做好土地登记工作，发放相应的土地权利证书，确保农民土地权益不受侵犯。

提高土地征用补偿标准可以为失地农民提供其市民化成本，推进其市民化进程，而完善征地程序也有利于维护失地农民权益，改善其弱势群体的地位，为推进失地农民市民化奠定基础。

3. 完善农地产权与土地交易市场

（1）明确农地产权

农地产权权能清晰化。对集体土地所有权、土地承包经营权、集体建设用地使用权、集体土地的各项处分权以及政府对农民集体的土地所拥有的征购权等农民集体土地中的各项产权进行明确的法律规定。促进农地产权价值化和货币化，流转市场化，承包经营权与所有权和使用权分离，使其财产化。明确农地发展权应该归属所有权者即农村集体，征地过程伴随着土地发展权的转让。因此，土地征用补偿不仅要对土地所有权、使用权等予以补偿，而且要对土地发展权给予补偿。土地被征收后，用途的改变将带来土地的大幅增值，农民作为土地的所有者应分享增值收益，而不是完全按农地用途收益予以补偿。

明确集体所有者概念。当前农村没有经济职能完善的集体组织，拥有土地所有权的农民集体应该是农村村委会，改革村委会职能是当前农村工作的重点。保证村委会成员的民主选举程序，增加村委会在某些方面的权力，可以促其转变为集体经济组织的法人代表，加强干部培训、提高其素质，增强村集体组织的代理、谈判能力，在征地过程中，能够很好地行使村民土地产权的代理职能。农村村委会应该拥有完整的农村土地所有权，为保证所有权的完整性，农地发展权也应归农民集体所有。

明确集体所有与国家所有是两个平等民事主体，改变国家垄断土地一级市场的土地使用制度。在符合土地利用规划的前提下，允许集体所有土地进入土地一级市场，进行土地使用权的交易，特别是对于“非公共利益”范围的土地交易，政府应尽量减少对交易过程的过度干预，最终退出集体土地市场的运行。

（2）建立健全土地交易市场

对于非公共利益用地的取得，在国家相关政策规范下，应由交易双方通过土地市场自愿交易的原则来实现。逐步放开土地一级市场，尽快建立土地交易市场是当前政府在土地征用制度改革中的首要任务。在土地交易市场建立初期，市场体系不完善的情况下，政府对于土地交易给予必要的指导与规划，以保护耕地资源与交易双方的权益。土地交易价格应主要由土地资源的供求状况来决定，在土地交易中，由于土地这种产品的特殊性，在交易价格、土地的差异性上产生的信息不对称，容易引致不公平交易的发生，农民在这种情况下往往处于弱势。为了改变信息不对称这种状况，成立土地交易中介机构，为交易双方提供充分信息，可以促进土地交易的公平性与合理性。

建立健全土地市场是政府的重要职责。政府应该退出集体土地市场的具体操作与运行，把工作重点放在完善相关法规制度的建设，加强对市场的管理，维护市场秩序，尽快构建真正统一的土地市场。就具体工作而言，政府可以就土地的综合利用进行规划，使城市形成合理的空间布局，监督、调控土地市场，保证土地交易的公平与公正，征收土地增值税和土地使用税，通过税收调节土地的合理利用，逐步构建以土地税为主要调控途径的政府对土地的管理模式。

对于非公共利益用地的交易必须在国家相关政策规范下进行，建立土地交易市场，并非意味着政府完全放任土地自由交易。农业用地具有较强的外部经济性，在资源评价方法不能有效地将其外部性内部化的情况下，完全依靠市场来配置土地用途，不能达到帕累托最优，而是造成过度土地非农化，不利于国家的粮食安全，从各国对农地非农化的规定可以看出，对于农地的严格保护与转化限制是每个国家土地政策的重要组成部分。

土地交易市场的建立，不仅可以减少土地征购的范围，而且对公共利益征地改革也有借鉴意义，土地市场交易价格对于征地改革中补偿价格的确定有一定的参考价值，对于减少征地权滥用、提高土地征用补偿都有重要意义。而农地产权与土地交易市场的建立与完善均有利于维护农民与失地农民的权益。

4. 土地征用补偿价格改革与确定

（1）合理征地补偿价格：失地农民市民化成本

土地征用价格的确定对当前我国经济发展与社会稳定均有重要影响，为保证广大失地农民的权益与防止耕地资源的过度开发浪费，改革当前的征地补偿制度，提高补偿标准势在必行。由于我国当前的经济发展状况，征地价格不宜完全按照土地市场价格进行过高水平的补偿，过高的征地成本不利于国家经济的快速发展，直接影响城市化与经济现代化的进程。

要实现失地农民的市民化，必须从国家经济发展与保证失地农民利益两个方面来考虑，征地价格应该以失地农民的市民化为基础来确定，一方面从长远着眼失地农民的出路与发展，维护社会稳定，另一方面制定合适的征地价格有利于提高征地效率，减少征而不用，闲置、荒废土地造成的浪费现象。下面通过模型来说明征地价格的确定：

$$V = \int_{t=0}^{n} (X_{u(t)}e^{-rt} - P_{(t)}X_{r(t)}e^{-rt})dt + R + Q$$

$$P_{(t)} = f(S,T,E,L)$$

其中：

V 代表失地农民市民化所需资金；

$X_{u(t)}e^{-rt}$ 为 t 时期城镇人口平均可获得收入的贴现值；

$X_{r(t)}e^{-rt}$ 为 t 时期农村人口在城镇可获得收入的贴现值；

$P_{(t)}$ 表示农村失地人口的再就业概率；

S 代表被征地人群的人口结构；

T 表示就业培训情况；

E 表示当地经济发展状况对就业的影响；

L 代表就业政策；

R 为城镇住房补贴；

Q 表示对失地农民社会资本补偿。

失地农民的本身素质决定了其就业所面临的困难要大于城市市民，从而影响到其就业收入与概率，以上模型是从城市居民与失地农民进城后的收入差距来计算应给予失地农民的补偿。

失地农民的再就业概率受被征地人群的人口结构、就业培训情况、就业政策及当地经济发展状况等因素的影响。一定地区的人口结构与经济发展状况是客观存在的，它对失地农民的再就业概率影响是一定的，在短时期不可能有大的改变，因此不能通过政策改变来对失地农民的再就业概率施加影响。而为失地农民提供合理实用的就业培训与积极的就业政策，有利于提高失地农民的再就业概率。

失地农民进入城镇后，除了面临再就业问题，还有住房问题，对于部分城郊集体拆迁的失地农民给予建房安置外，其余的失地农民要进入城镇，融入城市，首先要给予一定的住房补贴，使其在城镇有安身之处。

从乡村走入城镇，失地农民生活环境的变迁，决定了其社会关系网络的变化，个体对集体与周围环境的认同感与归属感产生了不利于其生存与发展的影响，因此，征地价格还应该包括对失地农民社会资本变迁的补偿。

以上模型为征地补偿价格的理论模型，失地农民再就业概率及失地农民社会资本的补偿等方面存在不确定性。因此，这个模型的应用与各地实际情况及所采用数据等有直接关系，仅从这个模型来计算征地补偿价格并不能确保征地补偿是合理的，也不能保证失地农民的权益不受侵害，有必要对征地补偿价格的最低标准给予一定的限定。

有些省市对征地补偿最低标准给予限定，如湖北省就对土地补偿费与安置补助费分别给予平均产值10倍与15倍的限制，并对平均产值予以明确规定。这种规定有一定参考价值与现实意义，但这种补偿标准仍然不合理，特别是对同样区位的荒地、耕地、菜地等不同用途的土地补偿费用差别较大。因此，最低补偿标准宜于采用区位价，对相同区位的土地给予相同的补偿标准。

（2）失地农民市民化成本需由政府支付

土地征收过程本身是利益再分配过程，改革土地征用制度是对利益的重新分配。特别是土地征用补偿制度的改革，补偿标准将明显提高，失地农民市民化需要成本，这一部分需要从其他利益主体分割。因此，需要改变土地增值仅为政府与用地单位分享的现状，作为土地使用者的农民也应分享部分增值权益，即部分土地增值用于支付失地农民市民化成本。

土地征用补偿标准的提高，需要政府让利。公益性用地与非公益性用地的区别不是体现在价格上，而是体现在征地权上。两种不同用途的用地，其补偿支付主体不同。公益性用地的征购补偿费是政府通过财政支出和补贴的方式来实现的。因此，土地征用补偿标准的提高将增加政府支出。依照城市化“成本—收益”模型分析，每进入城市1个人需要“个人支付成本”1.45万元/人，“公共支付成本”1.05万元/人，总计每转变一个农民成为城市居民平均需要支付社会总成本2.5万元/人（2000年不变价格）。[①] 这正是失地农民市民化所需要的资金数量。2003年各省市农调队的调查中，除上海市人均征地补偿达到2.5万元，其余省市均低于这一数目。土地征用制度的改革需要政府增加支出，一方面，要求政府把部分增值让给农民，另一方面，规范城镇土地使用权交易市场，完善土地税收制度与土地储备制度，提高土地利用率。

在社会保障方面，可参考嘉兴市做法，[②] 政府或用地单位按统一标准为失地农民交纳养老与医疗等保险金，按年龄把失地农民分为劳动力

---

① 刘江涛等：《城市边缘区土地利用规制》，新华出版社2005年版，第12～13页。

② 赵奉军：《我国农地征用制度改革的三种模式》，国研网，http://www.Drcnet.com.cn/DRCnet.common.web/docview.aspx?chnid=60&leafed=164&docid=1185034，2004年3月18日。

(18~59)、退休人员(60 岁及以上)与未成年人(18 岁以下)三种,分别给予不同的保障。对于失地劳动力一次性交纳 15 年医疗与养老保险,交费标准按城镇养老与医疗保障标准来实施,对于收入在最低生活标准水平以下的给予最低生活保障;丧失劳动力与已到退休年龄的,直接纳入城镇养老与医疗保险体系;对于失地的未成年人,给予最低生活保障直至 18 岁。户籍给予农转非,并按区给予安置,子女教育可就近入学,城镇各中小学校对失地农民子女不准以各种理由拒绝接收或收取额外费用。政府相关部门为失地农民提供免费就业培训与就业信息。

5. 给未来失地农民更多的选择权

改革征地制度,维护农民权益,推动失地农民市民化,主要是针对未来土地征用产生的失地农民。明确征地概念,提高征地补偿标准,完善征地程序等制度为改善未来征地而产生的失地农民生活状况提供了有利条件,在推动其市民化进程中将会起到重要作用。

对于未来失地农民,政府应给予其更多的选择权。首先,政府相关部门登记注册,为失地农民建立档案,由失地农民自愿选择安置方式与出路,继续留在农村或是进入城镇成为市民,失地农民可以申请非农业户口、免费就业培训与指导、子女进城受教育的学校等。其次,要提高失地农民的征地补偿,促进其市民化。对未来产生的失地农民,其社会保障可以参考企业职工缴纳社会保险的比例,由失地农民和政府以一定比例共同承担,同时,进入城镇的失地农民享有其他的市民待遇。

第四章　户籍制度、就业制度与农民工城市进入

一、农民工城市进入要求推进相关制度创新

（一）农民工城市进入的制度障碍

伴随着我国城市化、工业化进程中的农民工市民化，与其他形式的改革一样，同样与制度安排及其变迁密切相关。有效率的制度安排将促进农民工市民化进程，如果缺乏有效率的制度，或是提供不利于生产要素重新聚集的制度安排，即使发生了结构和要素流动，亦不必然导致农民工市民化或者农民工市民化的正常发展。农民工城市进入是农民工市民化进程中的中间重要环节，它受到重重制度障碍的制约。我国当前农民工城市的制度安排框架，如图4－1所示。

很明显，从图4－1中，我们能看到户籍制度以及与之相适应的其他相关制度安排，已经严重阻碍了农民工市民化的进程。例如：

关于农民工社会保障问题。虽然我国自1999年即公布实施了《社会保险费征缴暂行条例》，有些城市还专门就农民工参加社保问题制订了具体办法。广东省在2000年明确规定外来工在内的全部职工均应参加社会养老和工伤保险。但各地外来工参加社会保险的仍然是少数，效果不尽如人意。国家统计局最新数字显示，外来农民参加养老保险、医

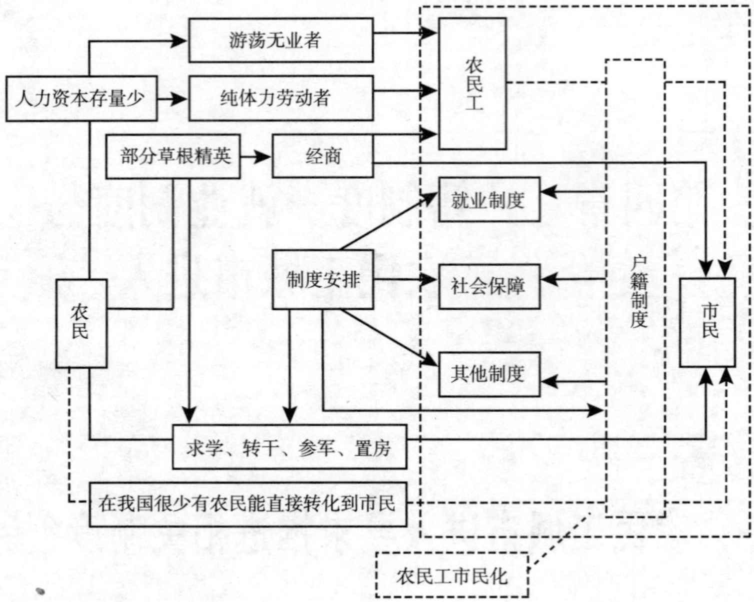

图 4－1　我国农民工市民化的制度安排框架

疗保险的比例分别只有 3.4% 和 2.7%。①

农民工安居问题。在我国所有的城市中，低收入者的居住状况都令人担忧。在经济压力下，农民工只能聚居在最廉价、最低档的社区里。如广州的 138 个“城中村”、珠海的 26 个“城中村”以及深圳、东莞等城市的大量“城中村”中有相当一部分成为低收入者聚居区。我国目前正处在一个高速发展的阶段，这一现象的出现有它的必然性，但却不容忽视。如果低收入者的居住问题不能得到有效改善，未来更多的新移民不能得到妥善的安置，那么，像许多欧美国家所经历的那样，五至十年之后，那些环境不断恶化的低收入社区将成为城市的“毒瘤”。

户籍制度问题。当前的户籍改革使一些过去的问题显性化，也出现了一些新情况：一是城市资源的短缺问题，当前突出表现在城镇教育资

① 国家发改委投资研究所课题组：《“十一五”时期我国城镇化战略》，载《经济学动态》，2004 年第 11 期。

源的短缺。二是出现新的不平等的问题，如城镇居民随着住房、福利、医疗保险、劳动就业等体制改革，已丧失了原先享有的各种福利，而农民则在宅基地审批、人口计划生育政策等方面享有优于城市居民的利益。三是城镇化中的区位差异因素更加突出，不同城市户口含金量不同，对农民工有着不同的吸引力：大城市含金量高，农民工想进入但无法进入，小城镇含金量低，农民工能够进入但不想进入。这些因素，势必影响农民工城市进入的步伐。

对于农民工市民化来说，以上种种制度安排都显示出严重的弊端。为了完成我国的城镇化建设，为了使我国的城镇化与工业化协调发展，加速农民工市民化进程是必然选择，对其相关的制度的创新是实现这一目标的唯一出路。

（二）第二代农民工亟待制度创新

与第一代农民工相比，第二代农民工年龄普遍较小且出生于1980年之后，他们是伴随中国改革开放成长的一代，受教育程度较高，他们对制度性的农民身份的认可正在逐渐减弱。他们中间很大一部分人认同城市生活，开始试着去融入流入地社会，如参加当地社会组织的一些集体活动，与当地人建立经常性的交往关系，甚至加入当地的一些社会组织等；与此同时，他们对家乡的土地情结已经减弱，如对农活没兴趣，又有相当一部分根本就没有务农经历，他们从学校直接就进入了城市，对农村的一些习惯和传统开始出现不认可，甚至持批评态度。因此，在生活习惯、文化习俗、对未来生活目标的追求等方面，第二代农民工更接近于市民，尽管身份并未得到彻底改变，但是对城市生活的向往和追求，已经使各个方面发生比较大的变化。

中国第二代农民工虽然不是出生在城市里，但从行为特征来看，他们已经具有第二代移民的心理特点，即要求与住所地居民（城市居民）更多的平等权利，如果这个需求得不到回应的话，他们可能产生更多的对抗行为，外来人员犯罪近年日益增多，也说明了这一点。

美国政治学家在对美国社会的移民进行研究时发现，与第一代移民比较，第二代移民的心理和行为发生了重大的变化。第一代移民由于有迁出地境况的比较，对于迁入地的社会不公平往往有较高的认可度。或者说，虽然他们在迁入地感受到种种歧视，但由于已经比原来的状况有了改善，他们一般并不预期与迁入地的居民有完全相同的权利和地位。第二代移民则不然，他们一般没有对于原来生活的经验，他们对于生活满意程度的参照主要是迁入地居民的生活，他们缺少父辈那种对生活的满足感，相反，在他们较多地体会到与迁入地人群的生活地位差距时，便会在心理上产生更多的被歧视感和被剥夺感。与父辈的期望不同，他们强烈地要求自己的权利和地位垂直上升。在这种心理预期的驱动下，第二代移民面对不平等缺乏忍耐性，因而，在他们的成长过程中，往往会采取一些比较激烈的对抗性行为来直接或间接地表达他们的不满。所以，第二代移民的失范行为较多，犯罪率也较高。

从历史经验来看，第二代农民工与美国的第二代移民有着明显的共同特征，即他们都希望融入当地的社会，能够得到与当地居民同等的待遇。第二代农民工不论从对城市向往所产生的市民化意愿，还是由于受教育程度较高所带来的适应城市生活的能力都比第一代强，因此，他们是农民工市民化进程中亦需解决的一部分群体。但在现实中，农民工城市进入面临种种制度障碍，第二代农民工比第一代农民工能够更加深刻地感受到由于制度所带来的歧视，尤其是户籍制度，以及与户籍制度密切相关并受户籍制度影响的就业制度。要解决这一矛盾，必须对现行制度安排进行创新。

二、户籍制度与农民工城市进入

（一）现行户籍制度阻碍了农民工城市进入

中国的户籍制度是在特定的历史时期产生的特定制度。狭义的户籍制度是指以 1958 年颁布的《中华人民共和国户口登记条例》为核心的限制农村人口流入城市的规定以及配套的具体措施。广义的户籍制度还要加上定量商品粮油供给制度、劳动就业制度、医疗保健制度等配套性的制度安排，以及在接受教育、转业安置、通婚子女落户等方面又衍生出的许多具体规定。

1. 户籍制度的历史变迁

20世纪50年代初，我国实行的是人口登记管理制度。它的基本功能是：证明公民身份，便利公民行使权利和履行义务；统计人口数字，为国家经济、文化、国防建设提供人口资料；发现和防范各种犯罪活动。在人口登记制度建立初期，允许城乡居民在城乡之间或城镇之间自由迁移。在1956年社会主义改造完成以后，随着高度集中的计划经济体制确立，劳动力资源配置完全纳入行政性的计划调节之中。1958年《中华人民共和国户口登记条例》施行，颁布了一系列配套措施，确立了一套较完整的户籍管理制度。这套制度以法律形式对户口迁移作了严格的行政限制，对农村迁往城市、农业人口转为非农业人口、小城镇迁往大城市等都严加控制，在城市与农村之间构筑了一道无形的高墙。

改革开放以来，各地户籍制度也不断发生着变化。特别是20世纪90年代以来，被人们称为"比宪法还稳定"的户籍管理制度逐渐开始松动。

1997年，国务院批转公安部《小城镇户籍管理制度改革试点方案》和《关于完善农村户籍管理制度的意见》，规定从农村到小城镇务工或者兴办第二、三产业的人员，小城镇的机关、团体、企业和事业单位聘用的管理人员、专业技术人员，在小城镇购买商品房或者有合法自建房的居民，以及与其共同居住的直系亲属，可以办理城镇常住户口。

1998年，国务院批转公安部《关于解决当前户口管理工作中几个突出问题的意见》，开始实行婴儿落户随父随母自愿的政策，放宽解决夫妻分居问题及老人到城市投靠子女的户口政策，允许在城市投资、兴办实业、购买商品房的公民及随其共同居住的直系亲属在该城市落户。

2001年，国务院批转公安部《关于推进小城镇户籍管理制度改革的意见》，提出对办理小城镇常住户口的人员，不再实行计划指标管理。

2003年8月，国务院公布了30项便民利民措施，其中有7项与户籍制度有关：新出生婴儿的常住户口登记，随父随母自愿选择；在大、中城市落户的高中级专门人才到小城镇或者农村工作的，可以不迁户口；到西部地区工作的应届大学毕业生，可以根据本人意愿，将户口迁到工作地区，也可以迁回原籍；到西部地区投资、兴办实业的人员以及西部开发建设所需要的各类人才，可以不迁户口，户口迁入西部地区的，如果今后返回原迁出地工作、生活，也可以将户口迁回原迁出地；考取普通高等学校、普通中等专业学校的学生，入学时可以自愿选择是否办理户口迁移手续；取消出国、出境1年以上的人员注销户口的规定（在国外、境外定居的除外）；取消被判处徒刑、被决定劳动教养的人员注销户口的规定。其中"婴儿随父落户不再有年龄限制"的规定是对1998年《关于解决当前户口管理工作中几个突出问题的意见》相关规定的完善。

近年来，不少省市开始对户籍制度改革进行尝试。如2001年底，广东省决定按照实际居住地登记户口的原则，实行城乡户口登记管理一体化。除北京、深圳、上海等少数大城市之外，许多省市已经在户口登记方面放宽了限制。王飞等对我国户籍制度改革起步较早的重庆市、宁波市、石家庄市、郑州市以及江苏省等地进行了户籍改革进展情况调研，发现各地城市户籍制度改革主要解决了三类人员的进城落户问题：一是符合"投靠"政策规定但没有指标的人员进城落户，二是"城中村"农民的就地身份转换，三是鼓励各类投资、购房和人才的引进。各地具体落户的条件有宽有紧，但基本上都以"合法固定住所、稳定职业或生活来源"作为底线限制。从各地城市户籍制度改革的情况来看，只有极少有特殊贡献的农民工解决了落户问题，对于大部分进程农民工而言，进入门槛较高，农民工把户籍迁入城市所占的比例很低。①

2. 现行户籍制度的弊端

不可否认户籍制度在我国历史曾经起过一定的积极作用，它不仅有力保证了国家利用城乡价格剪刀差积累资本，迅速建立起较为完备的工业体系，而且为政府制定国民经济和社会发展规划、劳动力合理配置等提供基础数据和资料，同时户籍制度在维护治安、打击犯罪方面也起到了巨大的作用。

但是随着市场经济的发展，户籍制度在限制人口流动的同时也限制

① 王飞、刘文海：《部分地区户籍制度改革情况调查报告》，出自国务院研究室课题组：《中国农民工调研报告》，中国言实出版社2006年版，第272页。

了经济的发展。户籍制度不利于我国农业人口非农化和农村人口城市化的顺利进行，不利于形成全国统一的劳动力市场，并且进一步加剧了城乡差别，阻碍了农民工的城市进入。户籍制度把人们划分为农业户口与非农业户口，使他们具有不同的权利和待遇。农民工外出谋生求发展必须带齐或办理名目繁多的证件，同时又几乎不可能获得与城市居民同等的机会及社会地位，这在相当程度上影响了他们投身城市建设管理的积极性、创造性。

（1）阻碍农民工城市进入的户籍政策和措施

目前，阻碍农民工城市进入的户籍政策和措施可归纳为以下两个方面①：

第一，直接阻碍农民工流动的政策和措施。一是农业户口和非农业户口的划分依然如故，户口仍然具有“身份”性质。改革开放以来，户籍制度不再是解决粮食供给的主要方法，但公民要从农业户口变成非农业户口，从农村人口变成城镇人口，似乎仍然不是职业、生活来源和居住地的变化，而是“身份”的变化。尽管户籍制度改革在一定程度上淡化了农业户口和非农业户口的划分，但目前只有极为少数的城市完全取消户口这种区分，城乡之间的户籍壁垒依然如故。二是农民工在城市中的进入受到政策的限制。由于1980年城市规划会议确立的“严格控制大城市，合理发展中等城市和小城市”的城市发展方针写进了1989年的《中华人民共和国城市规划法》中，这就在理论上割裂了城镇体系的完整性，在实践中造成中小城市成为农民工市民化的主要归宿。这种不“以区位为依托、按所有城镇各自功能集积程度吸纳人口”，而是“按人们的主观愿望在城镇体系中特定规模等级（如建制镇）中安排人口”的做法，显然与户籍改革达到的目的（人口自由迁移）相抵触。

第二，间接阻碍农民工城市进入的政策和措施。从现行户籍制度的政策目标出发，户籍制度不是独立发挥作用的，即在户籍迁移控制之外，城市政府还采取就业保护和社会制度等相配套的措施。一是城市就

① 梅金平：《不确定性、风险与中国农村劳动力区际流动》，中国财政经济出版社2003年版，第53～55页。

业保护。随着经济体制的转轨，城乡分割的二元就业体制依然存在。城市中，传统劳动用工制度和人事制度逐渐转向企事业单位自主用工、个人自主择业的制度。但是，几乎所有的大中城市，特别是大城市，政府对户口在外地的外来人口，特别是农民工，都在一定程度上采取排斥态度。这种实质上的地方保护主义，间接阻碍农民工城市进入。二是城市社会保障的排他性质。农民工在城市里打工，不论是永久性的定居还是暂时性的流动，都涉及社会保障问题。在目前的二元户籍和二元就业体制下，城市社会保障基本上只限于城镇就业人员，尽管有些城市对农民工社会保障实施试点性的尝试，但是在现实中，农民工参保意愿不足、退保频繁，各个地方具体做法不同，城市与城市之间、城市与农村之间存在无法对接的局面。这种状态对于农民工市民化进程来说，无疑是一道障碍。

（2）户籍制度改革的不彻底性阻碍了农民工城市进入

总体上看，当前在外来人口的迁移定居上，发达地区也只处在投资移民、技术移民[①]和婚嫁移民的阶段上，而不允许就业多年的农民工（其中包括熟练工人、从农民工成长起来的技术管理人员等）迁移定居，户籍制度改革缓慢。

对进城就业农民迁移城镇条件中的合法住所，限定为购买住房。投资买住房才能迁移户口，合法租赁住房者不能迁入，抬高了农民工进城的门槛。发达地区城镇房价高，农民工积蓄有限无力承担自购住房。虽然他们其中的相当一部分已经在流入地扎下根来，成为事实上的常住居民，不可能再回农村，但是住房成为实现城市户口难以逾越的门槛，使他们不能顺利完成城市进入阶段，更无法享受到当地居民的权利。

户籍制度改革的不彻底性影响农民工心理认同和社会稳定。进城务工的农民工几乎不可能获得与城市居民同等的机会和社会地位，甚至缺乏基本的安全感，这在相当程度上影响了他们投身城市管理的积极性，甚至因心理因素引发犯罪率上升。影响了农民向城市居民转变的进程。由于他们的工作预期不稳定，其生活方式难以城市化，消费行为也没有

① 技术移民或人才移民，指的是高技术或者高学历人才准许移民。比如只容许有大学或大专文化以上的人迁入户口。

城市化，民工所赚工资不在本地消费而寄回老家建房，又一定程度上固化了原有的城乡二元结构。

一些地区取消了农业户口和非农业户口的名称，但并未改变附加在户口上的不平等制度。只是在户口登记上取消了两种户口，实际上仍然存在着城镇户口，涉及从社会保险、银行贷款到公共服务、选举权和被选举权等权益。

（3）现行户籍已不能对农民工进行有效管理

2000年进行的第五次人口普查中，瞒报、拒报、漏报现象严重，如陕西省应该登记的人数少了200万，湖南省则少了近千万。同时发现重庆市13万死亡人口未注销。中西部地区农村相当一部分人有籍无户。[①] 我国农民工正以高速率增长，原先的户籍制度已经远远不能适应新的历史条件下农民工大量、频繁在城市之间以及城乡之间的流动管理，如果不对其进行改革，这自然会引起管理与普查工作的混乱。

（二）加快户籍制度创新，促进农民工城市进入

在目前我国城乡差别、地区差别还明显存在的情况下，农民工城市进入还存在较为严格的户籍限制，取消户籍制度所包含的利益差别并非易事。为了加快农民工城市进入，最终解决农民工问题，对户籍制度进行创新势在必行。

1. 户籍制度创新的现有模式

无论是从所公布的政策措施还是从实际实施的效果看，户籍制度改革的方式和力度都存在着巨大的地区差异。在实践中，每个省份甚至每个城市的改革措施都不尽相同，从比较彻底的改革举措到微不足道的改革意图，形成了一个可供分析的系列。我们将这个系列归纳为三种模式，从中可以发现改革力度在依次减弱：

第一种模式：以小城镇户籍制度改革为代表。特点是最低条件全面放开。2001年国务院批转了《公安部关于推进小城镇户籍管理制度改革意见》，并且从当年10月1日起，小城镇户籍管理制度改革从试点走

① 数据来源于《广州日报》，《户籍制度五大弊端》，网址：http：//gb.chinabroadcast.cn/9083/2005/10/28/622@757498.htm，2005年10月28日。

向全面实施。在全国2万多小城镇入户的基本条件降低到只需“在城镇有稳定的生活来源和合法住所”，凡符合这些条件的外地个人或家庭皆可申请获得城镇户口。这可以说是1958年实行户籍制度以来迈出的最大改革步伐，是比较彻底的户籍制度改革。

第二种模式：以中等城市以及一些大城市为代表。特点是取消限额条件准入。随着小城镇户籍制度改革的全面推进，许多中等城市甚至一些省会城市也进行了力度比较大的户籍制度改革。其做法是放宽申请条件，大幅度降低在城市落户的门槛。例如，石家庄市的一个最容易达到的条件是，具有本市2年以上劳动合同。市场发育比较快、经济活跃的一些沿海地区、中等城市以及中西部急于加快发展步伐的大中城市都采取了这种模式。这种户籍制度改革模式既符合劳动力市场发育的客观要求，又符合循序渐进的改革推进方式。

第三种模式：以北京、上海等特大城市为代表。特点是筑高门槛，开大城门。在许多中小城市纷纷放松户籍控制的同时，北京、上海等特大城市仅仅为特殊人才的引进开了“绿灯”，而对广大普通劳动力的进入反倒抬高了准入门槛。例如：上海市甚至停止实施其门槛已经很高的蓝印户口制度。因此，门槛提高的结果反而导致了户籍改革的停滞。相比较而言，这类城市的户籍制度改革尚没有实质性的进步。

2. 关于户籍制度改革的一些误解

伴随着国家从20世纪90年代开始对户籍制度进行调整至今，曾出现某些认识偏差，不澄清这些片面认识，就不利于把户籍改革深入进行下去。

第一种观点认为，外来劳动力会扩大城市就业的压力。[①]

持此观点者在很大程度上基于这样一个现实：在城市职工下岗日趋严重的同时，外来劳动力却占据着越来越多的岗位，其数量往往超过本地下岗职工数量。由此产生一个简单的逻辑就是，如果把目前由外来劳动力所占据的岗位转换给本地下岗职工，就可以解决下岗职工再就业的问题。

① 参考任元军、韩玉堂：《深化我国户籍制度改革的经济学思考》，载《理论学习》，2003年第1期。

事实上，情况并非如此。第一，总体上看，早期进入城市的外来劳动力，包括现在城市外来劳动力的主体，主要进入一些劳动强度较高、社会地位较低的行业，而这些行业往往是“城里人”所不屑一顾的。从这一角度看，这些外来劳动力并没有抢走当地人的“饭碗”。第二，从间接影响来看，由于外来劳动力的流入导致经济增长以及就业机会增加，促进本地劳动力就业的高度化，对本地经济发展是有利的。第三，一个严格控制“外来劳动力”进入的保护性市场很难保证劳动力和生产资料的优化配置，并且由于稳定性强，保障程度较高，致使其缺乏激励机制，劳动成本较高，经济竞争力下降，从而影响劳动效率和经济效益的提高。

第二种观点认为，取消户籍管制会加重人口盲目流动并影响社会稳定，给城市管理带来“治安难题”。

其实，除了个人因素（个人的道德、法律意识等）外，此类犯罪的根源在很大程度上正是来自于户籍管制本身，来自于城乡隔离的身份。如果将城乡就业问题纳入城乡协调发展的共同政策框架下，给农村就业和城市就业以同等重要的社会地位，通过制定公平的竞争规则，消除劳动力市场上的种种制度性差别、歧视和障碍，采取一体化的就业政策和管理体制，为劳动力在城乡之间合理流动创造公平、公正和竞争有序的市场环境，那么，我们有理由相信，所谓影响社会稳定和“治安难题”等问题会从根本上得到解决。

3. 户籍制度创新的目标和路径

随着时间的推移，户籍的功能发生了变化。由于居民居住地的不同，产生了重大利益差别，形成了新的利益阶层和利益集团，户口的利益分配功能也就随之膨胀起来。这种制度已经严重阻碍了农民工的城市进入，也阻碍了我国城市化的进程。

为了促进农民工的城市进入，我国户籍管理制度改革的目标应该是：打破城乡分割的户籍管理二元结构，以居住地登记户口为基本形式，以合法固定住所和相对稳定职业或合法生活来源为基本落户条件，以法制化、证件化、信息化管理为主要手段，建立与社会主义市场经济体制相适应的新型户籍管理制度。

恢复户籍制度本来面目，消减户籍制度的利益分配功能，让户籍制度朝着公平公正方向改革是大势所趋。最初，户籍的功能很简单。户口由公安部门或基层政权组织实施管理，以行政区域单位，登记造册，发放证件，主要用于统计人口、维护治安、迁移管理、发放票证等。这时的户口只与居住地相联系，证明某人某户居住在哪个行政区划，归哪个基层政府管理，到哪里购买口粮和其他配给物资。在当时，不是户口迁移决定人口流动，而是人口流动决定户口迁移。你在哪里工作，居住在哪里，户口就落在哪里。

社会利益差别的形成有着复杂的历史和社会原因，同样，这种户籍制度的形成，也有着深刻的经济、政治、社会和思想文化根源。从经济上来说，大城市的经济发展水平和集约化程度一般高于中等城市，中等城市高于小城市，城镇高于乡村，城郊乡村高于边远乡村。这种经济发展水平和梯度差，必然表现为经济利益的梯度差。从政治上来说，各级政权机构分别设在地位相称的城市、镇、中心村（乡政府所在地）。政权机构为了维护自身的利益和对政治因素的考虑，对所在地的利益不能不有所照顾。从社会因素来讲，城市越大，人口越集中，组织化程度越高，居民群体与政府的谈判能力越强，他们的利益越有保证。从思想文化因素来说，越是中心城市，知识分子的比重越大，居民平均文化程度越高，智力优势就越是明显。以上各种因素集中作用所导致的利益级差，促使不同等级的市镇形成自我防范和保护机制。

要想在短期内凭借主观意志消除这些社会利益差别，是很不现实的。但是，承认历史上形成的差别，并不等于承认人为地维护或扩大这些差别就是合理的。至于公民的社会保障和福利，应该与公民的权益与纳税挂钩。属于全国性普遍的权利，如义务教育等，实际只是在哪里享受的问题，在迁出地放弃了，就应该在迁入地获得，可以用合法转移的办法得到解决，但防止重复享受。属于地方居民的保障和福利，如住房、医疗、非义务教育等，应该与纳税的义务挂钩。一个人在迁入地居住并纳税满若干时间，依法免税和不具备纳税条件者居留满若干时间，就可以享受当地居民同样的保障和福利。不受政府补贴的商业性保险、自费的教育培训、医疗健身等限制，这完全是市场行为，更不必受户口的限制。对此，我们可以借鉴国外的一些做法，为每个人设立类似社会保险号码的账户，记录个人收入、纳税、缴费、社会保障和福利方面的全部信息，全国联网，随时随地都可以使用和核查。

改革往往要牵动和触及既得利益。有些改革可以做到帕累托改进，即一部分人境地得到改进的同时不需要以另一部分人境地的恶化为代价，比如改革之初农村家庭承包责任制的推行就是如此。随着改革推进至今，这种帕累托改进的机会越来越少，但是卡尔多改进的机会仍然很多①。取消户籍制度就可以是一项可达到卡尔多改进的改革。卡尔多改进框架内的补偿机制应该放到更长的时段和更广义的角度来看待：从长期看，人口的自由迁徙必然增进全体民众社会福利；从更广义的角度看，补偿不一定是政府提供转移支付，而是可由在长期统一大市场创造的价值和机会以及由此增进的社会财富来补偿。此外，补偿不是对每一位既得利益者的一对一的补偿，而是总体的补偿。

从原则政治角度出发，许多改革无需提供补偿。对旨在实现自由迁徙的户籍制度改革成本同样不需提供补偿，但是为了搭建从现实政治走向原则政治的桥梁，便利户籍制度改革，我们可以设想一些适应机制。比如可以事先明确规定这样一种适应机制：各地必须在3～5年内完成户籍制度改革，实现自由迁徙。完全可以规定届时对在外地居住一定年限以上的人口根据其申请和法律规定的最低核准条件发放居民居住证。获得居民居住证的人口在享受当地福利的同时，也需承担纳税和选举义务。在此前，各地则可对当地法规政策做出清理和修订，以适应保障公民的自由迁徙权利。而且，在实现人员的自由流通和自由迁徙权利方面，哪个地方条件成熟得早，就可早进行户籍制度的改革。②

4. 正确认识户籍制度创新在农民工城市进入的作用

在重视户籍制度改革对农民工城市进入重要作用的同时，也要防止将户籍制度作为一切阻碍农民工市民化的根源，认为只要解决了户籍问题，农民工市民化的问题就会完全解决的片面认识。因为这种观点只是

① 卡尔多改进涉及这样一种情况：若要一部分人的境地得到改进，另一部分人的境地在此同时就要恶化，但是前一部分人境地的改进之收益要高于后一部分人境地恶化的成本，通过对后者实行补偿即可实现两个群体的共同改进。

② 冯兴元：《废除户籍制度属于原则政治》，http：//business. sohu. com/20050430/n225413455. shtml，2005年4月30日。

看到农民工市民化问题的表象，而忽略了其实质。农民工所受到的歧视，是一种附着在户籍制度上的利益和权利的不公表现。正如有的学者所说“户籍制度本身也许无所谓好坏，重要的是附着在户籍上的种种不公平待遇。”①

户籍制度在农民工城市进入中，无疑是其中的一个主要障碍，对推进整个福利体制一体化、城乡一体化、地区一体化都起着重要作用。因此，在现实户籍改革制度创新时，不宜简单地取消户籍制度，而应当通过一系列配套工作，逐渐剥离附着在户籍上的利益。反过来说，如果识别功能本身不取消，即使取消户籍制度，也不过是换个别的什么称呼而已，并没有解决实际问题。

三、就业制度与农民工城市进入

劳动力的合理流动是经济运转更有活力的必要条件。在我国城市化的新时期，统筹城乡经济发展，劳动力市场一体化建设是先决条件。构建一体化的就业制度，使得城乡劳动者面向一个市场，取消身份界限，平等就业，提高农民工劳动力的竞争力，可以减少农民工的盲目流动，减少农民工市民化的社会成本，加快农民工城市进入的进程。

（一）二元就业体制

1. 基于户籍制度的二元就业体制

以刘易斯为代表的发展经济学家认为，发展中国家普遍并存着农业与工业相对立的二元经济模型，曾经也观察到城市中存在着传统部门与现代增长部门的两种劳动力市场。在我国，二元劳动力市场有时是指城乡之间的对立，有时是指传统部分与现代部门的对立。此处，我们所说

① 《让劳动者平等就业——访中国社会科学院人口与劳动经济研究所都阳》，http://business.sohu.com/20050430/n225413666.shtml，2005年4月30日。

的二元就业体制是指基于户籍制度所引起的就业机会不平等的状态，即严格需要城市户籍的正规就业和无户籍特别限制的非正规就业[①]。需要说明的是，很多研究把在正规部门就业和非正规部门就业等同于正规就业和非正规就业，实际上，正规部门内也存在非正规就业，如我国国有大中型企业的临时工、跨国公司中的季节工等。因此，非正规就业既包括非正规部门的就业也包括正规部门的非正规就业，其特点是缺乏正式和稳定的合同关系，处于劳动制度和法规框架之外，其工资待遇较低，福利待遇缺失，但很容易进入。正规就业的特点是具有正式和稳定的合同关系，工资待遇较高，福利待遇好，纳入国家正规的制度和法规之内，但很难进入，存在着以户籍、学历等为主要特征的进入障碍。

一般来说，农村劳动力进入城镇就业在过程上分为两个阶段：第一阶段，首先在城市中实现非正规就业，到一定时期以后，在第二阶段他们才在成为正规就业。目前，我国城市农民工仅仅处于第一个阶段：他们所从事的职业大多是体力劳动，收入明显低于城市职工总体工资水平，环境和待遇较差，得不到法律法规规定的福利待遇。因此，我国农民工是典型的非正规就业（见图4－2）。

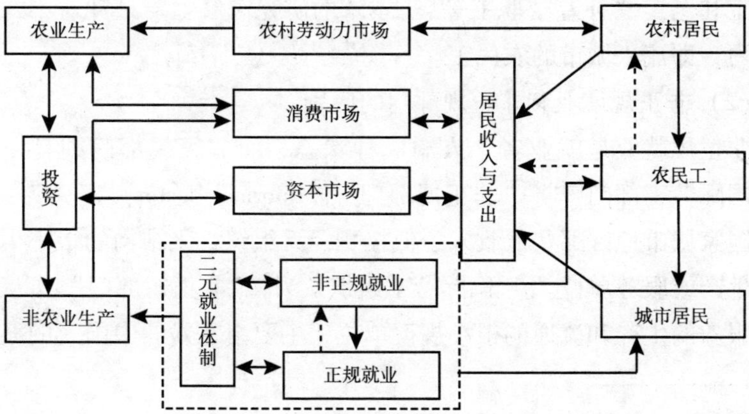

图4－2　我国劳动力市场闭合经济系统运行

① 与本章中的正规就业和非正规就业划分相对应，也可以从劳动力市场角度，划分为首属（第一）劳动力市场和次属（第二）劳动力市场，这部分论述详见第五章。

2. 农民工的非正规就业

(1) 非正规就业的概念

非正规就业是指没有取得正式的就业身份、地位很不稳定的就业，传统上被称为“临时工”。非正规就业者包括非正规部门中的就业者和正规部门中的非正规就业者。① 薛昭鋆给中国“非正规就业”的定义是：在中国的非正规就业，主要是指广泛存在于非正规部门和正规部门中的，有别于传统典型的就业形式。包括两个部分，一是非正规部门里的各种就业门类，二是正规部门里的短期临时就业、非全日制就业、劳务派遣就业、分包生产或服务项目的外部工人等，即“正规部门里的非正规就业”。② 对于农民工来说，这两种情况分别指的是：一是农民工所在的单位本身就是非正式的单位或者属于非正规部门；二是农民工所在的单位虽然是正规或者正式单位，但是他们的工作只是临时性的，与正式职工在收入、福利上有着明显的差别，也就是前面所说的“临时工”。

中国非正规就业主要由三部分劳动力构成：一是被旧体制抛出的失业下岗工人，二是流入城市的农民工，三是重返劳动力市场的阶段就业女职工和老年“补差”职工等。③ 本章的研究对象主要是针对第二部分劳动力，即流入城市的农民工。

(2) 非正规就业和非正规部门的区别

非正规就业是就业者个人的一种状态，而非正规部门则是一个组织。国际劳工部门曾将“非正规部门”（Informal Sector）定义为：“发展中国家城市地区那些低收入、低报酬、无组织、无结构的很小生产规模的生产或服务单位。”④ 国际劳工组织认为：“非正规部门”指从事商品和服务的生产和流通的很小规模单位，主要由在发展中国家的城市地

① 谭林、李军锋：《中国非正规就业的性别特征分析》，载《人口研究》，2003 年第 5 期。

② 薛昭鋆：《对中国发展非正规部门和鼓励非正规就业的几点认识和建议》，劳动和社会保障部“非正规部门就业研讨会”论文，2000 年 10 月 14 日。

③ 金一虹：《非正规劳动力市场的形成与发展》，载《学海》，2000 年第 4 期。

④ 陈淮：《非正规就业：战略与政策》，劳动和社会保障部“非正规部门就业研讨会”论文，2002 年。

区的独立工人和自谋职业的生产者组成，其中一些也雇用家庭劳动力和少量雇佣工人或学徒；这种单位只有在很少资金或根本没有资金下运营；他们运用低水平的技术和技能；因此他们经营的生产力水平低；他们一般只能为在其中工作的人员提供很低和不定期的工资以及高度不稳定的就业。……大多数单位都没有在官方的统计中登记和记录；他们很少或者根本没有进入有组织的市场、取得贷款、接受正规教育和培训，或享受公共服务和待遇方面的机会；他们没有得到政府的承认、支持和规范；由于环境的压力，他们被迫在法律体制的覆盖范围之外运营，甚至在他们登记和遵照法律的某些方面行事的时候，他们也几乎毫无例外地处于社会保护、劳动法律和工作场所保护措施的范围之外。正是在这些意义上，我们说他是非正规的单位……非正规部门的生产者和工人一般是在令人震惊的、经常危险、不健康甚至没有基本的卫生设施的条件下生活和工作，在城市破烂不堪的地区生活和工作。①

但是，中国城市农民工的非正规就业与国际上的非正规就业和非正规部门有很大的区别（见表4－1）。

表4－1　中国农民工非正规就业的特点与国际非正规就业的比较

类　别	国际非正规部门（就业）特点	中国农民工在非正规部门（就业）特点
雇员规模和人数	人数少，雇员平均1.5～3人	人数可以很多，11～50人有较大比重
工作地点和场所	没有固定地点或适当场所	相当多农民工有固定工作地点，但由于户籍等原因，身份始终是“临时的”
劳动者性别比例	女性就业比例高，收入比男性低	女性就业比例高的问题并不十分突出，如建筑工地男性比例就十分高
劳动者教育水平	就业者教育水平低	尽管农民工与城市就业者相比教育水平低，但由于迁移的选择性，他们属于农村的精英人群

（3）正规就业与非正规就业的区别

蔡昉等人对正规就业和非正规就业者进行了比较研究（见表4－2）。②

① 努罗·阿明（A. T. M. Nurul Amin）：《亚洲城市非正规部门：政策和战略》，日内瓦，1994年。

② 蔡昉：《2002年：中国人口与劳动问题报告——城乡就业问题与对策》，社会科学文献出版社2002年版，第215～216页。

表4-2　中国“非正规就业”与“正规就业”的特征比较

类　别	正规就业	非正规就业
户口性质	非农业户口	农业户口
户口现状	本地户口	外地户口
行业分布	机关事业单位、国有企业等经营管理人员、技术人员和熟练工人	小型企业、个体私营企业等体力劳动工人、个体劳动者
取得工作的途径	统一安排	通过熟人介绍
工作地位和劳动报酬	工作相对轻松、收入较稳定	劳动强度大、收入不稳定
住　房	单位分配或自有房屋	简易住房或租住私房
社会保险	失业、养老、医疗保险	基本无社会保险

根据上述非正规就业的定义，可以发现，一个人的就业形式是否属于非正规就业，与雇佣方是否属于正规部门、工作时间是否是全天时还是部分时间没有必然联系，正规部门中也存在非正规就业。非正规就业的特征不仅在于一个企业的组织结构，而且在于受雇方的契约地位和雇佣条件（如有无户口等），当一个人在没有任何雇佣和合同的条件下，被正规部门雇佣，没有形成正式和稳定的劳动关系时，这个人的就业就属于正规部门的非正规就业。① 由于缺乏必要契约保证，非正规就业者的权益无法得到有效保障。

（4）农民工的非正规就业特征②

第一，从取得工作的途径上来看，农民工通过熟人介绍和自我雇佣方式取得工作的占2005年对武汉市农民工抽样调查总数的86.02%，而没有通过熟人介绍的只占11.02%。

第二，从居住方式来看，41.28%的被调查者租住私房或者租住单位宿舍；53.67%的被调查者居住在工棚或居无定所，随工作而动；还有4.59%的被调查者采取其他居住方式（如居住在亲戚老乡家里等）。从居住环境来看，平均6.28个人居住一个房间（包括工棚和单位集体宿舍），人均居住面积为6.26平方米，居住工棚的农民工居住环境较差，没有任何设施和保障，基本上是以睡地铺为主。

① 李军峰：《中国非正规就业研究》，河南人民出版社2005年版，第22页。

② 本部分数据来源于武汉大学经济研究所课题组2005年3月组织的问卷调查。

第三，从劳动强度和劳动时间来看，被调查农民工平均每月工作28.12天，也就是说，他们几乎没有节假日的概念；而平均每天的工作时数高达10.01个小时。

第四，至于社会保险，被调查者中有90.37%的人没有享受过。

（二）非正规就业对农民工城市进入的影响

1. 非正规就业对农民工城市进入的促进作用

在国际上，非正规部门、非正规就业与地下经济、违法经济并不是一回事，也并不是简单或不简单等同于城市贫困层，虽然两者之间有一些联系。在中国，非正规部门和非正规就业的基本特征是户籍分割、福利保障差、工作不稳定等，所以，核心问题并不是违规和违法问题。

非正规就业形式的存在与发展是劳动力市场进一步分割的结果，它对扩大就业、减缓贫困化起着非常重要的作用。非正规劳动力市场的灵活性、多样性不仅仅表现在雇佣形式和工资价格制定的灵活性，还表现在对消费市场多样化、个性化需求能够快速反应，组织批量生产的灵活适应能力之上，这种落后配置生产诸因素的能力使之为一般劳动力市场增加了弹性，具有创造新的工作岗位的巨大潜能；特别是在农民工市民化城市进入的环节中，非正规就业较低的准入门槛，为低技能农民工提供了重要的就业空间，避免了大量结构性失业群的出现。

（1）非正规就业缓解就业压力

21世纪，我国面临持续增长的就业人口、农业人口、流动人口的巨大压力，很大程度上要靠非正规就业发挥其巨大的就业潜力。

中国未来几十年里城市化的发展，都只会使促进非正规就业的规模大大扩张。塞缪尔·普雷斯顿研究发现工业化与城市化的比例关系大约是1比2的关系①，即工业劳动力占全体劳动力的比例每增长1%，城市人口占总人口的比例会增长2%。以此为参照，中国改革以

① 塞缪尔·普雷斯顿：《发展中国家的城市增长：从人口学角度的再思考》，出自约瑟夫·古格勒主编：《第三世界的城市化》，牛津大学出版社1998年版，第24～25页。

来，城市化发展严重滞后。以1978～2000年中国内地的数据为例，1978年中国工业劳动者占全体劳动者的比例为26.2%，城镇人口比例为17.92%，到2000年，工业（非农业）劳动者占全体劳动者的比例为55%[①]，比1978年上升了28.2%，按照1∶2的比例，相应的城市人口应上升56.4%。然而，我国2000年的城镇人口比例与1978年比，仅上升了18.3%，也就是说，比国际一般规律测算的城市发展速度低了两倍。

近一段时间，我国许多城市开始推进户籍制度改革，放宽农村人口流入城市的限制。可以预见，今后几十年里，农民工向城市流动，是一个不可阻挡的趋势和潮流，而城市对农民工的接纳一开始只能是这些非正规就业领域。

（2）非正规就业的成本相对较低

由于非正规就业具有投资少，进入障碍少和机制灵活等优点，非正规就业的发展与就业效应既能节约国家投资，也能极大地推动经济增长，非正规就业成为经济增长的重要源泉。

在任何国家，增加就业都是需要有一定投入的，我们可以称之为"就业成本"或"岗位成本"。一般说来，城市居民所就业的正规部门和正规就业的成本是比较高的。该成本大致上包括：对于城市劳动力的培训（对于城市各级学校的投资、建设），城市基础设施的建设、对于创造新的就业岗位的单位（企业单位、事业单位）的投资，正规就业者所享受的社会福利保障体系，如住房、医疗、养老等体系的建设费用，以及在职业介绍机构、职业信息网络、劳动就业部门、失业保险等各种职业服务体系建设方面的投资。

表4－3显示的是李强教授2000年和2002年对城市农民工就业渠道的调查结果：除了通过职业介绍和人才交流中心、人才招聘会找到工作的大约5%～6%的人享受到一点就业成本外，其余94%～95%的人，在就业方面都是自己想法解决的，在就业渠道上都没有由企业或国家提供任何成本。

① 对此数据的估计，低的为50%，高的为60%，在此，我们取中间数55%。

表4－3　您是通过什么关系找到目前的工作的?

通过何种途径到北京	2000 年调查		2002 年调查	
	人　数	百分比(%)	人　数	百分比(%)
1. 职业介绍所	3	1.0	14	2.9
2. 媒体招聘启事	10	3.3	5	1.0
3. 朋友、同乡、亲戚、同事等的介绍	184	60.5	283	58.6
4. 人才交流中心、人才招聘会	17	5.6	10	2.1
5. 看报纸等新闻媒介广告	1	0.3	1	0.2
6. 看街头贴的招工启事	5	1.6	4	0.8
7. 自己单干	31	10.2	81	16.8
8. 自己找的	42	13.8	71	14.7
9. 其他	11	3.6	14	2.9
合　计	304	100.0	483	100.0

资料来源：李强：《城市农民工与城市中的非正规就业》，载《社会学研究》2006 年第 6 期，第 18 页。数据主要来源是李强所组织的对于城乡居民和城市流动人口的两次问卷调查。一次是 2000 年 11～12 月在北京市丰台区进行的，共完成北京市居民有效问卷 752 份，流动人口有效问卷 493 份；另一次是 2002 年 3～4 月在北京市朝阳区进行的，共完成北京市居民有效问卷 504 份，流动人口有效问卷 307 份。该表主要使用了两次流动人口调查的数据。

此外，农民工的培训，基本上也是靠农民工在就业岗位“干中学”取得的，而没有得到类似于下岗职工的专门转岗培训。

在目前资金有限的情况下，推进非正规就业的经济效益和社会效益都是非常显著的。“非正规部门和非正规就业的迅速崛起是在政府投入极其有限的情况下实现的。发展的成就充分证明了那些动用了国家大量资源的大项目、大工程所创造的经济效益和社会效益远远及不上投入有限、看似分散弱小的非正规部门。”①

正因为如此，国际上一贯非常重视创造非正规就业岗位。比如，亚洲开发银行开发了微型信贷项目，扶持小型家庭企业等微型企业。在菲律宾，这一项目创造了 3.6 万个就业岗位，平均每个岗位的成本只有 5 千比索（合 185 美元），60%的借贷者都是妇女。②

① 胡鞍钢：《非正规部门和非正规就业：特点、障碍及对策》，第 4 页，劳动和社会保障部：“非正规部门就业研讨会”论文，2000 年。

② 努罗·阿明（A. T. M. Nurul Amin）：《亚洲城市非正规部门：政策和战略》，日内瓦，1994 年，第 32 页。

以较低的平均岗位成本的投入创造更多的就业岗位，该政策能为农民工提供更多的就业机会，也是缩小贫富差距、实现社会公平的有效手段。

（3）非正规就业的劳动效率

非正规就业和非正规部门曾被一些人视为低效率的，认为它仅由弱势群体构成、仅仅是具有缓解贫困功能的就业。然而，中国城市农民工的非正规就业是高效率的，它是由具有强大经济活力的精英群体农民工构成的，他们对中国城市建设、经济发展做出了重要贡献。

秘鲁著名社会学家郝南多·迪索托（Hernando De Soto）曾通过一项有世界影响意义的实地研究证明，秘鲁非正规部门的劳动生产率高于正规部门的劳动生产率。该著作题为《另一条道路：第三世界里的看不见的革命》，郝南多·迪索托（Hernando De Soto）根据他本人在秘鲁的长期实地考察证明，秘鲁在20世纪70年代以后的巨大发展，很大程度上是由非正规部门完成的。该书通过详细的资料论证，无论是秘鲁的商业、建筑业还是交通业，非正规部门的效率都大大高于正规的国有企业。[①] 还有其他一些研究也都证明，非正规部门提供了比正规部门价格更低、数量更大、质量更好的产品或服务[②]。

（4）农民工非正规就业满足了城镇居民多方面的劳务需求

非正规就业农民工为城市居民生活提供了多方面的服务，目前已经成为城市服务中不可或缺的重要力量。

随着城镇居民收入普遍提高，对劳务的需求也逐渐增加。非正规就业者由于其商品和服务价格低廉，大大满足了中低收入居民的需要。

李强教授分别对于城市居民和外来流动人口的调查结果表明，无论是北京市民还是外来人口，他们都高度认同外来人口在日常生活服务方面的贡献，具体统计数据参见表4－4、表4－5。

---

① Hernando, De Soto (1990), *The Other Path: The Invisible Revolution in the Third World*, New York: Harper & Row Publisher.

② 国际劳工局：《第十五届国际劳动统计学家大会报告Ⅲ：非正规部门的就业统计》，日内瓦，1993年，第2页。

表4-4 对于"外地人为市民生活提供了便利"的说法，您是否同意?

态 度	北京城市居民		外来流动人口	
	人 数	百分比(%)	人 数	百分比(%)
很不同意	1	0.3	0	0
不 同 意	18	5.6	6	2.0
中 立	37	11.6	27	8.9
比较同意	207	64.7	152	49.8
非常同意	57	17.8	120	39.3
合 计	320	100.0	305	100.0

资料来源：李强：《城市农民工与城市中的非正规就业》，载《社会学研究》2006年第6期，第19页。

表4-5 对于"外地人为北京的发展做出巨大贡献"的说法，您是否同意?

态 度	北京城市居民		外来流动人口	
	人 数	百分比(%)	人 数	百分比(%)
很不同意	2	0.6	2	0.7
不 同 意	22	6.9	2	0.7
中 立	53	16.5	14	4.6
比较同意	197	61.6	127	41.6
非常同意	46	14.4	160	52.5
合 计	320	100.0	305	100.0

资料来源：李强：《城市农民工与城市中的非正规就业》，载《社会学研究》2006年第6期，第19页。

表4-4显示，82.5%的北京市民和89.1%的外来人口都认同于"外地人为市民生活提供了便利"的说法。

表4-5显示，赞同"外地人为北京的发展做出巨大贡献"说法的，在北京市居民中占76%，外来人口中占94.1%，均属于很高的比例。

一些发展中国家的经验也证明，非正规部门在财政收入上往往也有突出贡献。[①] 例如，在菲律宾的圣富尔南多（San Fernando），非正规企

① Harper, Malcolm (1996), "Urban Planning and the Informal Sector", Regional-Development-Dialogue, Spring, No. 1 (Volume 17), pp. 97-112.

业向城市当局交纳的费用中“税收占总费用的47%，收费占46%，租金占7%，平均每个企业年交费1100比索，62%的企业都交纳了税费。这些年度交费约占每个企业平均使用资本的1/3，为城市财政总收入的41%。”① 所以，只要管理适当，非正规部门和非正规就业是可以做出巨大的“正规”贡献的。

2. 非正规就业对农民工城市进入的阻碍作用

（1）非正规就业造成了农民工作为受雇方被一定程度的剥削

一般来说，企业在安排员工结构时，往往是对管理人员和高级技术人员采用正规的就业形式，而对低技术和没有技术的农民工采用非正规的就业形式。前者可以获得较高的工资，并且享有完善的社会保障，而后者不仅工资收入低、工作强度大、劳动时间长，而且没有社会保障和其他福利，没有权利参与社会三方对话。虽然，非正规就业为农民工提供了就业和获得收入的机会，为雇主和企业带来了经济效益，但是这个机会却是以受雇方忍受较大程度的不公平为代价的。长此以往，则会加深农民工与雇主和企业的矛盾。随着时间的推移，第一代农民工由于年龄较大，逐渐退出劳动力市场，而大量第二代农民工成为非正规就业的主力，这种不公平的待遇，会使他们徘徊于非正规就业之外，延缓了农民工城市进入的程度。

（2）非正规就业的长期存在将带来城市劳动力市场二元结构的固化

蒋黔贵说，进城务工的农民工绝大多数只有初中和小学文化程度。大量的农村人口转移从事非农生产，虽然有利于中国企业保持劳动力成本方面的竞争优势，但对产业升级和企业管理水平提高带来新的挑战。因此，应特别注意防止出现城市劳动力市场二元结构固化现象的产生。

农民进城后由于自身劳动力素质的原因，劳动力市场歧视必然存在，而劳动力市场歧视和市场分割的延伸导致的高昂流动就业成本和就业门槛，使许多农民工放弃了进入城市正规部门就业的努力，转而选择在技能要求较低同时工资水平也较低的非正规部门就业。低微的收入使

① 努罗·阿明（A. T. M. Nurul Amin）：《亚洲城市非正规部门：政策和战略》，日内瓦，1994年，第44页。

得农民工没有足够的经济能力进行人力资本投资，同样，很低的人力资本投资预期收益也使他们不愿意或者很少进行人力资本投资。这种恶性循环会导致农民工的低人力资本化同城市正规就业拒绝接受农民工的固定模式，从而使二元劳动力市场结构固化。进城农民工中个人能力相对较差的，很有可能会沦落为城市贫民或者最终离开城市返回到农村中去。

（3）过多的非正规就业易导致国民经济在低水平徘徊，最终不利于农民工城市进入

非正规就业者的收入水平普遍较低，绝对消费量低，在商品出口需求不变的情况下，消费量低表现为需求不足，这反过来，将减弱经济增长的推动力，使宏观经济陷入恶性循环。低收入群体的增加还将继续增加对非正规部门提供的低价商品和服务的需求，导致非正规部门进一步膨胀。同时，由于非正规部门缺乏稳定感，许多经营单位没有长远的发展目标以及与之相适应的发展战略，在激烈竞争的环境中，许多从业人员短期行为严重，这种短期行为导致许多非正规难以向专业化的方向发展，难以扩大规模，无法实现向正规部门的转化，从而不利于其融入主流经济中。因此，非正规就业者的过度增长，将导致国民经济在低水平徘徊。① 这种形态不利于产业结构的升级和优化，也不利于劳动生产率的提高，最终影响农民工市民化进程中的资金积累以及农民工就业环境的进一步改善等一系列问题。

因此，我们在推进农民工市民化的进程中，既要看到非正规就业短期内对农民工城市进入的正向功能，同时也要注意到大量非正规就业的存在，长期对经济的不利影响以及对农民工城市进入的负向功能。为解决与农民工城市进入的就业制度提供全面的思路和视角。

（三）推进农民工就业制度一体化

1. 劳动力市场一体化的障碍

（1）劳动力市场行政分割对农民工城市进入的限制

从世界主要国家的劳动力市场发展历史来看，劳动力市场的分割一

① 李军峰著：《中国非正规就业》，河南人民出版社2005年版，第85页。

般分为两种情形：一种是纵向的劳动力市场分割，是指劳动力职业等级的客观界限，也称技术分割，这种分割源于劳动者个人素质及受教育培训程度的差距；另一种是横向的劳动力市场分割，是指劳动力的单位分割、产业分割、城乡分割、地区分割。中国的劳动力市场主要是横向的分割，这种横向分割更多表现为行政分割，而行政分割更多的是以加强流动人口就业管理的借口而存在的，主要体现在一些地方政府与户籍有关的规章制度中。

行政分割直接导致三种歧视：一是对本地农村劳动力的歧视，二是对外地农村劳动力的歧视，三是对外地非农劳动力的歧视，其中对“农民工”的歧视最为典型。尽管在20世纪90年代中期对于进城务工的农村劳动力中央就出台了“公平对待、合理引导、完善管理、搞好服务”的大政方针，基于农业户口和非农业户口划分的户籍制度对城乡就业的影响已经不如以前，但仍然和基于地方财政体制构建的公共管理体系在一起，成为分割劳动力市场的基础性要素。[①] 其具体表现为如下[②]：

第一，户籍制度对劳动力市场的分割。

在我国计划经济体制中形成的户籍制度把城乡居民人为地划分为两个在权力、机会和风险方面存在极大差异的群体。为减少工业化的成本，我国采取严格户籍制度，限制城市人口。其结果是，形成了以户籍为基础截然不同的城乡就业制度。城市居民天生就享受充分的保障，并形成强大的既得利益集团，在改革的过程中，地方政府代表城市居民的利益，采取一系列政策手段，排斥外地农民工在城市就业，阻碍劳动力流动，导致劳动力市场的继续分割。如上海市劳动局在1995年2月发布的《上海市单位使用和聘用外地劳动力分类管理办法》，将行业工种分为三类：A类是可以使用外地劳动力的行业工种；B类是调剂使用外地劳动力的行业工种；C类是不准使用外地劳动力的行业工种。首批C类行业和工种为：金融和保险行业、各类管理业务员、调度员、商场营业员、星级宾馆与饭店前厅服务员、话务员（总机接线员）、核价员、

① 杨云彦、蔡昉、陈金永、王德文：《城市就业与劳动力市场转型》，中国统计出版社2004年版，第69页。

② 杨云彦、蔡昉、陈金永、王德文：《城市就业与劳动力市场转型》，中国统计出版社2004年版，第69~70页。

司磅员、出租车驾驶员、各类售票检票员、电梯工、设备保全工、描绘图工、文印工、各类抄表员、库工、门卫、分析、检验、计量、调试工。[①] 上海市的做法作为推进再就业工作的成功经验在全国许多城市产生了强烈的示范效应。随后，青岛市也出台了《青岛市城镇单位招聘使用外来劳动力管理办法》，规定了允许使用、禁止使用和调剂使用的三类标准。北京市也于1997年开始发布对外地人员用工行业、工种等方面的限制，规定了允许使用外地人员的12个行业和约200个工种。[②]

这些城市偏向政策，有的是产生于计划经济体制，有的是产生于改革过程中的利益分配，不仅很难得以克服，而且不合时宜的政策被不断地复制出来，严重阻碍着农民工城市进入以及农民工城市融合的进程。不论是过去还是现在，农民工都是就业体制中的弱势的群体。

第二，生产资料所有制形式对劳动力市场的分割。

我国劳动力市场的另一个特色就是按照就业者所在单位的所有制性质，将劳动力划分为“全民所有制（也就是国有）”职工、“集体所有制”职工及“个体户”等就业类型。城镇部分集体所有制职工、个体经营者、私营企业和“三资”企业中的中方职工远不能享受到全民所有制职工那样优厚的社会保障，这种单位成为劳动力就业的首选，但为了减轻财政负担，计划部门对全民所有制单位的用人权作了严格规定，这种规定往往和户籍有着密切的联系。一般来说，只有经由劳动部门和人事管理部门审批的人员才能以工人或者是干部的身份进入；城镇集体所有制职工所能享受到的保障相对较少，用工限制也随之小些；个体经营者、私营企业和“三资”企业的职工享受的保障最小，用工限制也最少。不同就业类型所享有的权益和承担的责任有明显的差异，而且在不同所有制之间的流动，特别是向高保障类型的流动是相当困难的。

据国内一些机构和部门近些年对农民工问题进行的专项调查结果表明，城市与农村劳动力流动相关的制度性和政策性障碍尚未真正拆除。由于制度和政策的歧视，农民工的生产与生活条件尚未出现根本性的改

---

① 转引自梅金平著：《不确定性、风险与中国农村劳动力区际流动》，中国财政经济出版社2003年版，第59页。

② 蔡昉主编：《2002：中国人口与劳动问题报告》，社会科学文献出版社2002年版，第237～240页。

善，实质上已成为城市社会中地位最低而又最孤立的最大弱势群体。

（2）农民工权利受到侵害

从目前来看，进城的农民工大部分从事的是所谓“五最”：最苦、最累、最脏、最险及城市人最不愿意干的体力劳动。他们工作时间长、工作环境恶劣、缺乏劳动保护、劳动强度大、劳动合同签约率低、社会保险覆盖面小，特别是拖欠和克扣工资严重，这是多数农民工权益屡受侵犯的具体表现。

据劳动保障部的消息，我国城镇灵活就业、非正规就业人员已经超过1亿人，人数最多的是进城务工的农民工和下岗失业人员，这两部分人约占灵活就业人员总量的80%～90%。在中国城镇正规部门本身就存在大量冗员，农民工相对城市职工素质较低，同时又在政策上遭遇不公平的待遇。这样，从农村走向城市的农民工，无法涉足城市正规就业，只能通过非正规就业生存，加强了他们在城市就业的不稳定性。非正规就业本身就存在如下问题：（1）劳动契约松散。用工不规范，稳定性差，出现纠纷时双方均无法用法律手段保护自己。（2）社会保障无法接续。非正规就业人员普遍没有建立社会保险。（3）劳动报酬低，甚至达不到法定的最低工资标准。（4）职业层次低，工作不稳定。（5）组织化程度低，劳动权益容易受到侵害。非正规就业组织结构松散，从业者较难联合起来，保障自己的权利。职业安全、人身安全和人格尊严得不到有效的维护。①

另外，随着农民工进城务工方式逐渐由单身向家庭化方向转变，农民工子女教育问题愈加突出。据有关统计，1亿多农民工带出的学龄子女保守估计也有两三百万人。据有关部门统计，一些城市中小学拒收或收取高额借读赞助费，造成农民工子女就学率普遍低下。在北京300多万流动人口中，6～14岁儿童有10万多人，但就学率仅为12.5%，大量农民工子女辍学。农民工子女就学难也反映了我国城乡分割的义务教育体制的弊端。任其下去，必将引发农民工及其子女的强烈抵触情绪，进而发展成为影响社会安定的因素。

① 中共成都市委党校课题组：《中国城乡劳动力市场一体化的障碍与对策研究（下）》，载《经理日报》B03版，2005年12月30日。

2. 构建一体化劳动力市场的建议

市场经济要求形成全国统一的劳动力市场，使劳动力资源在全国范围、城乡之间进行有效配置。这不仅有利于农村劳动力在城乡之间合理流动，也有利于城镇人口就业，城乡一体化是我国劳动力市场建设的目标模式。

实现城乡劳动力市场一体化必须有针对性的工作重点。在我国行政力量对劳动力市场的干预是形成劳动力市场行政分割的根源，它使我国劳动力市场呈现出二元甚至多元的结构，破坏了劳动力市场运行的基础，使农民工城市进入和向城市的融合问题无法从根本上得到解决，并成为导致其他一系列社会经济问题的症结。

20 世纪 90 年代中国政府对农民工进城实行“公平对待、合理引导、完善管理、搞好服务”的方针，对农民工进城就业加强引导和服务，建立了劳务协作制度、就业服务制度、重点监控制度等有效的管理服务制度，充分发挥政府在信息导向、管理服务方面的职能作用。在此基础上，还大力加强公共就业服务机构建设，建立健全劳务用工信息网络，开展用工信息调查并及时分析发布企业用工需求信息。我国政府致力于加强农民工职业培训，制定《2003 ~ 2010 年全国农民工培训规划》，计划在七年内对拟转移的 6000 万农村劳动力开展引导性培训和职业技能培训，提高农民工整体素质和就业能力。可见，中国政府从国民经济和社会发展的全局出发，积极采取措施，引导和促进了农民工城市进入。

城市政府还应在城乡劳动力市场一体化的建设中承担起政府应当承担的责任：首先，政府应加强对进城就业农民的劳动技能培训，不断提高农民工的文化素质和就业能力，扩大择业的范围，提高就业质量。其次，政府应建立健全农民工进城就业的社会服务体系，及时传递就业信息，不断提高农民工进城就业的社会组织程度。第三，政府要加大对进城就业农民工合法权益的保护力度。建立和完善相关的法律、法规和政策，加大劳动监察执法力度，完善劳动合同管理制度和最低工资制度，严厉查处拖欠克扣工资、随意延长工时等问题。加强对进城就业民工的法律知识教育，增强自我保护的意识和能力，并建立相应的法律援助制度。第四，在条件允许的时候应逐步将进城就业农民工的子女纳入当地的义务教育范围。第五，政府要建立健全进城就业农民工社会保险制度。把进城就业农民纳入用工单位强制性工伤保险和医疗保险的范围。

第五章　劳动力市场与农民工城市进入

一、农民工就业劣势性及其局限性

（一）农民工就业现状

尽管农民工为城市建设做出了巨大贡献，但他们在社会上总体地位不高，工作和收入不稳定困扰着他们中的许多人。

1. 农民工总人数庞大

从总体上看，中国农村低技能劳动力长期供大于求，且农民工增长近于“饱和”的动态平衡。目前，全国有约4.89亿农村劳动力，除去从事农副业者及在乡镇企业工作者外，仍有1.5亿剩余劳动力，他们中大部分转向了城市。① 近几年来，农村每年外出的农民工数量变化不大，其变化来源主要是未能考上高一级学校的小学或初中毕业生（对一个行政村来说，是一个很小的数量），因而，每年外出数量的农民工处于一种相对平稳的状态。我们把这种数量相对平稳状态称之为劳动力外出数量的“饱和”。农民工向城市的进入总量比较稳定，只有每年相对较少的从中小学校毕业、失学学生加入到打工者的行列。

① 叶晓楠：《共同关注农民工疾苦：“民工潮”到“民工荒”》，载《人民日报（海外版）》（第四版），2004年11月26日。

2. 农民工非正规就业特征明显

(1) 农民工受教育程度较低。农民工大多为初中文化程度，受教育年限为8.01年，接近初中毕业，比未外出者高1.74年①，但远低于城市中10.2年的教育年限②。

(2) 求职手段低。农民工求职基本上是利用初始的社会网络，武汉大学经济研究所课题组2005年3月对武汉市进城农民工的问卷调查表明，有86.02%的人是以熟人介绍或是自我雇佣的方式进入城市打工，而不是通过正规的劳动力市场。

(3) 职业选择面窄。农民工大多从事城市居民不愿从事的“脏、累、苦、险”等职业，如清洁工、建筑工、保姆、服务员等工作。

(4) 工资待遇差。农民工在次属或非正规劳动力市场上，普遍存在超时间工作、超强度劳动，而工资却极低，又没有什么福利待遇，不享有城市居民所拥有的住房、医疗、失业、义务教育、养老等方面的社会福利，也没有被纳入“三条保障线”内。大量调查发现，农民工的工资收入基本停留在十多年前的水平上，扣除物价因素几乎是零增长乃至负增长。

(5) 农民工讨薪难。农民工大部分没有和企业签订合同，没有加入工会，更没有自己的农民工组织，工资被有意拖欠，农民工讨薪成本高昂，至少是收益的三倍③。

3. 对农民工的管理制度存在一些缺陷

如在外来人口比较集中的地区，当地政府城市发展规划和社会各种公共服务规划并没有考虑到这部分人的存在和需要，对这些人的社会管理费用也没有包括在政府的正常财政预算中。

(二) 对农民工就业劣势的不同解释

1. 制度障碍导致农民工就业劣势

不少学者把农民工的不公正待遇认为是人为造成的，是以户籍为代

---

① 白南生、何宇鹏：《回乡，还是进城？——中国农民外出劳动力回流研究》，出自李培林主编：《农民工——中国进城农民工的经济社会分析》，社会科学出版社2003年版，第13页。

② 按2000年人口普查，农业劳动人口人均受教育年限仅为7.33年，而城市是10.2年。

③ 《农民工讨薪成本至少是收益三倍》，http://www.nc365.cn/Article_Show.asp?ArticleID=1416，2005年6月21日。

表的种种限制导致的。如蔡昉等通过分析测算得出，农民工和城市本地劳动力的工资差异中，只有 24% 能够被个人特征的差异所解释，而剩余的 76% 是由户籍制度和其他一系列城市偏向福利体制所造成的劳动力市场上的歧视政策带来的。① 并由此提出政府应发挥积极作用，打破这些壁垒，减少劳动力市场的扭曲，建立统一的城乡劳动力市场。进入 21 世纪以来，部分省市（如浙江省、宁波市、石家庄市等）颁布了硬性条件，解除对农民工的种种限制，但农民工的近况并没有发生根本的变化。② 放开限制和降低留城市户口的门槛并不必然带来经济门槛和素质门槛的降低，反而由以前单纯的户籍有形壁垒，转变成了学历、技能、高昂住房费用等无形成本。因此，是否笼统的提出户籍改革、建立统一劳动力市场就能根本解决这一难题值得商榷。

2. 农民工人力资本和社会资本缺乏导致其就业劣势

曾旭辉的研究表明在非正式劳动力市场中，进城农民工的教育回报并不十分明显，工作年限不仅失去人力资本积累的意义，甚至还影响了收入的增加。③ 人力资本缺失不是农民工处于劣势的唯一原因，社会资本的匮乏也是一个重要方面。如果把社会资本定义为社会网络，认为表现为血缘、亲缘、地缘形式原始的“强关系”在低级的劳务市场上发挥重要作用，而利用业缘等“弱关系”在首属劳动力市场更容易发挥作用。研究表明，人力资本越高则拥有和获取社会资本的能力越强，而对于初次进城打工的农民工来说，社会资本的作用远远大于人力资本。④ 因此，提出加快培养人力资本和提升社会资本。

3. 农民工由于信息能力弱势导致就业劣势

郑英隆认为农民工能力弱势的一个重要方面是信息能力弱势，由于信息不对称，农民工在劳动力价格、社会保障、公共产品享用、文化娱乐消费上表现出来的弱势很大程度上与其弱信息能力有关，提出增强农

① 蔡昉、都阳、王美艳著：《劳动力流动的政治经济学》，上海三联书店、上海人民出版社 2003 年版，第 220 ~ 221 页。

② 冯宪：《农民工进城和留城的政策刍议》，载《现代经济探讨》，2005 年第 7 期。

③ 曾旭辉：《非正式劳动力市场人力资本研究——以成都市进城农民工为个案》，载《中国农村经济》，2004 年第 3 期。

④ 周玲：《社会资本与农民工就业问题研究》，武汉大学硕士学位论文，2004 年。

民工信息能力，特别是准产业工人地位和市场结构交换能力。[①]

4. 缺乏相关利益集团的推动引起农民工利益受损

新制度经济学的利益集团相关理论表明：在劳动力供过于求的宏观环境中，农民工的分散化和普遍存在“搭便车”的行为以及一些政策上的失误，使得当前中国社会难以出现真正意义上的农业利益集团，农民工无法形成有效的组织，产生自发自觉的集体行动改善自身的处境。[②] 因此，建议组建农业利益集团来解决“三农”问题。

5. 政府的作用不到位导致农民工就业劣势

对于农民工的种种不公平待遇，很多研究都提出由政府发挥主导作用。如由政府加强教育、提供中介服务来减少信息不对称、甚至提出对企业工资的确定、合同的签订和社会保障进行强制性的管制，将农民工纳入工会组织来推动农民工的发展，增进农民工的权益。

6. 不同文化特质、生活方式引起农民工劣势处境

社会学家认为城市具有别于乡村的一整套社会与文化特质。农村生活体验以及由此而形成的心理的、思维的、人格的特点无法适应现代城市生活。农民工进入城市，不仅体现为地域空间的迁移、社会角色的转变，更体现为一种精神空间的迁移。这种城乡之间的“文化震荡”让农民工不知所措，而又无法抗拒，[③] 农民工在城市中无法获得相应的归属感，依然是城市中的边缘人[④]。

（三）对农民工就业劣势解释的局限性以及“二元劳动力市场”理论

1. 对农民工就业劣势解释的局限性

以上对农民工就业劣势成因的六种不同解释，均是从不同角度和不同侧面对农民工就业现状进行描述和分析，对农民工市民化的城市进入环节具有非常强的借鉴和指导意义。但是在现实中，户籍制度的改革非

① 郑英隆：《中国农民工弱信息能力初探》，载《经济学家》，2005 年第 5 期。

② 闫威、夏振坤：《利益集团视角的三农问题》，载《农业经济导刊》，2004 年第 1 期。

③ 江立华：《论农民工在城市的生存与现代性》，载《郑州大学学报（哲学社会科学版）》，2004 年第 1 期。

④ 米庆成：《进城农民工的城市归属感问题探析》，载《青年研究》，2004 年第 3 期。

一朝一夕能够完成，同时人力资本的提升和社会资本的积累以及文化演变需要一个长期的过程，信息不对称更是现实经济生活中的常态。政府对农民工就业领域的各项措施，是否存在政府失灵，即是否存在矫枉过正或者无法达到预期良好目标，都是值得研究的问题。

2. “二元劳动力市场”理论

与传统的新古典经济学劳动力市场理论①不同，由新功能主义社会学家皮奥雷（Michael J. Piore）提出的劳动力市场二元结构理论认为：劳动力市场不是统一和完全竞争的，而是被分割为两大部分，即在现代工业社会中存在着第一（首属）和第二（次属）的二元劳动力市场，不同市场上的劳动者的就业条件和工资决定机制具有不同的特征。首属劳动力市场提供的工作工资较高，工作条件较好，就业比较稳定，福利优越，在工作制度和行政管理上有适当程序和规则，就业者有较多的晋升机会。相比较而言，次属劳动力市场提供的工作一般具有工资较低、工作条件较差、就业不稳定、缺乏福利、管理不规范、个人缺乏升迁的机会等特点。首属劳动力市场上的劳动力需求者主要是正规部门，该市场对应的是正规就业；而次属劳动力市场上的劳动力需求主要是非正规部门，如劳动力密集型的中小企业等，产品需求变化比较频繁，不稳定的就业队伍正好符合他们的要求，因此，该市场对应的是非正规就业。进入次属劳动力市场就意味着贫困，要摆脱贫困，就必须进入首属劳动力市场。这两个劳动力市场之所以是“二元”的，是因为两者之间相互隔绝，首属市场的求职者宁愿等待就业机会也不会到次属市场中谋职，而次属市场的失业者也可能由于社会制度、人力资本等因素根本不可能进入首属劳动力市场。

该理论比较准确地揭示了当前工业社会中劳动力市场的基本状况，为分析我国城市社会中的农民工就业市场提供了一个极具价值的理论视角。因此，我们认为，农民工劳动力市场与其他市场一样，也是由市场交易双方、市场中介、市场交易规则、市场交易过程几个方面构成的。

---

① 新古典经济学劳动力市场理论认为，劳动力市场是统一和竞争的，个人在劳动力市场上的位置以及他们能够得到的收入主要由他们人力资本的拥有量，即受教育的水平、接受的培训和工作经验决定，由较高人力资本存量的人体在劳动力市场上能够占据较好的位置，获得较高的收入水平。

本章欲通过对劳动力市场各个主体和各个环节进行经济学分析，以期加深对农民工就业问题的研究。

二、农民工就业市场的经济学分析

（一）农民工就业困境

按照亚当·斯密的分工理论，由于竞争力，所有工作的净利益趋于相同，因此，那些脏累和危险的工作以及需要更多教育和培训投入的工作，就必须高工资，以便对那些损失做出补偿。[①] 这非常符合“补偿性工资理论”，即在员工的特征不变的前提下，从事较差工作的员工得到的工资高于那些在较舒适的条件下工作的员工。高出的部分工资是吸引人们接受不愉快工作条件所必须的差别补偿，即补偿性工资。[②] 而接受更多的教育和培训的人由于付出了更多的成本，需要更多的工资补偿，符合人力资本理论。但补偿性工资理论能够成立必须在三个假设前提之下：一是员工追求效用（而不是收入）最大化，二是员工了解对他们十分重要的工作特征信息，三是员工可以有一系列可供选择的工作机会，即员工的流动性。[③] 现实中，农民工干脏累和危险的工作，但是他们更多的是追求收入最大化，而不是效用最大化，他们虽然了解工作的重要性，但是缺乏可选择的替代性工作。因此，农民工无法得到相应的高工资作为补偿。同时，又由于农民工人力资本和社会资本先天积累不足，无法顺利进入首属劳动力市场使其获得人力资本高回报率的收益，农民工陷入恶性循环的就业困境之中。

劳动力市场是由供求双方的力量对比决定的。从总体上看，农民工

---

① 德思克·博斯沃思、彼得·道金斯：《劳动市场经济学》，中国经济出版社2003年版，第415页。

② 曾湘泉：《劳动经济学》，复旦大学出版社2003年版，第194~195页。

③ 曾湘泉：《劳动经济学》，复旦大学出版社2003年版，第197~198页。

总供给的绝对数量远远大于总需求，使需求方成为农民工就业市场的主导力量。农民工被动地服从这种分工，成为绝对劣势群体。

（二）农民工就业分析的前提假设

为了便于分析，我们设定前提假设如下：

1. 每个主体都是理性的主体，追求自身利益最大化。在经济生活中，每个主体都会面临不同的选择，但都遵循自身利益最大化的原则，这也是进行经济学分析的起点。

2. 农民工群体是一个匀质的群体，受教育水平较低。从整体上来看，农民工文化程度较低，尽管农民工内部已经出现了分化，但大多数研究还是将其视为一个整体。

3. 市场上充满着信息不对称。信息不对称是市场中的常态，人们由于种种主观或者客观的原因，无法准确和完全的获取市场信息，这种不完全信息的状态影响着人们的行为选择。

4. 每个主体存在机会主义行为。威廉姆森把人们一有机会就会不惜损人而利己的“本性”，称之为机会主义。即经济生活中的人，不断地调整自己的行为和目标，总是尽最大能力保护和增加自己的利益。由于信息不对称的普遍存在，市场上交易主体不但要保护自己的利益，还要随时提防对方的机会主义行为。

5. 工资水平与技能高低成正相关关系。在有效的劳动力市场上，按照人力资本理论，拥有越多的人力资本存量则越有能力获得较高的工资，技能水平作为劳动力先天和后天的积累，对工资有着决定的影响。

6. 外在制度因素不变。毋庸置疑，制度因素在经济发展中具有重要的作用，合意的制度会对经济起促进作用，而不合意的制度却会阻碍经济的发展。正如前文所述，我国以户籍为基础的相关制度对劳动力市场有着重要制约作用，但在短期内，制度因素是既定的，且此处是专门针对劳动力市场供需方微观个体行为的讨论。

（三）农民工就业市场需求方分析

1. 农民工需求方主体构成及其目标

（1）需求方主体的构成。农民工所处的次属劳动力市场需求方主要是指厂商或企业。在现实中，既有国有企事业单位，也有集体、民营、三资企业等，在这些企业中既有主管人员、技术性工人等正式员工，负责与企业管理和技术有关的重要工作；也有以临时工等方式存在的工人，这部分人的工作性质简单，没有任何福利待遇，随时面临解雇的危险，农民工往往是属于其中。

（2）厂商目标。在经济学分析中，我们把厂商作为理性主体。尽管我国的市场化改革仍在进行中，依然有不完善之处，但大部分企业作为市场竞争中的主体，按照市场规律运作。因此，企业目标可以设定为追求企业利润最大化，即企业通过各种方式，提高利润水平。如在成本既定的情况下，追求产量最大化，或者在产量水平既定的条件下，通过控制成本或改善企业管理效率等方式，追求成本最小化。

（3）厂商对劳动力需求的影响因素。生产要素市场上的需求与传统产品市场需求具有很大不同。在产品市场上，需求主要来自消费者，消费者为了直接满足自己的吃、穿、住、行等需要而购买产品，因此对产品的需求是所谓的“直接需求”。与此不同，在生产要素市场上，需求不是直接来自消费，而是来自厂商。厂商购买生产要素不是为了自己的直接需要，而是为了生产和出售产品以获得收益，因此厂商对生产要素的需求不是“直接需求”而是“派生需求”或“引致需求”。又由于厂商对生产要素的需求具有共同性和依赖性，劳动力需求不仅受到产品产量的影响，而且受到资本和技术等因素的影响。长期中，资本、劳动力和技术等能够不断调整，以达到企业目标。但在短期内，资本、技术可以视为不变因素，在生产能力水平既定的条件下，企业追求成本最小化。

2. 厂商招聘方式——基于交易费用的解释

（1）引入交易费用的厂商成本理论

由于信息不对称和机会主义行为的存在，劳动力市场各方在保护自己利益的同时，还要随时提防别人的机会主义行为。每一方都不清楚对方是否诚实，都不敢轻率地以对方提供的信息为基础，而必须以自己直接收集的信息为基础做出交易决策。因此，机会主义的存在使交易费用提高。交易越复杂，交易费用提高的幅度也越大。一切足以引起提高市场交易费用的其他因素都是通过人的机会主义行为，才会具体转化为交易费用的上升。

因此，交易费用对厂商行为具有很大的影响。此时，厂商的成本不仅仅是传统意义上的生产费用，还要包括交易费用。我们把厂商成本公式可以写成：

$$厂商成本 = 生产费用 + 交易费用$$

生产费用是指企业为购买生产要素所花费的成本，如购买原材料的费用、资本的利息、给劳动力支付的工资等。为了便于分析，我们假定生产要素只有资本和劳动力，且资本为常数，产量只是与劳动力有关。因此，产量可以写为只与劳动力有关的函数：

$$Q = f(L), \bar{K}$$

其中 Q 表示产量，L 表示劳动力，K 表示资本。

交易费用是指单位之间采用市场、企业和社会网络进行联系时所发生的费用。这种费用在企业中表现为监督管理费用和由于实行企业制度而引致的各种官僚体制费用等，在社会网络中主要表现为为了维持网络的存在所发生的仪式费用，在市场上主要表现为签约、合同履行等费用。① 厂商通过各种方式搜寻信息，不断地降低信息不对称和成本。

现在，我们将生产费用和交易费用合起来研究，在短期内，厂商产量既定，追求总费用的最小化，假定产量为常数 Q_1，产品市场价格既定为 P_1，生产费用为 C，交易费用为 Tc。

厂商的利润函数可以写为：

$$\pi = P_1 \times Q_1 - C - Tc$$

求一阶导数，其利润最大的条件是

$$\partial\pi/\partial C = 0 \qquad \partial\pi/\partial Tc = 0$$

即当交易费用和生产费用对利润的边际贡献相等时，厂商实现最大化的利润。②

厂商在具有绝对自由选择权时，会根据实现交易费用和生产费用最

① 张其仔：《社会资本论——社会资本与经济发展》，社会科学文献出版社 1999 年版，第 193 页。

② 张其仔：《社会资本论——社会资本与经济发展》，社会科学文献出版社 1999 年版，第 193 页。

优原则，调整自己的行为。在选择劳动力时，厂商将遵循下列规则：在其他条件不变的情况下，企业主优先选用和他关系最紧密、空间最接近和最优能力的人员。[①] 也就是说，工作能力、学历水平、性别等完全相同，且同时胜任工作的条件下，厂商为有效避免信息不对称，更喜欢选用“熟人”，这里的熟人既可以是来自亲友和员工的推荐，也可能是由于成长环境等地缘因素的影响。

（2）厂商招聘方式的选择

具有充分自主招聘权的厂商在现实中，可以采用两种方式招聘，一种是正规招聘，另一种是利用社会网络非正规的招聘。正规招聘在以前表现为接收国家劳动部门和人事管理部门审批的人员，其中正规分配的毕业生是主要部分，但目前更多的是劳动力市场招聘，采取正规的程序和手段，与所招聘人员签订合同，并提供一系列完善的工资福利制度和配套培训等。与正规招聘相反，非正规招聘更多是使用以亲缘、血缘、地缘为基础的社会网络，通常不经过劳动力市场，不采用正规招聘程序，以口头协议为主，没有相应的福利制度和培训等。

厂商面临着两种不同素质的劳动力：一种是高素质劳动力，他们拥有较高的人力资本存量，具备较高的工作和管理技能；另一种是低素质劳动力，他们的人力资本存量较少，劳动技能较低，农民工和城市失业下岗员工是其主要组成部分。在没有任何外部制度性（如以户籍制度为代表偏向城市的制度安排）干扰的情况下，农民工和城市失业人员会是主要的竞争者，但本章中主要讨论农民工就业市场中的农民工就业，将对城市失业人员的分析略去。

为实现短期产量既定下的成本最小化目标，厂商必须通过不同用工方式组合来降低成本，提高企业管理效率，以影响利润水平。此时厂商选择最优的原则是两种方式招聘的劳动力对厂商利润的边际贡献相等。由于在劳动力市场正规招聘的交易成本较高，厂商更倾向于交易费用较低的社会网络来降低成本。因此，只有在通过劳动力市场正规招聘的劳动力较通过社会网络选择的劳动力更为有利时，社会网络才能被市场所替代。

---

① 张其仔：《社会资本论——社会资本与经济发展》，社会科学文献出版社 1999 年版，第 194 页。

对于技术和管理这些重要岗位，厂商主要通过劳动力市场正规招聘方式，其主要原因是，这类工作性质重要，对工作人员能力有较高的要求，但由于其能力在短期内难以测定，要完全了解求职者的情况，需要较高的交易成本。因此，学历成为信号甄别的工具，高学历或某种技术资格证书成为这类工作的基本准入门槛。又由于双方都处于信息不对称状态，企业采用正规人才市场招聘方式，经过招聘、面试、签约等程序并对这类人群提供比较完善的工资和福利待遇，来表示其诚意，增强二者间的信任感，同时又达到制约求职者机会主义行为的效果。这种对双方都有利的招聘方式，可以保证厂商招聘到合适的人才。如果仅以社会网络招聘，很可能由于招聘范围狭小，导致招聘到的人能力不足，造成厂商较高的经济损失。

对于辅助性的、非技术性的工作，因为对其工作人员的素质能力要求较低，所以，更容易以社会网络方式招聘，这样，厂商可以大大降低其交易成本。利用血缘、亲缘、地缘为基础的社会网络对交易费用的节约首先表现在有利于成员间的合作与彼此信任。在现实中，亲友或熟人向厂商推荐的过程，传递了求职者踏实肯干的人格品质以及能够胜任工作的能力，厂商也仅以口头承诺的方式表示其工作条件和工作待遇，招聘很可能在很短的时间内完成，同时双方也会遵守默认的潜规则，如建筑行业中，有活就来干，没有活就走，或者是劳动者身体不好就自动离开，厂商在年底时会按时发出工资，双方不签订任何书面协议等。这种非正规的招聘方式大大节省了协议谈判、拟订和执行的时间、精力和费用。因此，作为追求利润最大化的企业，在雇佣劳动力占有绝对优势地位时，对较低素质的农民工多采用社会网络等非正规方式招聘，并且安置在那些无特别技术要求的岗位。用图 5－1 来表示厂商招聘方式的选择。

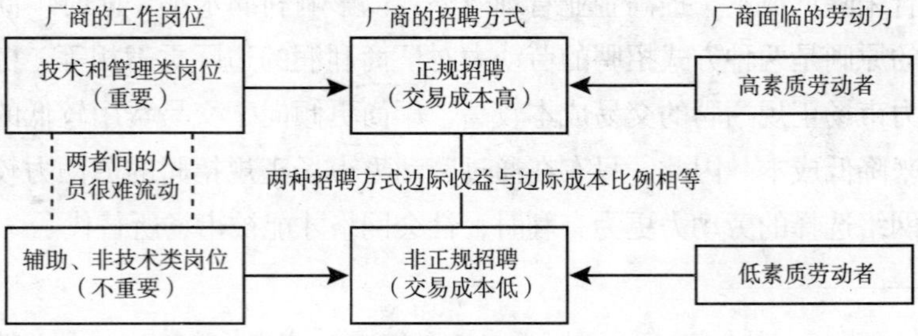

图 5－1　厂商招聘方式的选择

3. 农民工同工不同酬现象的解释

按照同样技能应得到相同工资待遇的假设，农民工虽然是以非正规的方式招聘进来的，理应有相同的待遇，但是农民工就业中所面临的同工不同酬现象却是普遍存在的。

按照内部劳动力市场理论，在企业内部实际上也存在两种劳动力市场，一种是内部劳动力市场，具有首属劳动力市场的性质，工资高、工作条件好、就业稳定、职业有保障、权利平等，在工作制度的行政管理上有适当的程序和规则，并有较多的晋升机会，其工资并不是由工人的边际劳动生产率决定，而是由其在内部劳动力市场中的劳动阶梯所处的位置所决定的，即由职位本身决定的。由于历史和制度原因，只有经过正规招聘的人力资本才能成为内部劳动力市场的一员。另一种是与内部劳动力市场相对的外部劳动力市场，具有次属劳动力市场的性质，工作条件差、就业变化大、要求苛刻、随意给予纪律处分以及晋升机会较小等特点。该市场上的工资是由劳动力的供求决定的，虽然处于次属劳动力市场上的农民工也可能胜任首属劳动力市场的工作，但由于无法进入首属劳动力市场，从而失去在其中谋职的机会。多瑞格和辟奥尔有力地论证了内部劳动力市场对员工和公司都有利：对员工来说，员工取得工作安全性、晋升的机会、股票收益和内部劳动力市场提供的正当所得。① 对厂商来说，厂商可以降低劳动力周转率，提高招聘和培训的效果，稳定高效的集体可以有效推动企业的发展，与此同时，企业内部市场劳动力形成稳定强大的利益集团，与外部劳动力市场形成以学历、技能等为主的严格界限，二者之间无法顺利流通。为实现企业或内部市场劳动力的集体利益，共同对外部市场劳动力形成的利润进行瓜分，如采用低工资、无福利待遇、临时工的方式进行雇佣。

这样一来，一方面厂商实现了低成本的扩张，并且增强了企业凝聚力，即管理效率的提高，另一方面加深了两者之间的不平等。李培林等1995年对508家工业企业的调查分析发现，企业正式员工的工资与临时工

① 德思克·博斯沃思、彼得·道金斯：《劳动市场经济学》，中国经济出版社2003年版，第334页。

的工资差距越大则企业的效率越高。[①] 因此，在企业内部，劳动者由于一开始所进入的市场不同，即使面临相同的工作，也不能取得相同的报酬。

农民工大都没有接受过较高的教育水平，劳动技能水平低，很难进入以学历、技能等为障碍的企业内部劳动力市场，只能沦为企业外部劳动力市场的一员，被迫接受企业内部集团的利益侵占。

4. 厂商培训方式的选择

劳动力教育和技能水平的提高可以改善企业的绩效，厂商原则上可以依靠绩效的提高付给劳动者更多的薪金，经济利润的增加也使企业有更大的能力建立起用于培训、研发方面的基金。这种在培训上的投资可以增加厂商在未来市场的支配力，实现其未来利润，形成一种良性循环。

但在完全流动的竞争劳动力市场，厂商不愿意资助一般培训，任何提供这种培训的企业都将会处于经济劣势。[②] 由于劳动力流动性高，每个对劳动力进行培训的厂商，无法收回其投资成本而遭到损失，最后的结果要么是每个厂商都不对劳动力进行培训，劳动者素质无法提高；要么是每个厂商都对劳动力培训，在劳动力流动的过程中，整体经济得到了好处。后者仅仅在发达国家才能见到。由于资金以及初始培训动力机制的缺乏，发展中国家往往是处于单个厂商对劳动力不进行一般培训的状态。

对于专门培训而言，短期内，在训工人产量降低。使企业短期利润降低。因此，培训具有负效应。长期内，专门培训能够带来利润。因此，厂商更倾向于对内部市场的劳动力进行专门培训，因为他们拥有正规教育的背景，学习能力强，能够在短时间内掌握技术，并且能够长期稳定地在企业发展。这样，厂商能够以较低的成本获得培训劳动力的收益，使厂商对劳动力专业培训成为可能。

劳动力培训既可以使劳动力素质提高，又可以使企业产生超额利润，下面我们来对劳动力培训进行成本—收益分析[③]：

---

① 张其仔：《社会资本论——社会资本与经济发展》，社会科学文献出版社 1999 年版，第 148 ~ 149 页。

② 德思克·博斯沃思、彼得·道金斯：《劳动市场经济学》，中国经济出版社 2003 年版，第 293 页。

③ 参见霍夫曼（Hoffman，S. D.）著：《劳动力市场经济学》，上海三联出版社 1989 年版，第 199 ~ 200 页。

如图 5－2 中所示，w_0 是为训练的工资，w_s 是特殊训练后的工资，w_u 则是训练期间的工资，工人的生产率水平成为阶梯线 MRP_L，r 是贴现率水平，如果仅仅由厂商独自承担专门培训的成本和收益，那么只有当培训的收益现值大于成本现值才可行。即

$$\left(\sum_{t=0}^{T_0}(w_s - w_0)(1+r)^t - \sum_{t=0}^{T*}(w_s - w_0)(1+r)^t\right) - \sum_{t=0}^{T*}(w_0 - w_u)(1+r)^t \geqslant 0$$

对应在图 5－2 中，就表现为四边形 $E_sE_0G_0G_s$ 的面积大于等于四边形 $w_0w_uE_uE_0$ 的面积。但如果只由厂商单独承担，工人在 T_0 的期限内离开企业，企业则会遭受损失。因此，应采取厂商和工人共同分担成本和收益的方式，用以减少企业的损失。如图 5－2 所示，厂商和工人按一定比例分别承担了培训的成本，同时也分享到了相应的收益，既调动了工人的积极性，也减少了厂商的风险。

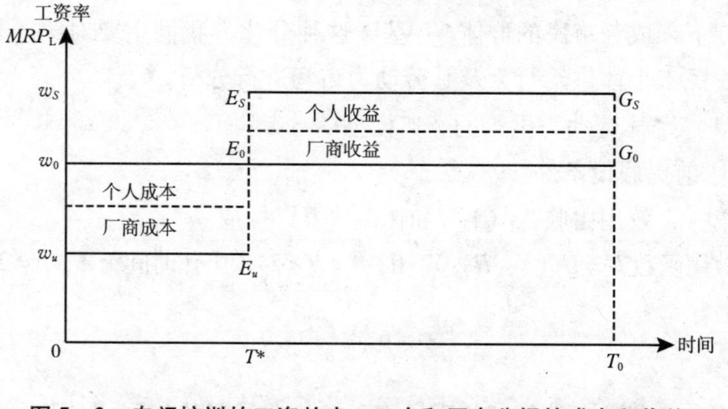

图 5－2　专门培训的工资效应：工人和厂商分担的成本和收益

因此，专门培训的最佳选择是劳动者和厂商共同承担培训费用和分享收益，但前提条件是二者存在长期的契约关系且受训者有能力承担培训费用，农民工长期收入水平很低，无法承担培训费用，又因为工资待遇和劳动条件差，不断地更换工作，呈现高流动性的局面，也无法长期履行合约。只有企业内部劳动力市场的员工符合上述特征。

农民工作为企业外部劳动力市场的组成部分，所面临的工作技术含量低，由于从小生长在农村，教育质量较低，一般培训存在先天缺失，

厂商大多采用成本较低的学徒制方式对农民工进行培训或者大多数企业对农民工的培训内容只是关于企业内部纪律和规范的教育，专业技能培训很少涉及。同时农民工无法进入首属劳动力市场，缺乏干中学的机会，更无法提升自己的劳动素质。低工资、低保障而导致的高流动率既是教育培训机会缺失的原因也是结果。

（四）农民工就业市场供给方分析

1. 农民工劳动供给行为的微观经济学分析

调查研究发现，在不同年代出生和不同社会经济背景下成长起来的农民工不再是一个高度同质的群体而是已经分化为具有不同特征的两大亚群体，即第一代和第二代农民工。与改革开放初期进入城镇的第一代农民工不同的是，第二代农民工无论从心理、行为方式，以及未来目标、工作能力等方面都更接近于市民，是市民化进程中需要最先在城市中沉淀下来成为市民的群体。① 基于这种分化，我们主要对第一代和第二代农民工个体供给行为及其劳动力市场进行分析。

（1）个体劳动力供给的经典模型

① 前提假设条件

第一，效用由收入（Y）和休闲（H）构成。

效用函数 $U=U(Y,H)$ $Y>0$，$0<H<24$，工作时间为 L，$L=24-H$

$$\frac{\partial U}{\partial Y}>0,\quad \frac{\partial U}{\partial H}>0$$

第二，劳动者的偏好相同，即无差异曲线形状相同，且凸向原点。

第三，工资率 w 是由完全竞争的劳动力市场决定的。工资率 w 与劳动者素质成正相关的关系。

第四，劳动者同质。

第五，物价水平不变。

② 数学式表达

效用函数：

① 有关第一代农民工和第二代农民工的差异，参见本书第八章中的进一步的比较分析。

$$U = U(Y,H) \quad Y > 0, 0 < H < 24$$

时间约束：$H = 24 - L$，L是工作时间

预算约束：

$$Y = w \cdot L = w(24 - H)$$

则

$$U = U[w(24 - H), H]$$

$F \cdot O \cdot C$ 条件得：$-\frac{\partial Y}{\partial H} = w^*$，即收入对闲暇的替代率等于工资率。如图 5－3 所示：

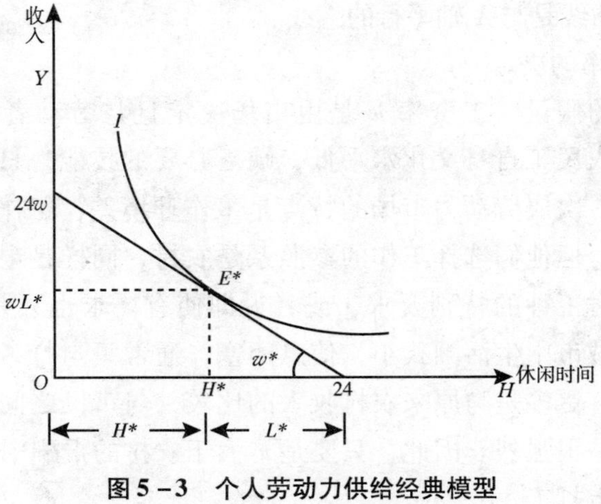

图 5－3　个人劳动力供给经典模型

图 5－3 中，无差异曲线 I 与预算线的切点为 E^*，这是劳动者的最优选择点，H^* 为休闲时间，而 L^* 为工作的时间，收入 Y = 线段 O，wL^* = 线段 E^*H^*。

（2）第一代农民工的劳动供给与“民工潮”

① 第一代农民工的效用目标及偏好

第一代农民工的个人效用是以家庭效用最大化为目标的，家庭的各项开支包括家庭基本生活费用、子女的学费、赡养老人的费用、对农业的补偿以及养老、看病等的开支。由于农民工家庭收入水平低，他们更注重收入水平的提高和生活状况的改善。

假定家庭效用是收入 Y 的函数：$U_2 = F(Y)$，而个人效用函数可写为：

$$U_1 = U(U_2) = U(F(Y)) = U(Y)$$

但是农民工追求收入最大化必须是在满足必要生存时间的条件下，假设必要生存时间为 H_0，第一代农民工个人效用函数为 $U_1 = U(Y, H_0)$，H_0 是大于 0 的常数。

由于第一代农民工的劳动供给偏好与其效用函数密切相关，他们以家庭为目标追求收入最大化，将大量的收入寄回农村老家。因此，除必要的生存时间和金钱之外，自己近乎没有额外的个人享受，即使在工资率发生变化的情况下，也不存在收入效应和替代效应。因此，第一代农民工的效用曲线是与 X 轴平行的直线。

② 工资率的决定

由前面的假设，工资率 w 是由市场决定且与劳动者素质成正相关。第一代农民工自身文化水平低，缺乏必要的技能，只能进入次属劳动力市场，次属劳动力市场的特点是工作环境差，工作强度大，且工资水平低。但他们选择工作的参照系是农村，同样是艰苦的体力劳动，又没有对工种的特别要求，或者说即使有要求也只是想想而已；同时他们在城市中生活圈狭小，信息闭塞，通常只与打工的同乡维持有限的交流，更多是与原来农村收入的比较，与市民之间相比的相对剥夺感也不是很强烈。因此，只要是 w 大于农村的报酬率 w_0，他们就会选择在城市打工。

数学式表达：

效用函数：$U_1 = U(Y, H_0)$　　$Y > 0$，H_0 是大于 0 的常数

预算约束：

$$Y = w \cdot L = w(24 - H_0) \qquad 0 < w_0 < w$$

则

$$U = U[w(24 - H_0), H_0]$$
$$U_{\max} = w(24 - H_0)$$

此时第一代农民工的劳动供给是角点解，如图 5－4 所示：

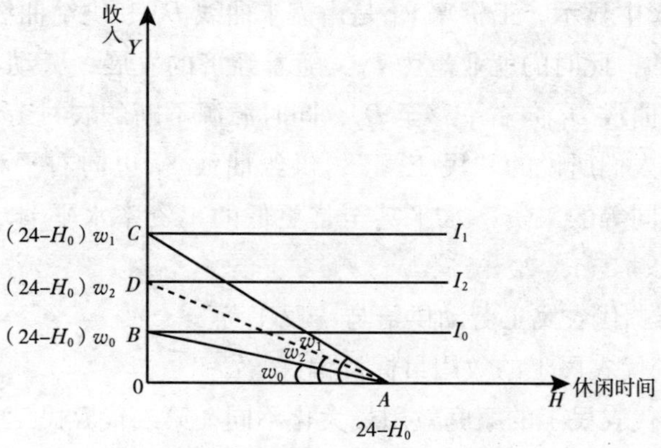

图 5-4　第一代农民工劳动供给分析

第一代农民工追求收入最大化，在生存时间既定的条件下，无差异曲线形如 I_1，在市场工资率为 w_1 时，I_1 与预算线 AC 切于点 C，此时是劳动者效用最大化点，实现了最大收入（$24-H_0$）w_1。如果某种原因（如企业有意压低工资率，或物价上涨因素），使得实际工资率由 w_1 降至 w_2，于是形成新的一条预算线 AD，AD 与新的效用线 I_2 切于点 D，只要 $w_2>w_0$，劳动者依然选择在切点处的工作。因此从上述分析可以得出，第一代农民工的个人劳动力供给曲线是与 X 轴垂直的线段 BC。

此时，第一代农民工就业市场的情况如图 5-5 所示：

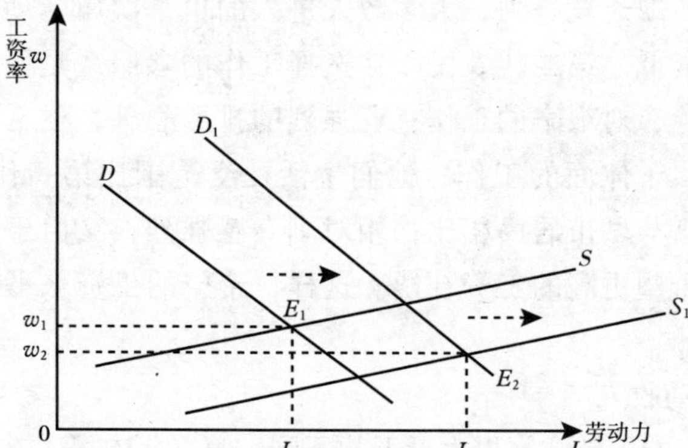

图 5-5　第一代农民工就业市场均衡与“民工潮”

图5-5中显示，工资率 w_1 是由需求曲线 D_1 和供给曲线 S_1 的均衡点 E_1 决定的，此时的就业量为 L_1。随着经济的发展，劳动力需求逐渐扩大，需求曲线 D_1 向右平移至 D_2，同时源源不断的农村劳动力进入市场——就是人们所说的“民工潮”，供给曲线 S_1 也向右平移至 S_2，企业可以保持同等的工资率水平甚至是更低的工资率水平 w_2，也可以雇用到农民工。

（3）第二代农民工劳动供给与“民工荒”

① 第二代农民工的效用目标及偏好

与第一代农民工的家庭效用最大化不同，第二代农民工是以个人效用最大化为目标的，他们追求休闲和收入所带来的效用最大化组合点。其个人效用函数仍然是：

$$U_2 = U(Y,H) \quad Y > 0, 0 < H < 24$$

相比较而言，他们没有来自承担家庭责任的沉重压力，并且从小过着比其父辈娇惯的生活，更注重追求生活质量，因此效用函数既不同于一般意义上的效用函数形状，也不同于第一代农民工只注重收入的平行线，而是介于两者之间的一条比较陡峭凸向原点的曲线。

② 工资率的决定

由前面的假设，工资率 w 是由市场决定且与劳动者素质成正相关。第二代农民工虽然文化程度比第一代农民工要高一些，仍然是缺乏专业技术，缺乏竞争力，大多数人进入的也是次属劳动力市场，工作艰苦，工资低。第二代农民工在选择工作的参照系是城市，由于缺乏做农活经验，对艰辛的工作有着强烈的排斥心理，更希望进入首属劳动力市场，干体面的工作；他们生活社交范围比第一代农民工广，习惯于将自己与城市居民相比，相对剥夺感强烈，又由于物价水平的上涨，他们希望更高的工资补偿。这样，希望的工资水平和实际之间有较大的差异。

③ 非劳动收入

与第一代农民工往家里大量汇款不同，第二代农民工在生活处于困境时，相当一部分人有来自家庭的收入保证他们在城市中的必要生活，其中一部分人的这部分收入是其父母或群体亲友为他们支付的“进厂费”和/或“学技术”性质的人力资本投资。还有一部分人没有这种收入。假定这笔收入为 Y_0，则有 $Y_0 \geqslant 0$。

考虑物价水平 p 的变化：假设 p_1 为原先的物价水平，p_2 为当前的物价水平，且 $p_2 > p_1$。

$\frac{w_4}{p_2}$是第二代农民工心目中期望的工资率水平，即首属劳动力市场的工资率，满足$\frac{w_4}{p_2} > \frac{w_1}{p_1} > \frac{w_1}{p_2}$。

效用函数：

$$U = U(Y,H) \quad Y > 0,0 < H < 24$$

时间约束：$H = 24 - L$，L 是工作时间

预算约束：

$$Y = \frac{w}{p} \cdot L + Y_0 = \frac{w}{p} \cdot (24 - H) + Y_0$$

则

$$U = U\left[\frac{w}{p} \cdot (24 - H) + Y_0 , H\right]$$

$F \cdot O \cdot C$ 条件得

$$-\frac{\partial Y}{\partial H} = \frac{w^*}{p}$$

收入对闲暇的替代率等于工资率。但是$\frac{w_4}{p_2} > \frac{w_1}{p_1}$，无法实现劳动力的有效供给，此时，第二代农民工的劳动供给是选择不工作的角点解。

由次属劳动力市场决定的名义工资率依然是 w_1，线段 FG 等于 Y_0，来自家庭的非劳动力收入 Y_0 使原有的预算线平行上移，预算线表现为折线 HGF。因物价水平由 p_1 上涨至 p_2，实际预算线也变为折线 KGF。曲线 I_3 和 I_4 是第二代农民工的效用曲线，因为更注重个人生活质量，因而它是比较陡峭的曲线。效用曲线和预算线只相切于点 G，即在很低的工资水平时会选择不工作在家休息。而他们理想的工资率水平（虚线 GJ 的斜率的绝对值）是不能实现的。

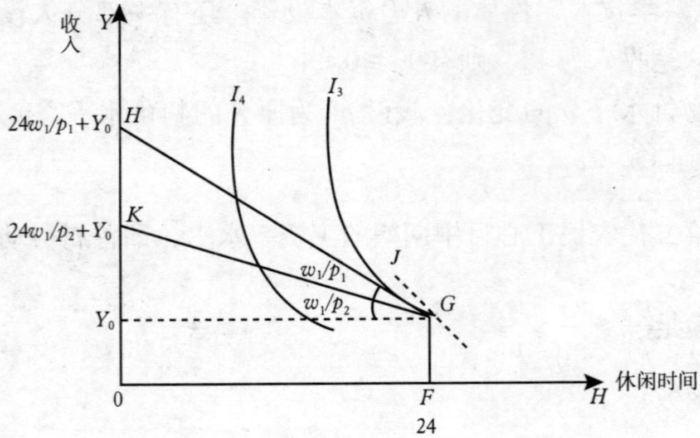

图 5－6　第二代农民工劳动力供给分析

此时第二代农民工就业市场的情况如图 5－7 所示：

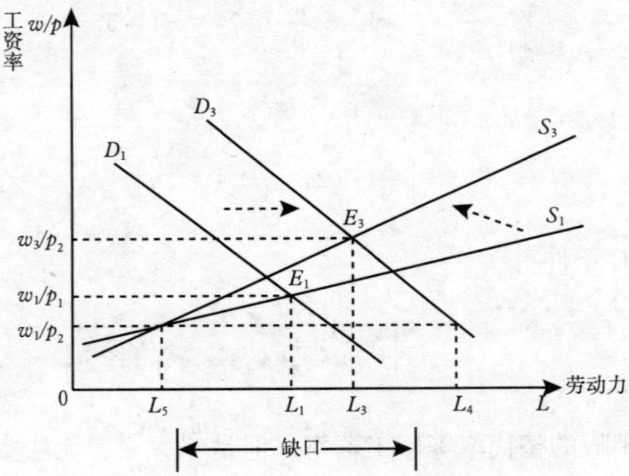

图 5－7　第二代农民工就业市场均衡与“民工荒”

图 5－7 中显示，在物价水平不变的情况下，工资率$\frac{w_1}{p_1}$是由需求曲线 D_1 和供给曲线 S_1 的均衡点 E_1 决定的，此时的就业量为 L_1。随着经济的发展，劳动力需求逐渐扩大，需求曲线 D_1 向右平移至 D_3，同时由于第二代农民工的进入劳动力市场，虽然总人数上增大，但是偏好发生改变，使得供给曲线 S_1 不再是向右平行移动，而是发生了斜率的

改变，原先供给曲线 S_1 比较平坦，供给弹性很大，即使是很少的工资的上涨也会有许多农民工进入，而对于第二代农民工来说，对工资的期望值高，且偏好享乐。因此，变成了供给弹性较小的曲线 S_3。新的需求曲线 D_3 和供给曲线 S_3 形成了新的均衡点 E_3，$\frac{w_3}{p_2}$是次属劳动力市场工资率，虽然小于$\frac{w_4}{p_2}$，仍然可以雇用到 L_3 的劳动力，比 L_1 的就业量有所扩大。但以利润最大化为目标的企业，不愿意以高于$\frac{w_1}{p_1}$的价格雇用劳动力，仍然保持 w_1 的名义工资率，这时需求为 L_4，供给仅仅为 L_5，L_4L_5 就是需求缺口。于是出现了一方面大量的农村劳动力闲置，而另一方面厂商雇用不到农民工的现象，这就是我们近年来看到的"民工荒"。

2. 农民工劳动力供给的成本—收益分析

农民工被动的置身于次属劳动力市场的绝对劣势地位。按照斯加斯塔德（Sjaastad）提出的成本—收益理论，农民工作为理性的主体在城市中寻找工作受到个人成本与收益比较的制约。

农民工打工的收益包括货币收益和非货币收益。货币收益包括工资收入以及相关的福利待遇等，一般来说，农民工由于大多属于非正规就业，收入水平普遍比较低，相关福利待遇缺失。非货币性收益包括在城市中打工所带来的无法用货币来衡量的好处，比方说，在工作过程中，学习到的从事非农职业技能以及在城市中生活所带来额外的效用等。由于农民工缺乏干中学的机会，其学习收益是较低的，在城市中生活所带来的效用是一种心理感受，不同的人有不同的看法，是难以具体衡量的。但大体上来说，向往城市生活的农民工所得到的效用水平会比渴望农村安宁生活的人效用水平要高。

农民工打工成本包括货币成本和非货币成本。货币成本是指在求职与工作过程中的直接费用开支，比方说进入城市所花费的各项城市管理开支、寻找工作时的花费、在城市中的必要生活开支、为提高个人素质的学习成本等。地方政府为保护城市居民的利益，对农民工进城设置种种障碍，比方说各项的管理收费就是其中的一种，虽然现在各地政府在中央政府的号召下，不断地减少农民工进城务工的各项收费，但对农民工而言，这依然是不小的支出。农民工进城打工寻找工作，还需要支付搜寻成本，对于他们来说第一要求是能够在城市中尽快找到工作，其次是减少上当受骗的成本，因此，利用血缘、亲缘、地缘为基础的社会网络，是其最佳选择，一方面可以减少在找工作过程中的生活开支，另一方面减少搜寻信息的成本。我们2005年对武汉市农民工的调查发现，有35%以上的农民工是在到城市打工之前就已经联系好工作的，可见，农民工在寻找工作的过程中，自觉不自觉地利用现有资源降低成本。基本生活费是农民工重要开支，占农民工收入的很大比例，调查发现，农民工的恩格尔系数较高，基本上属于维持生存状态。农民工由于从事的工作多为体力劳动，不需要多少技能，缺乏干中学的机会，因此，学习技能的支出不是每个人的必须开支，这种开支多表现在作为学徒低薪或无薪的劳动，而专门去学习某种技能培训的则少之又少。非货币性成本是指农民工在城市中生活由于心理等方面原因所带来的压力，比方说“远离家乡、思念亲人”的思乡感以及在城市中受到歧视等。一般来说，第一代农民工在城市中生活圈狭小，信息闭塞，通常只与打工的同乡维持有限的交流，对外界不敏感，几乎感受不到城市居民歧视；而年轻的一代，思想开放，生活社交范围较广，渴望得到与城市居民同样的待遇，对外界敏感，能够更强烈地感受到来自城市居民态度和行为上的歧视。

具体公式如下：

农民工打工的收益（Y）＝货币收益＋非货币收益＝（工资收入＋福利待遇）＋（学习的技能＋城市生活带来的效用）

农民工打工的成本（C）＝货币成本＋非货币成本＝（支付城市管理费用＋搜寻成本＋生活成本）＋（心理成本＋学习成本）

若农民工打工的收益大于成本，农民工则会选择在城市中生活，否则，农民工将返乡。

在次属或非正规的劳动力市场上，厂商在雇佣中占有绝对优势地位，出于对自身利益最大化的考虑，将农民工置于劣势地位。农民工的收益水平很低，只能以很低的成本生活，才能收益大于成本，使其在城市中得以生存下去。厂商对农民工同工不同酬、培训差异等的种种行为，都是在农民工是一个同质的群体的前提假设下的理性选择，而没有考虑农民工的分化。在生活方式、价值观念、对工作目标的追求等方面，第一代农民工更接近于农民，在向城市转移过程中，仅仅是工作和空间上的转移，文化和心理的变化较小，而第二代农民工更接近于市民，尽管身份并为得到彻底改变，但是对城市生活的向往和追求，已经使各个方面发生比较大的变化。① 这种差异决定了两代农民工成本和收益的显著不同（见表5－1）。

表5－1　两代农民工的成本—收益比较

<table>
<tr><th colspan="2">项　目</th><th>第一代农民工</th><th>第二代农民工</th><th>差异比较</th></tr>
<tr><td rowspan="3">农民工的收益 Y</td><td>货币性收入 Y_1</td><td colspan="2">农民工的工资及福利待遇由需求方决定，其收入有较大的风险。没有合同的保护，即使签订合同也无法履约，待遇很低的工资也具有非常强的不确定性，或者出自厂商的良心发现</td><td>相　同</td></tr>
<tr><td>学习的技能 Y_2</td><td colspan="2">由于干中学机会的缺失，该项收益很低，可忽略不计</td><td>相　同</td></tr>
<tr><td>城市生活的效用 Y_3</td><td>没有对城市很强的向往之心，在城市中生活效用水平低，可记为 Y_{31}</td><td>向往城市中的生活，在城市中生活效用水平高，可记为 Y_{32}</td><td>$Y_{31} < Y_{32}$</td></tr>
<tr><td rowspan="2">农民工的成本 C</td><td>支付城市管理费用 C_1</td><td colspan="2">面对城市名目繁多的城市管理费用，农民工虽然采取能逃就逃的态度，但是为了在城市打工，在无法逃脱的情况下，只能缴费</td><td>相　同</td></tr>
<tr><td>搜寻成本 C_2</td><td>农民工进入城市，面对陌生的城市，由于信息不对称，若其盲目的搜寻工作，只能增加昂贵的生活成本，利用手中少量的社会网络，即血缘、亲缘、地缘的关系，可以大大降低寻找工作的时间，同时就业门槛低，可以很快赚钱。搜寻成本较小，记为 C_{21}</td><td>希望能够寻找到合意的工作，因此，虽然也愿意动用三缘关系找工作，但更愿意等待更好的工作，而不去接受条件差的工作。搜寻成本较大，记为 C_{22}</td><td>$C_{21} < C_{22}$</td></tr>
</table>

① 刘传江、徐建玲：《"民工潮"与"民工荒"：农民工劳动供给行为视角的经济学分析》，载《财经问题研究》，2006年第5期。

续表 5－1

项　目		第一代农民工	第二代农民工	差异比较
农民工的成本 C	生活成本 C_3	以家庭目标为主，尽力减少自己的开支，虽然在城市中生活，但仍保持着原来的极低的生活水平。其生活成本记为 C_{31}	追求个人效用最大化，在没有生活来源的情况下，有来自家庭的帮助。其生活成本记为 C_{32}	$C_{31} < C_{32}$
	心理成本 C_4	与同乡在一起生活交流，与市民交往较少，相对剥夺感低。其心理成本记为 C_{41}	也与同乡在一起生活交流，渴望融入市民社会，相对剥夺感高。其心理成本记为 C_{42}	$C_{41} < C_{42}$
	学习成本 C_5	学历较低，由于年龄较大没有能力或者是无力承担学习的费用。其学习成本较高，可记为 C_{51}	学历较高，由于年轻，并愿意学习技能。其学习成本较低，可记为 C_{52}	$C_{51} > C_{52}$
比较	$Y-C$	$(Y_1+Y_2+Y_{31})-(C_{11}-C_{21}-C_{31}-C_{41}-C_{51})>0$ 1. 由于教育机会的缺失，关于学习的收益和成本都可忽略不计 2. 其成本非常低，因此企业只要在发放很低的生活费，维持农民工的基本生存，农民工就会接受极低的工资水平，因此 $Y-C>0$ 3. 这既使企业能以极低的成本拓展，同时也暂时满足了农民工工作意愿。在监督机制缺失的条件下，使得农民工的讨薪的成本极高，也增强了企业的强势地位 4. 这也是我国改革开放初期“民工潮”发生的原因之一	$(Y_1+Y_2+Y_{32})-(C_{12}-C_{22}-C_{32}-C_{42}-C_{52})<0$ 1. 由于教育机会的缺失，关于学习的收益和成本都可忽略不计 2. 其成本相对非常低的生活费而言较高，第二代农民工对城市生活的预期以及对首属劳动力市场的渴望，使其宁愿等待也不愿进入次属劳动力市场 3. 这也可解释“民工荒”的发生	

（五）农民工就业市场供需双方行为对农民工城市进入的影响

1. 从农民工就业市场供需方双方析中可以看出，农民工以及厂商作为独立的经济主体，其行为都是在面临不同现实约束条件下的理性选择。农民工现阶段的不平等地位虽然不合情理，但也是农民工在城市进入初期无奈的生存之道。

2. 在供求双方绝对数量不对等的情况下，占有工资和劳务条件谈判主动权的需求方厂商使供给方农民工沦为弱势群体。一方面，农民工从事的“脏、险、累”的工作，无法获得补偿性工资；另一方面，由于先天教育资源的缺失，农民工无法进入首属劳动力市场获得提升机会，使其陷入恶性循环的状态。

3. 农民工内部出现的分化，即生长在不同时代的第一代和第二农民工有着不同的阅历和自身不同的特点，他们的追求目标、偏好等并不同，如果仅仅将农民工视为同质群体的传统研究方法不能了解当今农民工劳动市场的供求状况。

4. 从心态和文化习俗上，第一代农民工更接近于农民，对城市认同感较低，即使在城市中无法生存时，还有回乡务农的最后一条出路。第二代农民工更接近于市民，对城市的认同感较高，但与城市中的劳动力相比，由于缺乏必要的专业技能和进入正规就业市场的本领和机会，心中过高的期望与所面对非正规就业市场，形成巨大落差，虽初步进入城市，但无法在城市中真正立足，同时更不愿意甚至没有能力退回到农村中务农，成为了城市和农村之间真正的“两栖人”。

5. 农民工市民化与中国其他改革一样都是一个从易到难的渐变过程，农民工市民化也要从成本最小的地方入手，第二代农民工市民化问题就成为这一过程的第一步。但是，随着第二代农民工进入城市的规模越来越大，如果长期不能迈过“市民化”这道“门槛”，累积到一定时期和规模时很有可能引发成比较严重的社会问题。因此，有关政府部门和社会组织应当未雨绸缪，推进相关制度的改革创新，并尽早采取必要、可行的应对措施，推动第二代农民工的城市进入和融合。

6. 引导产业的升级换代，企业改善工作环境。由于现实中“民工潮”在促进流入地经济发展的同时在一定程度上延缓了产业升级，扩大了东西部地区的发展差距①。因此，运用恰当的产业政策，引导和加快

① 吴鹏森：《“民工潮”对中国东西部地区发展差距的负面影响》，载《社会》，2001年第7期。

产业升级换代，企业改善工作环境，抛弃对农民工的歧视政策，扩大正规就业市场的需求，逐步形成统一、公平的劳动竞争和报酬机制。

7. 要改变农民工就业过程中恶性循环的处境，则需要第三方力量的介入来打破这一链条，如政府、非政府组织或非营利机构的介入，从而改变这一两难局面。

三、第三方力量介入对农民工城市进入的影响

（一）政府行为对农民工城市进入的作用

长期以来，在政府与市场的关系问题上，西方经济学分为两大基本派别，即经济自由主义和国家干预主义，前者反对政府过度干预，主张让市场机制最大限度地自动发挥经济调节作用，后者则强调国家调节和干预经济生活，尽管他们对政府在市场中的作用认识不同，但是两者都承认政府弥补市场失灵的功能和作用。

美国经济学家弗里德曼在他所著的《自由选择》一书中写到，市场经济条件下，政府的职能主要有四个方面：保证国家安全、维护司法公正、弥补市场失灵、保护和帮助贫困人员。社会主义市场经济国家的政府职能亦是如此。

农民工进城务工过程中，被动的处于劣势和弱势地位，需要政府有针对性地给予帮助，这就要求政府既不违背市场公平性原则，同时又要保护和提高市场中弱者的地位。在此过程中，政府政策是否真正对农民工有利，是否能够完全贯彻实施，是否存在不及或者矫枉过正，都是需要深入研究的问题。

政府在社会经济中发挥作用的最主要方式是通过各种社会经济政策。因此，制定何种经济政策以及如果制定就显得十分重要了。根据新政治经济学的观点，政府成员（包括官员和管理者）对政策目标和手段的选择同样应遵循理性的自利原则，并且应该把经济市场和政治市场

结合在一起进行分析。①

1. 中央政府政策目标与农民工城市进入

中央政府作为全国人民利益的代表，不仅要确保国家安全，而且要从大局出发，维护社会公正，促进整个社会和谐发展。

我国在资金有限的情况下，大力发展重工业所导致的工农“剪刀差”对农民造成的长期剥夺以及城乡不对等的利益分配机制，并没有随着改革开放而很快根除。城市固有的既得利益集团，依然是中央政府政策制定和实施的巨大障碍。20 世纪 80 年代之后，我国经济获得了飞速的发展，经济总量不断提高，但是其财力依然无法完全解决由于人口众多、结构转换等因素所带来的失业和社会保障问题。

中央政府如果完全从纯经济和社会公众利益角度出发，首先解决户籍问题，建立城乡统一的劳动力市场，其次将全民纳入社会保障体系，是其最佳选择。但是建立城乡无差别的户籍制度，涉及巨大的利益障碍，并且地方城市的公共设施不足，也无法在短时期内接纳大量农民进城。因此，这些措施虽人人建议，但是依然无法有效实施，或者说在短期内也无法完全做到。

2. 地方政府行为与农民工城市进入

中央政府作为国家整体利益的代表，从长远利益出发和大局出发，以实现公平和和谐社会为目标，来制定农民工政策。而地方政府局部利益与国家整体利益既统一又矛盾：在地方局部利益与国家整体利益一致的情况下，地方政府从地区经济实际出发，服从国民经济总体发展的战略要求，提出一系列的政策措施，在实现国家整体利益的同时，也实现了地区利益；在地方局部利益与国家整体利益存在矛盾时，地方政府往往从眼前利益出发，对中央政府的决策进行调整，只愿选择那些有利于地方经济发展的政策，而对没有短期盈利效应的政策不积极参与执行。

（1）输出地政府与农民工城市进入

农民工输出地多为经济不发达地区，当地农民大量外出打工，只留下了“613899”（指儿童、妇女、老人）部队从事农业生产，对农业生

① 迈耶（G. Meier）：《经济发展的主要问题》，英文第 6 版，牛津大学出版社 1995 年版，第 579～585 页。

产有一定影响。但农民工将大量收入寄回本地，大大刺激了输出地的消费，带动了当地非农经济的发展。在不使用当地资源的情况下，输出当地农民外出打工既可以使其脱贫致富，又可以增加财政收入，从这点来看，输出地政府的利益与中央政府一致。因此，输出地政府将采取积极措施鼓励和组织农民工外出打工，促进农民工的城市进入。这一切都是在农民工没有完全实现市民化条件下的行为反应，如果外出农民工实现了市民化，在城市中定居下来，收入很少寄回家乡，输出地政府不仅面临着农业减产的局面，同时也无法增加财政收入，这时，输出地政府可能不会积极地帮助当地农民工外出打工。

随着农民工市民化的提出和进一步的实施，输出地政府的行为可能会发生改变。如果输出地政府仅仅是靠农民工外出打工收入来增加财政收入，而不去积极创造条件，依靠当地的资源，大力发展经济，那么随着社会的发展，输出地会变得越来越贫穷。

(2) 输入地政府与农民工城市进入

首先，输入地政府面临农民工大量涌入而处于两难选择的境地。

农民工输入地多为经济发达地区，输入地政府不仅要执行中央政府的政策法规，又要兼顾本市居民和企业的利益，解决农民工在城市中打工多带来的种种难题。因此，输出地政府作为理性主体，在追求政府自身利益最大化的同时，受到自身和外部因素的制约，使中央政府对农民工的保护措施难以有效实施。

尽管农民工对城市的发展做出了重大的贡献，但是城市政府由于财力有限，不愿意承担相应社会保障的责任。因此，输入地政府只是默许农民工在城市中打工，对城市做出贡献，而不意愿承担其他责任。甚至在各输入地政府之间，也存在利益博弈，哪个城市开放的力度越大，那么涌入这个城市的农民工就越多，这个城市所要承担的财政和公共设施压力就越大。在中央政府大力号召解决农民工实际问题的情况下，每个城市很少有实质性举措，它们更多的是采取观望态度或者是尽可能慢和尽可能少地执行中央政府政策，以维护自身的利益。

其次，输入地政府对当地居民的保护阻碍农民工城市进入。

尽管中央政府下达各种文件，保护农民工的各种权力，但地方政府出于对政府政绩和地方利益的考虑，尤其是城市下岗工人就业压力的考虑，对城市居民采取种种或明或暗的保护政策。蔡昉认为，城市居民对外来劳动力的消极态度以及寻求解决政策保护的要求，是通过两种方式表达出来的：第一种就是通过投票（vote）倾向表达。中国目前的人民代表大会制度，是在城市区一级实行直接选举人大代表，下一级代表投票选举高一级人大代表，每一级人大投票选举同级人民政府。因此，地方政府越来越倾向于对本地居民负责，从而居民意愿可以通过基层人大代表的选择得到表达，进而反映到各级政府的选择中。第二种表示方式是通过抱怨（voice）。城市居民以及相应的利益集团主要是通过报纸、电视等舆论工具以及各种场合表达某种情绪。各级政府作为寻求政治利益最大化的主体，通常会在政策制定过程中寻求那些政治净收益最大化的政策（Downs，2000）。由于地方政府是由本地选民间接地和本地人民代表直接选举产生的。自然首先代表本地居民利益。目前在中国政府行政系统中实行的考核制度，使地方政府更加重视当地居民的投票和舆论。从这一点来说，基层人民代表大会的投票意味着当地居民对地方政府的评价，而舆论界的抱怨则是反映潜在压力的晴雨表。本地职工失业日益严重以及由此造成的突发事件，对城市政府来说，是极其昂贵的政治成本。政府对于解决失业问题往往无能为力，但接受本地居民的抱怨，把外来劳动力当作假想中的对手——就业市场上的竞争者，至少可以获得一定的政治收益。①

最后，输入地政府与地方企业之间的合作不利于农民工城市进入。

经济发展状况是地方政府领导考核中的重要指标。因此，地方政府与地方企业有着千丝万缕的联系。地方企业利润多寡对地方政府的经济发展和财政收入有着重要的影响。出于对地方经济发展的考虑，地方政府与企业更容易结成利益共同体。只要企业能够盈利，并上缴税收，政府对企业的低工资行为会采取或多或少地纵容的态度。由于财力所限，政府无力提供全面的社会保障。而现行的社保制度是 1997 年以来逐渐建立起来的，在该体制之下，任何城镇企业必须承担下列社保成本：（1）按企业工资总额的20%为职工养老保险金缴费；（2）按用人单位

① 蔡昉等著：《劳动力流动的政治经济学分析》，上海三联书店、上海人民出版社 2003 年版，第 156 ~ 158 页。

工资总额的6%为职工医疗保险金缴费；（3）按用人单位工资总额的2%为职工的失业保险金缴费；（4）为职工缴纳工伤保险与生育保险等。这样，每个城镇企业所承担的社会保障成本相当于工资总额的30%。这种高昂的社保率是在低工资的情况下制定的，在目前的状况下，很不利于提高社会保险的人口覆盖率。[①] 如果对此不做相应的调整，而强行要求把农民工纳入城镇社会保障体系，企业成本负担增加，大企业不愿承担而小企业无力承担。其后果可能是企业对农民工吸纳的数量下降，也可能是企业阳奉阴违，为此国家要付出很大的监督成本。

尽管政府加大力度建立相关的中介机构，进行劳动力需求的发布，但面对众多的中小企业，政府对其进行监控，信息可靠度的考核，合同的签订以及工资发放情况的调查都需要巨大的成本，且作用不大。而农民工面对由政府和社会团体等组织形式进行就业，因为手续繁多，层层收费，如培训费、咨询费、介绍费等而难以接受。

因此，如果行使过于强制的手段和全面、细化的管制，由此所产生的巨额成本是政府无力承担的。那些把签订合同、加强中介、商定工资、提供社会保障等的责任全部强加给政府的建议，值得商榷。一方面，政府无法全部完成，另一方面，还很有可能成为走向最初良好初衷的反面，企业转向地下招工，农民工就业情况更加无法管理。

3. 政府对农民工政策效应分析——以最低工资和社会保障为例

（1）最低工资制度对农民工就业的影响

针对农民工的工资过低的现象很多专家建议实施最低工资制度，国家也在《国务院关于解决农民工问题的若干意见》中规定，厂商必须严格遵守最低工资制度。但是最低工资如果低于市场均衡价格，那么最低工资制度则对农民工的权益保障没有任何作用，因此最低工资必须高于市场均衡价格。

假设厂商对农民工的需求曲线的斜率为 $\tan\alpha_1$，农民工供给曲线的斜率为 $\tan\alpha_2$，且 $0° < \alpha_1 < \alpha_2 < 90°$。

如图5－8所示，农民工劳动力市场在没有任何干预的情况下实现均衡，均衡点为 E_0，此时的就业人数为 L_0，均衡工资为 W_0，此时，需

① 平新乔：《关注民企劳资关系》，载《中国改革》，2005年第4期。

求曲线 D 与供给曲线 S 的弹性不同，分别由 α_1 和 α_2（$\alpha_1 > \alpha_2$）决定①，需求曲线 D 弹性大，较为平坦，而供给曲线 S 的弹性小，较为陡峭。如图 5-8 中所示，当法律规定的最低工资为 W_2'（$W_2' < W_0$）时，此时的最低工资对市场没有任何影响。当最低工资为 W_2（$W_2 > W_0$）时，厂商的需求量减少为 L_2，农民工的供给量增加到 L_1，$L_1 > L_2$，出现劳动力过剩供给，农民工失业增加。从具体的原因区分，由于价格上涨厂商减少的需求量为 L_2L_0，而与此同时农民工增加的供给量为 L_0L_1，从图形可以直接看出，$L_2L_0 > L_0L_1$。

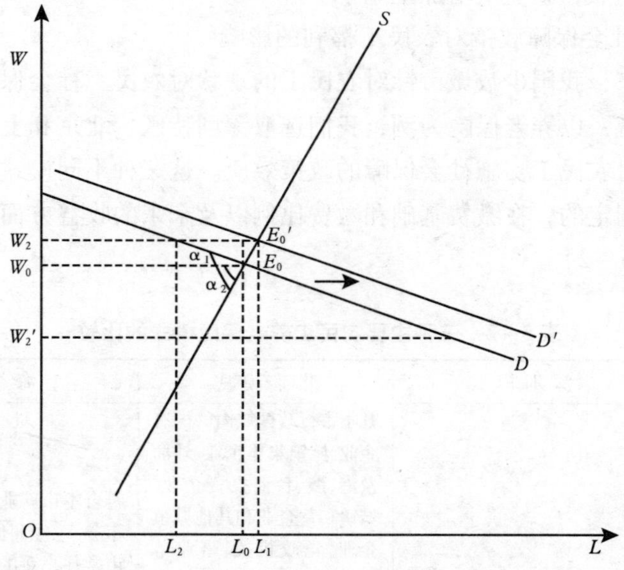

图 5-8　最低工资制度对农民工就业市场的影响

通过计算得

$$L_2L_0 = \frac{W_2 - W_0}{\tan\alpha_1}, \quad L_0L_1 = \frac{W_2 - W_0}{\tan\alpha_2}$$

① 在均衡点 E_0 时，供需弹性等于$\frac{\Delta L}{\Delta W} \cdot \frac{W_0}{L_0} = \tan\alpha \cdot \frac{W_0}{L_0}$，由于 W_0 和 L_0 是相同的，因此在该点需求弹性和供给弹性分别是由 $\tan\alpha_1$ 和 $\tan\alpha_2$ 决定的，同下文的分析。

由上式可知，就业量的减少与最低工资和市场价格之间的差价成正比关系，与弹性成反比关系。最低工资与市场价格之间的差价越大，则就业的损失量就越大；α 越小，即曲线越有弹性，则就业损失量越大。

在农民工劳动力市场上，由于厂商的需求弹性大，提高工资价格会令厂商大量缩减需求量，而农民工供给缺乏弹性，使得受提高工资吸引进入劳动力市场的并不多。因此，就业量的减少主要是由厂商带来的。

要使农民工工资达到最低工资水平，同时又不产生就业无谓损失的方法是在长期内促进经济发展，厂商的需求曲线右移只至 D'，在 E_0' 形成新的均衡点，就业量增加至 L_1。

（2）社会保障政策对农民工福利的影响

近年来，我国少数城市针对农民工的现状对农民工社会保障进行了积极的尝试，以养老保险为例，我们选取深圳特区、北京和上海三种模式来分析对农民工实施社会保障的政策效应。这三种不同模式是从各地特点出发制定的，在缴费基础和缴费比例以及未来的收益方面都有很大区别（见5－2）。

表5－2　三种主要农民工养老保险模式的比较

	深圳模式	北京模式	上海模式
保障对象	非本市户籍的员工	凡本市行政区域内的国有企业、城镇集体企业、外商及港、澳、台商投资企业、城镇私营企业和其他城镇企业，党政机关、事业单位、社会团体，民办非企业单位，城镇个体工商户（以下统称：用人单位）和与之形成劳动关系、具有本市或外埠农村户口的劳动者（简称：农民工）	符合本市就业条件，在本市务工、经商但不具有本市常住户籍的外省、自治区、直辖市的人员（不包括从事家政服务和从事农业劳动的人员）
参保费率	13%（个人5%，企业8%）	27%（个人8%，单位19%）	12.5%，其中7.5%缴纳的综合保险费用于工伤（或者意外伤害）和住院医疗保险，5%缴纳的综合保险费用于“老年补贴”；外地施工企业的缴费比例为7.5%

续表 5－2

	深圳模式	北京模式	上海模式
缴费基数	以员工的月工资总额作为缴费工资，若员工的月工资总额低于本市上年度城镇职工月平均工资60%的，按本市上年度城镇职工月平均工资60%计征养老保险费	上一年本市职工月最低工资标准	上年度全市职工月平均工资的60%
单位缴费	按员工个人缴费工资的8%缴纳	缴纳19%	缴纳12.5%
个人缴费	按本人缴费工资的5%缴纳	个人在2001年缴纳7%，最终达到8%	有单位由单位全部承担，无单位的外来从业人员按12.5%缴纳
享受待遇	与1992年8月1日以后参加工作的深圳市户籍的员工一样，他们必须在达到法定的退休年龄前实际缴费年限累计满15年，才能在退休后享受基本养老保险待遇，按月领取由基础性养老金与个人账户养老金构成的基本养老金；如果达到国家规定的退休年龄但累计缴费不满15年，或在退休前调出、辞工离开深圳特区，则个人账户积累额将随其全部转入当地社会保险机构或全部退还本人	在其到达法定退休年龄时，基本养老金暂按享受一次性养老待遇处理。其待遇由两部分组成：一为个人账户存储额及利息；二为按其累计缴费年限，累计缴费满12个月（第一个缴费年度），发给1个月相应缴费年度的本市职工最低工资的平均数，以后累计缴费年限每满一年，以此为基数，增发0.1个月相应缴费年度的本市职工最低工资的平均数	在享受"老年补贴"待遇方面，该办法规定，除外地施工企业的外来从业人员外，用人单位和无单位的外来从业人员连续缴费满1年的，可以获得一份"老年补贴"凭证，其额度为本人实际缴费基数的5%。当他们在男年满60周岁、女年满50周岁时，可以凭历年的"老年补贴"保单到中国人寿保险公司在各地的经营网点一次性兑现老年补贴
发布时间	2000年12月	2001年8月	2002年4月
发布机构	深圳市人大常委会	北京市劳动和社会保障局	上海市人民政府
执行法规	《深圳经济特区企业员工社会养老保险条例》	《北京市农民工养老保险暂行办法》	《上海市外来从业人员综合保险暂行办法》
执行城市	深圳、郑州	北京	上海、成都

资料来源：根据《深圳经济特区企业员工社会养老保险条例》（http：//www.szsi.gov.cn/zhencefagui/yanglao.htm#总则）、《北京市农民工养老保险暂行办法》（http：//www.legalinfo.gov.cn/zt/2004－09/06/content_131064.htm）、《上海市外来从业人员综合保险暂行办法》（http：//www.hr.net.cn/general/viewInfo.do？pkId＝2694&typeId＝39）整理。

如表5－2所示，从参保总费率、单位缴费比例和个人缴费比例来看，北京都是最高，分别是27%、19%和8%；缴费基数也普遍较低，大多是以上年度全市职工月平均工资的60%为基数；享受待遇的时间较长，或是累计缴费15年以上或是在年老以后。

虽然国家在《国务院关于解决农民工问题的若干意见》中指出“有条件的地方，可直接将稳定就业的农民工纳入城镇职工基本养老保险。已经参加城镇职工基本养老保险的农民工，用人单位要继续为其缴费。劳动保障部门要抓紧制定农民工养老保险关系异地转移与接续的办法。”① 以上三种模式哪个更有效，目前学术界还没有定论，对此的评述也多停留在宏观层面上，从农民工群体角度的研究并不多见。从表面上看，用人单位以较高的缴费基数和较高的缴费比例缴费，会对农民工有利。但是实际上，不同的缴费基数和缴费比例会对厂商和农民工分别产生不同的影响，厂商和农民工也不一定按照法规规定的比例缴纳费用。

农民工由于受教育程度低、技能水平低而导致职业选择面窄、工资待遇差，绝大多数处于次属劳动力市场上。面对数量众多，且劳动力素质不高的农民工，厂商是占优的一方，在劳资双方的谈判过程中，厂商更具有主动权和选择权，因此，厂商的需求弹性较大。而农民工由于生计所迫，只要工资水平比农村高，甚至是为了维持眼前的生计问题，会接受较低的工资水平。有资料表明，农民工的工资收入十多年来基本停留在600~800元/月的水平上。因此，农民工作为劳动力供给方弹性较小。在供需双方弹性不同，且短期内无显著改变的情况下，同样的政策会对二者产生不同的影响。

① 不同弹性条件下的费用归宿

假定社会养老保障的费率为β，其中企业分担的比例为β_1，个人的比例为β_2，因此，如果按照W_0缴费，应该负担的总费用则

$$W_0^* = W_0(\beta_1 + \beta_2) = W_0 \cdot \beta$$

① 《国务院关于解决农民工问题的若干意见》，http：//politics. people. com. cn/GB/1026/4242537. html，2006年3月28日。

如图 5－9 所示，农民工劳动力市场在没有任何干预的情况下实现均衡，均衡点为 E_0，此时的就业人数为 L_0，均衡工资为 W_0。若政府采取强制的养老保险制度，会引起整个市场均衡发生变化，该项措施相当于打入买者和卖者之间的一个楔子①，无论费用的初始比例是如何划定的，会使需求方支付价格上升为 W_0'，而供给方得到的实际工资水平下降为 W_0''，而就业数量减少为 L_0'。

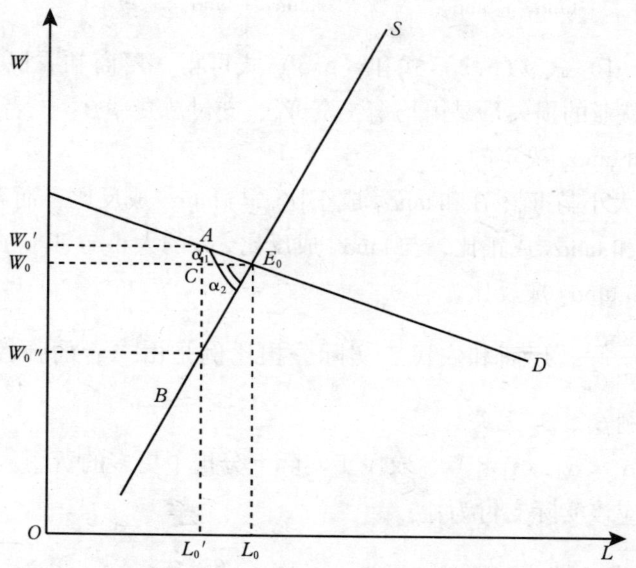

图 5－9　农民工与厂商之间的费用分担

图 5－9 中线段 AB 的距离为需要缴纳的总费用 W_0^*，厂商和农民工之间实际分摊的比例是由弹性决定的，设厂商分担的费用为 X_1，农民工分担的费用为 X_2，就业的损失量为 L，则有下式成立：

$$\begin{cases} W_0^* = X_1 + X_2 \\ \dfrac{X_1}{\tan\alpha_1} = \dfrac{X_2}{\tan\alpha_2} = L \end{cases}$$

得如下解：

① 无论费用向谁收取，都会使需求曲线和供给曲线的相对位置移动，在新的均衡处，二者分摊费用。

$$X_1 = W_0^* \cdot \frac{\frac{\tan\alpha_1}{\tan\alpha_2}}{1+\frac{\tan\alpha_1}{\tan\alpha_2}} = W_0^* \cdot \frac{1}{1+\frac{\tan\alpha_2}{\tan\alpha_1}} = W_0 \cdot \beta \cdot \frac{1}{1+\frac{\tan\alpha_2}{\tan\alpha_1}} \quad (5.1)$$

$$X_2 = W_0^* \cdot \frac{1}{1+\frac{\tan\alpha_1}{\tan\alpha_2}} = W_0 \cdot \beta \cdot \frac{1}{1+\frac{\tan\alpha_1}{\tan\alpha_2}} \quad (5.2)$$

$$L = W_0^* \cdot \frac{1}{\tan\alpha_1 + \tan\alpha_2} = W_0 \cdot \beta \cdot \frac{1}{\tan\alpha_1 + \tan\alpha_2} \quad (5.3)$$

由（5.1）式、（5.2）式和（5.3）式可得，厂商和农民工所分摊的费用和就业的损失量是由均衡工资 W_0、支付总费率 β、二者各自的弹性 $\tan\alpha_1$ 和 $\tan\alpha_2$ 决定的。

X_1 的大小与 W_0、β 和 $\tan\alpha_1$ 成正比，与 $\tan\alpha_2$ 成反比，而 X_2 的大小与 W_0、β 和 $\tan\alpha_2$ 成正比，与 $\tan\alpha_1$ 成反比，L 的大小与 W_0、β 成正比，与 $\tan\alpha_1$ 和 $\tan\alpha_2$ 成反比。

$\frac{X_1}{X_2} = \frac{\tan\alpha_1}{\tan\alpha_2}$，厂商和农民工实际分担比例是由二者的弹性决定的，与名义比例 β_1、β_2 无关。

因为 $\alpha_1 < \alpha_2$，$X_1 < X_2$，农民工实际上分担了更多的费用。

厂商应该实际支付为：

$$W_0' = W_0 + X_1 = W_0\left(1 + \frac{\beta}{1+\frac{\tan\alpha_2}{\tan\alpha_1}}\right) > W_0$$

农民工实际得到的收入为：

$$W_0'' = W_0 - X_2 = W_0\left(1 - \frac{\beta}{1+\frac{\tan\alpha_1}{\tan\alpha_2}}\right) < W_0$$

市场上实际就业量为：

$$L_0' = L_0 - L = L_0 - W_0 \frac{\beta}{\tan\alpha_1 + \tan\alpha_2} < L_0$$

从图 5－9 中可以看出，线段 AC 是厂商所分担的费用 X_1，线段 CB 是农民工所分担的费用 X_2，由于 $\alpha_1 < \alpha_2$，线段 AC > 线段 CB，农民工承担了更多的费用比例，而实际收入大幅下降到 W_0''，厂商实际支付的价格略为上升为 W_0'。

农民工在城市中打工，过低的收入使他们在城市生活直接感受到自己效用的下降，虽然养老保险制度的建立对农民工将来的养老很大的好处，但是未来至少 15 年之后所得到预期的好处对目前生存受到威胁的农民工来说并不具备吸引力，同时，使得农民工整体就业数量减少。

② 不同缴费基数条件下的费用归宿

不同的缴费模式将对农民工和厂商产生不同的效应。由（5.1）式和（5.2）式可知，厂商需求弹性和农民工的供给弹性不变的情况下，如果加大缴费的基数和费率会使各自承担的费用上升但程度有所不同。按照深圳模式，如果农民工收入水平低于本市上年度城镇职工月平均工资 60% 的，则按本市上年度城镇职工月平均工资 60% 缴费，从表面上，厂商承担了更多的费用，这对农民工未来养老有极大好处，但实际上农民工承担了更多的费用。

如图 5－10 所示，农民工的工资水平若低于本市上年度城镇职工月平均工资的 60%，设上年度城镇职工月平均工资的 60% 为 W_1 且 $W_1 > W_0$，按照 W_1 缴费，那么在缴费比例不变的条件下，总费用则上升为

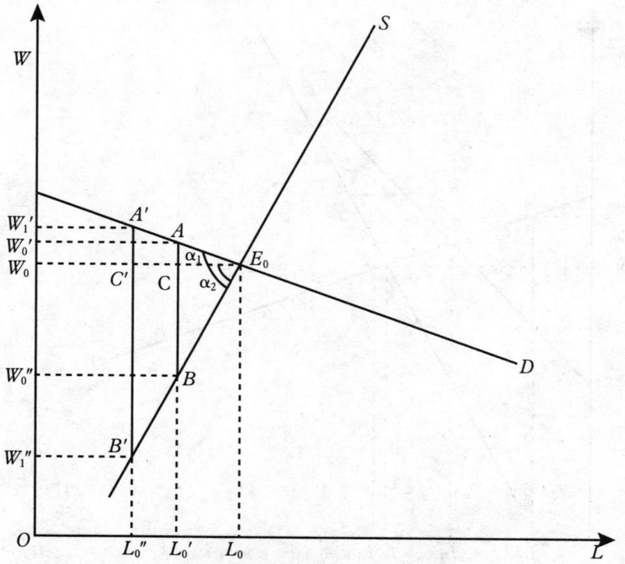

图 5－10　不同缴费基数下的农民工与厂商之间的费用分担

$W_1 \cdot \beta$，缴费增加的总量为（$W_1 - W_0$）β，农民工分担的费用量为（$W_1 - W_0$）$\cdot \frac{\beta}{1+\frac{\tan\alpha_1}{\tan\alpha_2}}$ > 厂商分担的费用量（$W_1 - W_0$）$\cdot \frac{\beta}{1+\frac{\tan\alpha_2}{\tan\alpha_1}}$，就业量减少为 $W_1 \cdot \beta \cdot \frac{1}{\tan\alpha_1 + \tan\alpha_2}$。

图5－10中线段 $A'B'$ 表示按照 W_1 为基数的缴费，且线段 $A'B'$ > 线段 AB，与原先缴费基数相比，厂商实际支付的价格略为上升为 W_1' 且 $W_1' > W_0'$，农民工实际收入大幅下降到 W_1'' 且 $W_1'' < W_0''$。由农民工承担的费用 $C'B'$ 远远大于厂商承担的费用 $A'C'$，农民工的实际工资的大量减少和就业量的减少使农民工的短期福利受损。

（3）社会保障政策和最低工资制度对农民工福利的共同影响

假如严格执行最低工资制度，厂商会削减农民工需求量，只招收劳动技能强的人员，因此，农民工供给曲线左移且斜率发生改变，因为劳动技能较高的农民工供给弹性较大，在最低工资制度下形成新的均衡。

如图5－11所示，厂商的需求曲线 D 不变，由于劳动技能较高的农

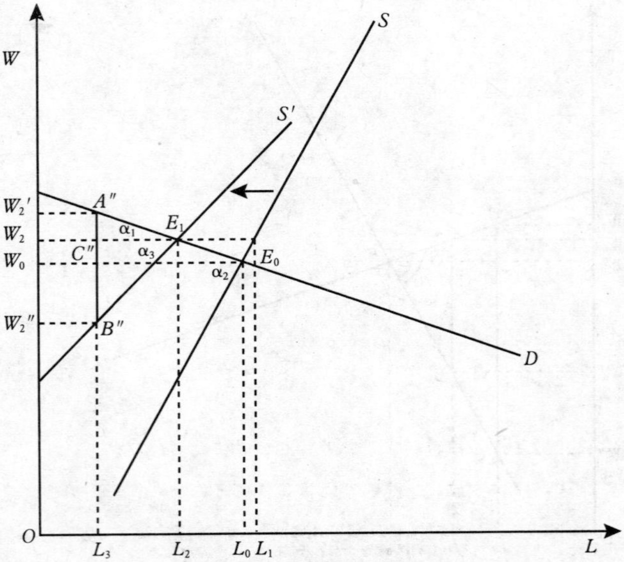

图5－11　最低工资制度下的费用分担

民工较少且供给弹性较大，因此农民工供给曲线由 S 左移至 S' 且 $0° < \alpha_3 < \alpha_2 < 90°$，在最低工资 W_2 时形成均衡，此时的就业数量为 L_2。在这种条件下，若政府采取强制的养老保险制度，会引起整个市场均衡发生变化。

若此时的支付基数为 W_2，费率为 β，需求弹性由 α_1 决定，供给弹性由 α_3 决定，$0° < \alpha_1 < \alpha_3 < \alpha_2 < 90°$。

厂商分担的费用变为：

$$W_2' - W_2 = A''C'' = W_2 \cdot \beta \cdot \frac{1}{1 + \frac{\tan\alpha_3}{\tan\alpha_1}} > W_0 \cdot \beta \cdot \frac{1}{1 + \frac{\tan\alpha_2}{\tan\alpha_1}}$$

厂商实际支付的价格变为：

$$W_2' = W_2 + W_2 \cdot \beta \cdot \frac{1}{1 + \frac{\tan\alpha_3}{\tan\alpha_1}} = W_2\left(1 + \frac{\beta}{1 + \frac{\tan\alpha_3}{\tan\alpha_1}}\right) > W_0\left(1 + \frac{\beta}{1 + \frac{\tan\alpha_2}{\tan\alpha_1}}\right)$$

农民工分担的费用变为：

$$W_2 - W_2'' = C''B'' = W_2 \cdot \beta \cdot \frac{1}{1 + \frac{\tan\alpha_1}{\tan\alpha_3}}$$

因为 $W_2 > W_0$，$\alpha_2 > \alpha_3$，$W_2 \cdot \beta \cdot \frac{1}{1 + \frac{\tan\alpha_1}{\tan\alpha_3}}$与初始分担的费用 $W_0 \cdot \beta \cdot \frac{1}{1 + \frac{\tan\alpha_1}{\tan\alpha_2}}$的关系是不确定的，可能是大于后者，也可能是小于或者等于后者。

农民工实际得到的工资变为：

$$W_2'' = W_2 - W_2 \cdot \beta \cdot \frac{1}{1 + \frac{\tan\alpha_1}{\tan\alpha_3}} = W_2\left(1 - \frac{\beta}{1 + \frac{\tan\alpha_1}{\tan\alpha_3}}\right)$$

其与 $W_0\left(1 - \frac{\beta}{1 + \frac{\tan\alpha_1}{\tan\alpha_2}}\right)$的关系也不确定。

而由此引起的就业损失为：

$$L_3L_2 = W_2 \cdot \beta \cdot \frac{1}{\tan\alpha_1 + \tan\alpha_3} > W_0 \cdot \beta \cdot \frac{1}{\tan\alpha_1 + \tan\alpha_2}$$

与最初市场均衡相比，就业量的无谓损失为：

$$L_3L_1 = L_3L_2 + L_2L_1 = W_2 \cdot \beta \cdot \frac{1}{\tan\alpha_1 + \tan\alpha_3} + (W_2 - W_0)\left(\frac{1}{\tan\alpha_1} + \frac{1}{\tan\alpha_2}\right)$$

在最低工资制度下实行社会保障制度，会令厂商的实际支付成本上升，农民工的实际收入下降，同时使就业量减少。

（4）政府最优政策的选择

从前面的分析可以看出，由于农民工劳动力市场的供需弹性的不同，如果采取最低工资制度，所产生的就业数量的减少，很大程度上是由厂商带来的，最低工资制度的实行有待商榷。从表面上，最低工资制度的实施使农民工工资水平提高，但是那些被迫离开劳动力市场的农民工却失去了就业的机会和收入，从而引起社会福利的损失。

较高的缴费基数和较高的缴费费率使得缴费额度增加，更大的费用落在农民工一方，使他们短期的收益降低，同时也不利于社会养老保险制度的推行。

因此，在市场均衡的基础上，应设计一个合适的制度，使缴费基数和缴费比例适当降低，一方面使农民工的实际收益不至于下降太多，同时又使农民工能够更广泛地参与到社会保障系统中去。

如图 5－12 所示，采用比较小的缴费基数 W_3，且 $W_3 < W_0$，或者采用比较小的缴费比例 θ，且有 $\theta < \beta$，厂商和农民工缴费总额减少为 $W_3 \cdot \theta < W_0 \cdot \beta$，在图形上显示为 $A_1B_1 < AB$，厂商和农民工实际负担费用额度较低，厂商所支付的实际成本为 W_3' 且 $W_0 < W_3' < W_0'$，农民工实际收入为 W_3'' 且 $W_0'' < W_3'' < W_0$，同时就业的无谓损失也由 $L_0'L_0$ 减少为 $L_0''L_0$。

在北京模式和上海模式中，农民工按照上年城镇平均工资的 60% 缴费对降低总费额有一定的作用，农民工工资收入与上年城镇平均工资的 60% 孰大孰小还需要进一步的考察和比较。

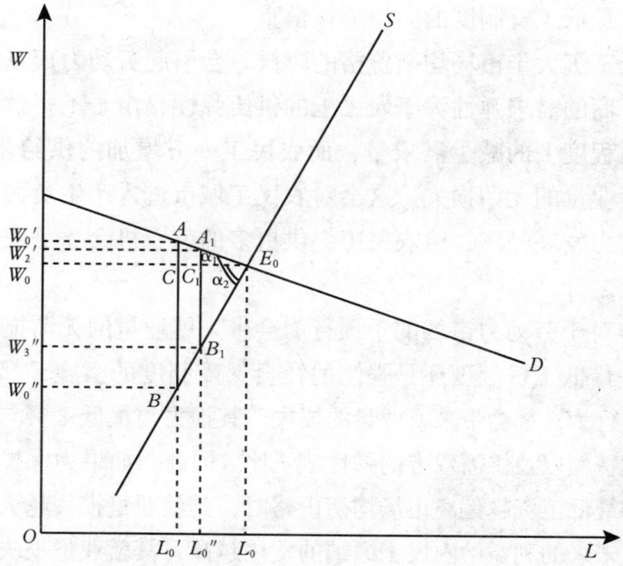

图 5－12　适当缴费基数与缴费比例的费用分担

（5）研究结论及政策建议

第一，社会保障政策对农民工的长期利益和短期利益产生悖论效应。

养老保险等社会保障制度的实施对于在城市中打工的农民工来说，从长期看是非常有利的，它使得农民工未来的养老、工伤、失业等问题都能得以解决，可以更好的促进农民工城市进入，加速我国工业化和城市化的进程。但是从短期来看，农民工收入较低，很可能仅仅能维持其自身或者是家庭的基本生存开支，如果采用较高的缴费基数和缴费比率会使农民工的短期实际收入大大下降，减少当期的效用水平，导致农民工参保意愿降低。

第二，劳动力市场双方的不同力量对比导致不同的费用分担。

农民工所在次属或非正规的劳动力市场上，供需双方的势力不对等，厂商占有绝对优势，具有较多的选择权。因此厂商的需求弹性大于农民工的供给弹性，不论在名义上厂商和农民工各自分担多少比例，实际上费用分担比例由供需双方的弹性数值之比决定，也就是说大部分的费用落在了弹性小的农民工一方，使农民工短期收入降低。

第三，最低工资制度的实施应该慎重。

若最低工资大于市场均衡价格的时候，会引起劳动力市场的过剩供给，由于厂商的需求弹性大于农民工的供给弹性，由于工资价格上升导致厂商更大程度上的减少需求量，而农民工一方增加的供给量却较少，从而引起就业量的无谓损失。这会对农民工城市进入产生负面影响。从长期看，大力发展经济，给农民工提供更多的就业机会才是农民工城市进入的长久之计。

第四，对于劳动力市场的干预行为会带来就业量的无谓损失。

无论是最低工资制度还是强制的社会保障制度的实施，都是对市场的直接干预行为，都会带来就业量的损失。其损失与最低工资与市场工资差额、总缴费额以及供需双方的弹性成正比。因此，如果为保护农民工的利益制定的最低工资越偏离市场均衡价格时，其就业量损失越大；若为了保护农民工未来的利益给农民工缴纳的费用越高，其就业量损失越大；若供需双方的弹性越大，则就业量损失越大。从表面上看，政府从社会和农民工的利益出发，对农民工实施最低工资制度和社会保障是有利于农民工的就业，但实际上可能在短期内会引起就业量的无谓损失，使最没有工作技能的那部分人无法参与到工作中去，而使其福利水平下降。

第五，农民工社会保障制度的最优选择。

对农民工实施社会保障是非常必要的，但是寻找一个合适的缴费基数和缴费比例更为重要。在考虑供需双方弹性不同的情况下，可选取一个低于农民工市场工资的数额作为缴费基数或者是较低的缴费比率，一方面降低参保门槛，使农民工更广泛地参与到社会保险中去，另一方面保证农民工短期福利的取得。

考虑到社会保障的“瓶颈”——投保人短期福利问题，农民工社保的启动门槛偏低是可行的，但是农民工市民化的必然性要求是农民工与城市社保体系对接。是另设计一套体系作为过渡，还是把农民工纳入城市社保体系中去，都是我们所面临的富有挑战性的课题。

（二）NGO 或 NPO 对农民工城市进入的作用

非政府组织（Non-Governmental Organization，简称 NGO）或非营利组织（Non-Profit Organization，简称 NPO），从 20 世纪 80 年代开始，首

先在西方国家兴起，并在全球范围内迅速传播，它被人们视为“市场失灵”以及“政府失灵”的解决方案。NGO 或 NPO 在世界各国都已日益构成了一股非常重要的社会力量，从各种协会、基金会，到民办的非营利性的学校、医院、社会服务机构等，它们通过独立自治与志愿参与的机制，实现着多样的公共需求，共同致力于改善人类的生活。除“非政府组织”、“非营利组织”之外，国内通常还使用的类似名词包括：民间组织、公民社会、第三部门等。

在从计划经济到市场经济的改革过程中，我国政府经历着一个从对市场的直接干预到对市场的间接干预的过程，其结果便是产生了一系列新的社会空间，出现了政府、企业之外的第三部门的成长，各种非营利组织作为新的组织实体进入了这一空间。

中国的 NGO 或 NPO 是指不以营利为目的、主要开展各种志愿性的公益或互益活动的非政府的社会组织，其基本属性包括三个方面：非营利性、非政府性、志愿公益性或互益性。非营利组织的活动包括日常性活动和项目性活动两个方面。非营利组织的项目活动遍布社会的各个主要方面，但主要集中在以下 6 个领域：（1）环境保护、生态和资源的保护；（2）救助贫困和促进发展中国家的经济社会发展；（3）对弱势群体的权益保护；（4）城乡社区服务；（5）经济中介，包括：各种形式的行会、商会、企业家协会等有经营者组成的经济中介组织，工会等有劳动者组成的经济中介组织，律师、会计师、审计师组成的专业性事务所的经济中介组织；（6）慈善救济等。[①]

1. 工会组织与农民工城市进入

在完善的市场经济中，工会作为工人阶级利益的代表，承担着与厂商制衡，为工人在工资、福利待遇等方面争取权益的重要作用。而我国工会的机构设置着力于计划经济时代国营企业和行政事业单位，也使工会承担了许多本应由政府承担的任务，在很大程度上工会成为了依附于政府的准政府机构，形成了工会组织行政化的特色。随着我国市场化改革的加深，工会还是延续了以前的主要功能。

① 金罗兰：《我国非营利组织与项目管理》，载《北京工商大学学报（社会科学版）》，2005 年第 6 期。

进城农民工作为新生的社会力量，其工人阶级的地位得到政府和社会的肯定。针对农民工在城市中打工权益得不到保障的局面，理论界和政府也逐渐认识到工会在维护农民工权益方面的作用。2003 年 9 月，中国工会第十四次全国代表大会报告明确规定，要重点做好非公有制经济单位和进城务工人员的工会组建工作，由此加快了中国农民工工会的建设进程。

在此过程中，工会在维护农民工的权益保护方面有了明显效果，如农民工工资拖欠问题有了显著改善。但是，在现阶段，“强资本弱劳工”的劳动关系条件下，全国范围内还有相当一部分非公有制企业没有建立农民工工会，有些已成立的工会组织也是形式多于实质，维权职能乏力①。

造成当前中国农民工工会履行职能不到位的原因是多方面的，除了上述工会性质定位模糊之外，还与相关法律不健全、地方政府保护主义有关，也与农民工自身维权意识较低以及雇主强势地位有关。② 具体而言：

第一，相关法律的缺失。与工会工作相关的一些制度和法律法规的缺失，导致工会无力维权。我国现有的法律法规没有赋予工会应有的重要权利，如没有对集体谈判权和罢工权进行完整确认，也没有规定行政执行权。这使农民工权益受到侵害时，工会只能通过提供法律咨询、援助，帮助他们找到相应的主管部门解决。工会仅仅扮演了协调的角色，并不能直接解决问题，从而严重影响工会维权的效率和地位的提升。

第二，有些地方政府片面追求经济增长，忽视民工权益保障。改革开放以来，一些地方政府只重视经济指标的增长，为了招商引资获得更多的财政收入，出台了许多优惠政策，甚至是超国民待遇的政策。而对农民工的权益则是睁一只眼闭一只眼，对待非公有制企业农民工工会也是表面支持背后态度暧昧，有些地方领导甚至把组建工会与投资环境对立起来，认为组织农民工加入工会会影响地方经济。一旦发生劳资矛

① 操申斌：《对当年农民工工会履行职能的思考》，载《乡镇经济》，2005 年第 10 期。

② 操申斌：《对当年农民工工会履行职能的思考》，载《乡镇经济》，2005 年第 10 期。

盾，非公有制企业常以关闭企业、迁移企业和异地投资来要挟政府，而工会和工人却没有任何相应的手段来制约政府，结果政府自然向雇主一边倾斜，这样无形中助长了一些私营企业主侵犯职工权益的举动。

第三，农民工自身素质较低，维权意识淡薄。农民工文化素质普遍不高，特别是法制观念和自我保护意识淡薄由此决定了他们在寻找工作时缺乏契约意识，在合法利益受到损害时不敢反抗，逆来顺受，不知求助于工会等维权组织。农民工讨薪不成，而导致暴力事件频频发生，恰恰说明了这一点。同时由于农民工本身所具有的流动性、分散性工作特点加大了筹建农民工工会的难度，向农民工收取一定的工会会费也消解了他们加入工会的热情。

针对目前工会组织在农民工权益保护方面不能有效发挥作用的局面，有学者提出专门组建农会的建议，但这又存在一系列的冲突，如农民工作为产业工人的一部分，理应纳入工会组织，导致工会与农会在功能上的冲突。农民工进入城市后，其权益保护需要制度创新和配套措施的出台。由此可见，尽管利用市场力量机制保护保护农民工之路困难重重，但也是必由之路，随着我国改革的深化和农民工城市进入的深入，农民工自己的组织会越来越完善，并发挥重要作用。

2. 其他形式的非政府组织与农民工城市进入

非政府组织在改善农民工生存环境方面大有可为。20 世纪后期，世界范围的"全球社会革命"凸显了非政府组织的价值。非政府组织的最大特点是以服务公众为宗旨，从事公益事业，不以营利为目的。在发达国家，热心于社会公益事业的非政府组织十分发达，它们在很大程度上弥补了政府的不足，在改善弱势阶层处境、消解来自弱势阶层的不满和维护社会稳定方面发挥着不可替代的特殊作用。

在我国目前的就业条件下，农民工利用社会网络等方式获得的非正规就业依然是正规就业的有益补充，并在长期存在。面对农民工城市进入的就业形式和存在的问题，除工会外，其他形式的非政府组织可以利用现有农民工在初始社会资本的基础上形成的社会网络，为农民工提供非营利性或免费的服务，对中小企业的行为进行交涉、监督，成为政府、企业和农民工沟通的桥梁。这样一来，既可以及时灵活地处理各种纠纷和案件，保护农民工的利益，同时又减少了相关成本。

四、解决农民工就业问题的对策

要解决农民工就业问题，不仅必须依靠第三方的力量，同时又要从实际出发，采取切实可行且易行的方式。

（一）调整劳动力的供需结构

1. *减少供给方的数量*

我国是人口众多的农业大国，农业劳动力向非农业产业以及农村劳动力向城市的转移是我国未来长期不可逆转的潮流，要彻底改变劳动力市场供求双方不对等的局面，一方面要控制人口数量，使劳动力市场的绝对供给减少，从而提升脏、险、累工作的工资，另一方面是采取有效政策手段使得农民工不断转变为城市的真正市民，减少农民工的绝对数量。

2. *增加劳动力需求*

劳动力需求是派生需求，只有在长期内大力发展经济，不断增加劳动力需求，扩大农民工的就业岗位，才能从根本上改变供需双方谈判权利不对等的地位，使农民工拥有更多自主选择工作的权利。在农民工收入增加的同时，反过来也会刺激经济的发展。

（二）健全农民工就业市场

中期内，政府应致力于创造公平竞争的制度环境，培育劳动力市场，完善相关的法律、法规制度。如建立全国统一、规范的劳动力流迁制度；进行与《劳动法》相配套的法律、法规的立法工作，制定促进就业、社会保障、劳动保护、最低工资标准、户籍管理等的法律法规。如深化户籍制度改革，尽快剥离附着在传统城市户籍上的各种有形和无形的“优先权”和“含金量”。与此同时，拆除首属劳动力市场和次属劳动力市场之间的各种“樊篱”，在体制和政策层面上保障农民工拥有和老市民同等的进入首属劳动力市场或一体化劳动力市场的权利和机会。推进封闭型的城市社会保障制度向包括面向农民工提供社会保障的开放型社会保障制度的转变步伐，为农民工在城市的生存和发展营造符合市场经济要求的社会环境，引导农民工行为规范和生活方式的城市化。

（三）加强教育培训提升农民工素质

提高农民工的整体素质，最为有效的途径是建立公正配置公共教育资源的制度，但是，正规的教育体系所发挥的作用要在将来很长的时间之后才能显现出来。面对城市中大量存在的农民工，推行提高农民工竞争能力的技能培训政策才是权宜之计。

1. 对农民工实行补偿性人力资本投资的政策，并对以前分配严重不足的农村地区给予补偿。由于历史原因所导致的工农差异，使得农民工教育资源在分配上处于劣势，现在对他们的一般培训是对先前缺失的补偿，以减少农民工的学习成本，增加在城市中生存的能力。

2. 加强农民工职业培训。应坚持职业与技能导向，加大农民工培训，尤其是对第二代农民工的职业培训。第二代农民工具有城市化、市民化的强烈愿望，但由于自身文化和技能上的原因造成转移能力不足，无法进入正规劳动力市场。因此，应首先从提高能力入手，加大对第二代农民工的职业培训，提高其文化素质和专业技能，使其成为劳动力市场中具有竞争能力的人力资本。同时，他们也是较易培训的群体，由于其学习能力较强，工作周期长，对他们的培训可以大大提高教育的收益。因此，对第二代农民工的培训是目前最迫切需要解决的问题。企业不愿提供的培训可以由政府提供，减少农民工的学习成本，增加其人力资本，增强就业谈判的筹码。

第六章 人力资本、社会资本与农民工城市进入

一、人力资本与农民工城市进入

（一）农民工人力资本现状

1. 农民工人力资本存量少

人力资本是通过对人力投资形成的一种资本，它涵盖了体现在劳动者身上的后天获取的以其数量和质量来衡量的知识、技能、智能以及体能等决定劳动者整体生产效率的全部因素。一般而言，对人力资本的研究和测量重点体现在对个人教育水平和职业技能的考察上。由于农民工大多数在流动到城市之前没有接受过职业技能的培训，这个方面具有较强的同质性，因此我们主要以农民工的年龄和“教育水平”（受教育年限），作为人力资本的测量指标。从迁移的选择性理论来看，迁移到城市就业的农民工是农村剩余劳动力中人力资本存量较好的人群。在所有的迁移选择中，年龄上存在着最为普遍的选择性，迁移人口明显集中在15~35岁之间，其中19~25岁之间最为集中。下面我们利用武汉大学经济研究所2004年春节期间对湖北省4

县返乡过年农民工的抽样调查[①]数据来说明农民工的年龄结构以及人力资本状况（见表6－1和表6－2）。

表6－1　农民工的年龄结构

年龄分组(岁)	百分比(%)	累计百分比(%)
15～20	18.1	—
21～25	21.7	39.8
26～30	22.7	62.5
31～35	19.5	82.0
36～40	9.2	91.2
41～45	4.9	96.1
46～50	3.0	99.1
50岁以上	0.9	100

表6－2　农民工受教育程度

受教育程度	受教育年数	频数	百分比(%)
文盲半文盲	0	9	2.1
小　学	6	100	23.6
初　中	9	266	62.7
高中/职业高中/中专	12	47	11.1
大专及以上	14	2	0.5
总　计		424	100.0

表6－1表明，农民工的年龄主要集中在15～35岁之间，占82.0%；35岁以上的仅占18%。从表6－2可以看出，农民工人力资本积累和占有的情况很差，其中“受教育程度”在初中及以下的占88.4%，而有高中/中专/职业高中及以上文化程度的仅占到11.6%。

① 本次调查是武汉大学经济研究所组织、一部分武汉大学研究生于2004年1月13日至2月10日（这段时间处于农历春节前后，大部分外出农民工返乡过年在家）对湖北省荆州市江陵县、随州市曾都区、孝感市云梦县和襄樊市所辖宜城市地的农村返乡过年的农民工进行的抽样调查。本次调查采用面对面的问卷访谈法，调查问卷参见本书附录1。本次问卷调查抽取样本数为500个，其中有效问卷477份，有效率为95.4%。

2. 农民工人力资本投资观念滞后

除农民工自身素质较低之外，农民工人力资本投资观念明显滞后，也影响着农民工城市进入的程度，其具体表现如下：

（1）农民工群体自身观念滞后。由于多种原因，农民工弱势群体不愿意进行人力资本方面的投资。调查显示，80%的人认为投资周期长，收益慢；12%的人认为没有必要，不值得，得不偿失；7%的人虽然有经济实力但只愿意修建家谱、修建庙宇、赌博、攀比、讲排场，不良消费思想现象严重。

（2）政府观念不到位。认为农村教育的主要任务是培养合格人才，向高一级学校输送人才，片面追求升学率，忽视为农业生产服务，不利于农民工弱势群体提高自己文化素质，不能够走出农村，小农意识难以启动开放闸门，缺乏外出寻找就业的动机、欲望与能力。

3. 外部环境的制约

农民工人力资本还受到外部环境的制约，其具体表现如下：

（1）现有义务教育体制存在弊端。由于工资拖欠严重，农村教师在待遇、经济收入、社会地位、工作环境等方面，与城市教师差距悬殊，农村教师队伍不稳定，流失严重，教学质量下降，农村教育发展水平落后，形成恶性循环；同时，教育结构不合理，忽视农村初中、高中、职业教育，不能够适应市场需求，劳动力市场供求失衡，严重制约农民工弱势群体在城市就业。表6－3反映了农村义务教育经费的构成以及农民直接负担额和负担率，从中我们不难发现中国“分级财政、分级管理”的义务教育体制的弊端。

（2）经济资源配置制度方面的制约。国家在初次分配和再分配领域、就业政策、福利制度等方面存在制度设计缺陷，导致居民收入差距悬殊，不能够增加农民工群体经济收入，因而不利于进行人力资本投资。

（3）经济发展与体制改革。一方面，我国经济在持续发展，人民生活水平在不断提高；但是另一方面，社会发展中出现了农民工弱势群体。只有发展经济才能够解决农民工弱势群体问题，农民工群体只有靠经济发展才能够最终完成城市化进程。仅以经济适应的作用为例，GDP每增长1%，就业机会就可以增加100万个，就会有100万农民工个体消除就业危机感、未来预期不稳定感。①

表6-3　农村义务教育经费的构成及农民负担额和负担率

年　度	总金额（亿元）	预算内经费（亿元）	教育费附加（亿元）	教育集资（亿元）	学杂费（亿元）	农民直接负担额（亿元）	农民直接负担率（%）
1985～1992			253.5				—
1993		207.8	63.3	40.7	29.7	133.9	—
1994	485.5	286.8	79.6	52.6	41.6	173.9	35.8
1995	611.3	325.1	112.9	99.2	54.9	266.9	43.7
1996	733.9	385.8	146.6	132.9	87.8	367.4	50.1
1997	784.9	430.0	158.8	92.9	79.4	331.2	42.2
1998	812.0	461.0	165.0	64.0	88.6	317.7	39.1
1999	845.1	511.3	162.5	34.2	93.8	290.5	34.4

资料来源：《中国教育经费统计年鉴》1993～1996年及《中国统计年鉴》1996～2001年各年度。

（二）农民工人力资本与城市进入的解释

1. 农民工人力资本对城市进入的影响

人口经济学中的随异迁移理论对迁移人口的特征、原因等做了合理的解释，该理论认为，迁移人口不是人口中的随机样本，而是人口总体中的一个特殊部分。随异迁移的研究包括选择迁移和差别迁移两个层次，选择迁移理论认为迁移者比非迁移者具有不同的人格、社会、经济、人口特征，现代迁移人口一般是年轻的、文化水平较高的、更有上进心，并同迁入地有更好的人际关系的人口。差别迁移则是指具有不同人口、社会、经济特征的人口在迁移行为和迁移率方面的差异。它可以将迁移者同迁出地或迁入地的总人口进行比较，也可以将迁移人口同非迁入人口相比较，还可以将不同形式或类型的迁移

① 窦开龙：《我国农民工弱势群体城市适应问题的人力资本视角分析》，载《甘肃省经济管理干部学院学报》，2005年第2期。

人口相互比较。①

(1) 人力资本促进农民工的城市进入

上述随异迁移理论同样可以合理解释农民工人力资本对城市进入的积极促进作用。一般地，根据选择迁移理论，作为迁移群体的农民工文化程度高于农村非迁移劳动力的文化程度（见表6－4）。

表6－4　农民工和农村非迁移劳动力文化素质比较（1997～2000年）

单位：%

文化程度	1997年		1998年		1999年		2000年	
	农村非迁移劳动力	农民工	农村非迁移劳动力	农民工	农村非迁移劳动力	农民工	农村非迁移劳动力	农民工
文盲/半文盲	9.37	1.87	8.64	1.57	8.21	1.50	7.05	1.20
小　学	35.43	21.32	34.6	19.88	33.45	18.61	32.82	18.14
初　中	44.75	58.5	45.67	58.66	46.68	59.74	48.54	61.24
高　中	8.96	13.77	9.26	14.00	9.65	14.23	9.37	13.38
中　专	1.19	3.51	1.47	4.33	1.63	4.62	1.78	4.65
大专以上	0.29	1.03	0.33	1.26	0.39	1.30	0.44	1.40
合　计	100	100	100	100	100	100	100	100

资料来源：国家统计局农村社会经济调查队1997年、1998年、1999年、2000年农村流动人口调查数据，经过整理归纳。转引自《中国城市化过程中的乡城劳动力迁移研究——根据人力资本投资的视角》，该论文是复旦大学人口、资源与环境经济学专业博士生蔡新会的博士论文文稿，2004年5月。

表6－4列出了农民工与农村非迁移劳动力的人力资本差异水平，从中可以看出，初中以上文化程度劳动力的选择性表现较为明显，农民工比例明显高于农村非迁移劳动力，而且这种比例随着文化程度的提高而上升。说明了农村迁移劳动力（农民工）的受教育水平大大高于农村非迁移劳动力的平均教育文化程度，文化程度高的农村劳动力更容易进入城市就业和生存。

① 刘传江：《人口迁移：宏微观分析及其结合》，载《人口学刊》，1991年第3期。

(2) 人力资本有助于深化农民工城市进入程度

如果对进城后的农民工亚群体[①]进行比较，我们同样可以发现相似的规律，不同亚群体的市民化意愿基本上呈现随受教育程度的增加而递增状态，随年龄的递增而递减的状态（见表6-5）。

表6-5 不同农民工亚群体特征比较

项目＼不同类型	留城者	中间不定者	倾向于回乡者	回乡者
平均年龄(岁)	27.46	32.65	37.86	37.35
平均受教育年限(年)	9.26	8.48	8.29	8.33

资料来源：武汉大学经济研究所2005年组织的对进城农民工问卷调查数据。

表6-5中，列出了不同市民化意愿的亚群体在年龄和受教育年限上的差别。按照市民化的意愿排序，留城者的市民化意愿最高，其他依次是中间不定者、倾向于回乡者、回乡者。从表6-5可以看出，留城者最年轻，平均年龄只有27.46岁，比市民化意愿较低的两组小10岁左右。市民化意愿也随着受教育年限的递增而增加，市民化意愿最强烈的留城者的平均受教育年限为9.26年，比市民化意愿较低的两组高约1年左右。如果将进入城市之后的农民工市民化意愿认为是其城市进入程度的话，那么人力资本越高，农民工城市进入程度就越深入。

2. 农民工人力资本投资的重要性

我国农村剩余劳动力的转移不仅面临着二元户籍制度和二元劳动力市场的外部障碍，而且还面临着缺乏务工经商的必要技能和职业素养的自身障碍。社会提供或农民工参与职业培训是农村剩余劳动力实现稳步、彻底就业，实现农民工非农化和市民化的客观要求。[②]

第一，越来越多的城市和企业也对农民工的素质提出了明确的要求，并要求对农民工人力资本进行投资。这种要求首先是出于降低管

① 农民工市民化亚群体是我们在2005年对武汉市农民工调查的基础上，按照农民工对“是否愿意成为市民”和“对未来打算”回答的一致性进行的划分，详见第八章的分析。

② 韩云鹏、涂莲英：《农民工培训的需求导因、制约因素和对策思考》，载《职教论坛》，2005年第6期（上）。

理成本的需要。那些农民工流入较多的城市几乎普遍要求对农民工进行法律及城市生活常识方面的培训，以提高农民工遵守法律法规和依法维护自身权益的意识，增强对城市的认同感。其次是适应城市产业结构调整和经济发展的需要。在目前我国产业结构调整中，大多数城市都出现了低层次劳动力过剩，而高素质劳动力严重不足的劳动力质量“短缺”，在此情况下，吸纳高素质的劳动者就成为保持城市发展和繁荣的关键。

第二，农民工已经成为或正在成为城市产业工人的主体，进行农民工人力资本投资是工业化和城市化发展的现实要求。据统计，我国第二产业中，农民工占从业人数总数的57.6%，其中在加工制造业中占到68%，在建筑业中占到近80%；在第三产业的批发、零售、餐饮业中，农民工占从业人员人数的52%以上。这表明我国工人队伍结构发生了历史性的变化，农民工已成为产业工人的主体。因此，加强农村富余劳动力的人力资本投资，不仅可以为我国的产业结构调整提供必要的人力资源开发储备，还有利于推动我国的城市化进程。

第三，农民工人力资本投资是农村剩余劳动力转移就业和农民工提高收入水平的客观需要。拥有必要的非农产业就业的文化素养和技术是农民工在城市得到就业机会，特别是能找到报酬高又体面的工作并能够在城市站住脚的必要条件。这种现实推动已经或准备外出务工的农民进行人力资本的投资。在原劳动部就业司和信息中心调查的农民工中，有80%的人表示“希望得到职业培训的机会”，其中有67.8%的人表示“愿意花钱参加自己想参加的培训”，还有16.5%的人表示“要看花多少钱，来决定是否参加有偿培训”，有46.6%的农民工表示可以承受的培训学费为200~500元。农村富余劳动力逐渐向城市非农产业转移，是我国经济社会发展进程中的必然趋势。通过技术培训和职业培训等方式增加非农产业就业的人力资本，是我国现阶段农民工增收的主要途径之一。

企业、农民工个人以及城市三股力量的交汇，诱发了农民工人力资本投资的热潮。目前，我国农村有1.5亿富余劳动力，每年有近1000万人口进入劳动适龄人群。近年来，进城就业的农民工迅速增加。2002年全国进城就业农民工为9400万人，2003年为9800万人，2004年已达9900万人。据农业部提供的数据，2003年外出劳动力中，小学文化及以下的占26.2%，初中文化的占61.3%，高中文化程度及以上的占12.5%，有专业技术职称的比例为2.4%，受过培训并获得证书的比例为18.5%。即农民工中80%以上只有初中及以下文化，80%以上没有经过相关的技术培训。农民工的培训率低于20%的现状，不能适应大多数农民工希望提高人力资本和企业招收高素质劳动者的需求，但也从另外一个侧面说明，农民工的人力资本投资是一个非常大且具有巨大的发展潜力和无比广阔前景的市场。①

据劳动保障部最近对北京、天津、大连等26个城市使用农民工较多的企业进行的调查显示：越来越多的用工企业开始对农民工的学历、专业技能提出要求，在用工企业提供的岗位中，64.9%的岗位需要具备初中文化，23.2%的岗位需要具备高中文化，近50%的岗位需要熟练工。但我国目前农村劳动力素质状况，已经成为阻碍农村劳动力转移的“瓶颈”。据统计，目前农村劳动力的平均受教育年限为7.33年，仅相当于初中一年级文化程度；在农村劳动力中，受过专业技能培训的仅占9.1%。因此，从农民人力资本和国家人力资源开发的角度看，加大农村劳动力培训力度迫在眉睫。从1999年起，国家有关部门就开始组织实施专门针对青年农民进行职业培训的青年农民科技培训工程。截至目前，实施县市已达747个，直接培训了200多万名青年农民。2002年，教育部决定大力加强中等职业学校面向农村进城务工人员开展职业教育与培训工作。目前，北京、河北、四川等11个省（区、市）已制定了农村劳动力转移培训规划或明确了培训任务。农业部、劳动保障部、教育部等部门于2002年出台的《2003～2010年全国农民工培训规划》提出：2003～2005年，对拟向非农产业和城镇转移的1000万农村劳动力开展转移就业前的引导性培训，对已进入非农产业就业的5000万农民工进行岗位培训。2006～2010年，对拟向非农产业和城镇转移的5000万农村劳动力开展引导性培训，并对其中的300万人开展职业技能培训。同时，对已进入非农产业就业的2亿多农民工开展岗位培训。

---

① 韩云鹏、涂莲英：《农民工培训的需求导因、制约因素和对策思考》，载《职教论坛》，2005年第6期（上）。

（三）构建职业培训体系，促进农民工城市进入

要提高农民工的人力资本，其根本做法是加大农村的基础教育投资，改善农村的义务教育环境，但这些措施的实施以及最终发挥效用，还存在着时滞。对于已经进入城市务工的农民工来说，年龄偏大同时面临严峻的生存压力，解决他们在城市中眼前的生计问题显得更为重要。因此，当务之急是构建农民工职业培训体系，促进农民工城市进入。

我国农民工的人力资本现状以及目前针对农民工和潜在农民工的职业培训的总体状况并不能满足城市非农产业发展的要求，也不能够满足农民工自身非农化和市民化的要求。现实中，绝大多数进城农民工做的是粗活、脏活和苦工，报酬低，就业竞争力弱，劳动自身价值低廉。现在农村富余劳动力缺的也正是就业竞争力，他们文化水平偏低，大多仅有小学文化知识，专业技能知识缺少，既是影响农村富余劳动力转移进城的主要障碍，也影响了农村的全面发展。因此，提高农村劳动力的文化素质，提高劳动技能知识，加强对他们开展专业技能知识培训，提高劳动就业本领，是各地方政府的重要职责。

农民工职业培训面临的另一个问题就是一些县乡（镇）对农村劳动力培训收费比较高，有的地方办各种技术知识培训班要收一两千元钱，甚至要收两三千元钱，有部分农民工付不起，只好望“班”生畏，无钱难过培训班。因此，各地要求真务实，设身处地为农民着想，采取多种多样的方式进行技术知识培训，多开些短期的技术知识培训班，开办些低费的，甚至免费的劳动技能培训班，扎扎实实地为农民兄弟办好事、办实事，使他们进城镇就业有一技之长、一专之能，为农村富余劳动力转移做好扎实工作，这是件得益于农民的大好事。当然，有条件的地方也可以采取长短结合的办法，在办好短期农民工劳动技能培训班的同时，可以调用各种办学力量，办职业技术中专、职业高中、职业技术学校以及成人教育中心等，对农民进行文化素质教育和职业技术知识培训，帮助他们提高向非农领域转移的就业本领，使农民工富有就业竞争力，成为一支具有现代就业知识的劳动队伍。

简言之，需要构建一个适应农村剩余劳动力转移的农民工职业培训体系：

第一，建立和健全多层次的农民工培训体系。农民工培训表面上看应由企业负责，因为农民工直接为企业生产经营服务，但实质上，农民工是在为整个国家的经济发展做贡献。因此，农民工培训需要政府、社会、用人单位多方面进行有效合作，协调配合，发挥力量的集成优势，建立健全国家、企业、个人多渠道、多层次、多形式的农民工培训网络。

第二，完善培训资金投入机制。解决农民工培训资金不足的关键是建立农民工培训投资分摊机制，按照“谁投资谁受益”的原则进行，形成多元化投资格局。首先，政府对加强农民工职业培训、开发人力资源负有重要职责。因此，政府应加大对农民工培训的扶持力度。其次，农民工素质的提高、技能的增强能使所在企业直接受益。因此，培训应以企业为主体，企业应增加对农民工培训的投入。再次，农民工参加培训可以提高其自身的人力资本，有助于其找到更好的工作岗位，增加其就业机会，提高其收入水平，因而农民工个人也应积极投资参加培训。最后，中小型金融机构也可以提供小额低息贷款帮助农民工在就业前接受职业培训，使其有一技之长，以便更好参与岗位竞争。

第三，健全与规范农民工培训市场。目前，健全与规范农民工培训市场要做到以下几点：一要打破培训市场由政府垄断的格局，整顿并规范培训市场秩序。政府应首先放开培训市场，以专业化的培训机构为培训承办主体，进行企业化运作，这样才能够为农民工培训开辟更大的空间。同时，政府有关职能部门要对现有的培训机构依法进行监管，在依法整顿改造的基础上提高其质量和水准。这样才能切实提高培训能力和水平，充分开发我国广大农村潜在的人力资源。二要统筹规划，把农民工人力资源开发与城乡劳动力资源开发有机结合起来，将农民工培训纳入国家整体就业培训系统之中。政府应加强对农民工培训和就业的规划与管理，搞好城乡培训和就业的统筹安排。当前农民工培训重点应放在农民工流入地，在流入地建立技能开发培训基地。三要全面推进职业资格证书制度。加强国家职业资格证书与就业制度的配套改革，强化职业资格证书作为劳动力市场“通行证”的就业准入制度的管理，引导和规范包括农民工在内的职业培训工作，促进职业培训主动面向多样化的市场需求，积极适应国家经济发展的需要。四要进一步健全与规范培训的信息发布渠道和制度。与招工信息渠道相比，我国就业培训信息的发布程序和渠道一直不够规范和健全。经验表明，把培训市场信息与就业市场信息相沟通，可使农民工在获得培训信息的同时获得就业信息，从而有助于增强农民工培训的针对性和实效性。

第四，制定农民工培训激励政策。用人单位负有培训本单位所用农民工的责任。用人单位开展农民工培训所需经费从职工培训经费中列支，职工培训经费按职工工资总额1.5%的比例提取，计入成本在税前列支。符合条件的教育培训机构，均可申请使用农民工培训扶持资金。获准使用农民工培训扶持资金的各类学校和培训机构，须相应降低农民工学员的培训收费标准。财政部会同农业部、教育部研究提出农民工培训扶持资金审批管理办法，报国务院批准后实施。对参加培训的农民工实行补贴或奖励。农民工自愿参加职业技能鉴定，鉴定合格者颁发国家统一的职业资格证书。任何单位不得强制农民工参加收费鉴定，鉴定机构要视情况适当降低鉴定收费标准。

第五，整合教育培训资源，提高培训效率。在充分发挥现有教育培训资源作用的基础上，改造和完善一批教育培训机构，加强基地建设，完善教学培训条件，建设一批能起示范和带动作用的农村劳动力转移培训基地。引导和鼓励各类教育培训机构在自愿的基础上进行联合，增加培训项目，扩大培训规模，提高培训的质量和效益。引导和鼓励教育培训机构与劳务输出（派遣）机构在自愿的基础上建立合作伙伴关系，通过签订培训订单或输出协议，约定双方责任和权益，实现培训与输出（派遣）的良性互动。对培训机构与输出（派遣）机构的合作，地方政府和有关职能部门要制定鼓励措施，加强业务指导。发展和改革农村教育，使农村职业学校、成人学校成为农村劳动力转移培训的重要阵地。充实农村普通中学职业培训和就业训练的课程安排。具备条件的农村初高中，要结合当地实际情况，将新增劳动力培训作为学校的重要工作内容。各类职业学校要扩大面向农村的招生和培训规模，积极开展农民工的职业技能培训。加强农村成人学校建设，充分利用农村成人学校开展农民工培训。城市职业学校和成人学校要结合市场需求，及时调整专业结构，积极开展进城农民工的教育培训工作。

二、社会资本与农民工城市进入

（一）农民工社会资本的占有情况

1. 社会资本及其测量

（1）社会资本的界定

社会资本概念20世纪80年代由法国著名社会学家皮埃尔·布尔迪厄（Pierre Bourdieu）正式使用以来，经詹姆斯·科尔曼（James Coleman）和罗伯特·普特南（Robert Putnam）等学者的进一步应用和发展，已经在国际学术界引起了广泛的争论和理论探讨。

布尔迪厄在《社会科学研究》的杂志上发表了题为《社会资本随笔》的短文，最先正式提出“社会资本”概念。他对社会资本的定义是：“实际的或潜在的资源的集合，这些资源与由相互默认或承认的关系所组成的持久网络有关，而且这些关系或多或少是制度化的。”他第一次明确指出了与社会资本密切相关的三个重要概念，即资源、网络和制度，并明确给出了社会资本的定义，布尔迪厄可以说是社会资本理论研究的开山鼻祖。

科尔曼从理性选择理论（Rational Choice Theory of Agency）出发，于1988年用社会资本的功能为社会资本下定义：“社会资本是生产性的，使得有些目的有可能实现，而没有它则不可能实现。”他一方面指出了创造和积累社会资本可以为自己的未来带来收益，揭示了人们进行社会资本的创造和积累的原因；另一方面他认为，两个个体之间建立有待偿还的义务关系构成了他们之间的联系纽带。

而普特南认为：“社会资本指的是社会组织的特征，例如信任、网络和规范，他们能够通过推动协调的行动来提高社会的效率。”显然，他是从社会结构和社会组织的层面来界定社会资本的，他综合和发展了布尔迪厄和科尔曼的定义，除了肯定社会资本包括网络和信任以外，还应该包括一定的社会规范，这种规范也可以看做是布尔迪厄所说的制度。普特南对社会资本的定义被目前研究社会资本的学者普遍引用。

俄林娜·奥斯特罗姆（Elinor Ostrom）综合了科尔曼和普特南等人的定义，将社会资本定义为“关于互动模式的共享知识、理解、规范、规则和期望，个人组成的群体利用这种模式来完成经常性活动。”[①] 她认为，以制度和因此形成的动机的形式存在的社会资本是影响物质资本和人力资本作用与生产和增长的关键因素，社会资本是物质资本和人力资本的必要补充。她还归纳了社会资本区别与其他资本的特征。

日裔美籍学者弗朗西斯·福山（Francis Fukuyama）在《公民社会与发展》[②] 一文中界定了社会资本的内涵，探讨了它的经济功能、政治功能及来源，并对如何培育社会资本提出了一些建议。他将社会资本定义为“一种有助于两个或更多个体之间相互合作、可用事例说明的非正式规范。这种规范必须能够用现实人际关系中的具体事例来说明，互惠性规范潜在地存在于人与人之间的交往之中，但是它们只有在跟我的朋友交往时才得以实现。”福山强调社会资本的可实现性，即“可用事例说明的非正式规范”；认为潜在的互惠性规范并不属于社会资本的范畴，这一点是值得推敲的。而且他指出社会资本不仅有正的外部性，同时也存在着负外部性，这也是研究社会资本时应该注意到的一个问题。

尽管不同的学者从自己的角度给社会资本下了不尽相同的定义，但是这些定义都含有相同的内核，那就是社会资本作为一种可以带来收益和价值的资本形态。不管是布尔迪厄所称之为的“制度化的网络资源”，科尔曼所说的“人与人之间有待偿还的义务关系”，普特南的“信任、网络和规范”，奥斯特罗姆“关于互动模式的共享知识、理解、规范、规则和期望”，还是福山的“有助于两个或更多个体之间相互合作、可用事例说明的非正式规范”，都包含了社会资本的两个主要内核：社会关系网络和制度资源，这些资源能够给个体带来一定的收益。

---

① A. 奥斯特罗姆（Elinor Ostrom）：《社会资本：流行的狂热抑或基本概念》，摘译自《社会资本》，世界银行 1999 年版。

② 弗朗西斯·福山：日裔美籍学者，哈佛大学政治学博士。选自《第三世界季刊》第 22 卷，2001 年第 1 期。

社会资本是与农民工城市进入与城市融合密切相关的问题。我们是将个体置于社会联系和关系网络中，考察这些联系和网络对农民工在城市的主要活动——就业的具体影响。从这个意义上，把社会资本定义为“个体从社会网络和其身处的社会制度中所可能获得的资源。”并把这种资源分为两个层面，一个层面是个体从社会关系网络中获取的资源（即关系型社会资本），另一个层面是个体从社会联系和社会制度（如组织、制度和规范等）中可以获得的资源（即契约型社会资本）。与以往国内外研究中过多关注农民工的社会网络关系的研究模式不同，我们将社会资本分解为“社会网络关系”（关系型社会资本）和“制度资源”（契约型社会资本）两个层面进行研究。

需要说明的几点是：第一，实际和潜在的非正式制度都是构成社会资本基本内核的元素；第二，非正式规范或者非正式制度并不构成社会资本基本内核的全部，还包括个体的社会关系网络；第三，网络包括两种类型，一种是内聚式的团体网络（cohesive community network），另一种是开放式团体网络（expansive community network）。所谓内聚式团体网络，是指专注于内部交往的网络类型，个体在这种网络中可以创造出一个具有共同文化和共同目标、忠于团队、具有同质性和归属感的团体。而开放式团体网络是指团体成员通过网络获得新的信息，发现新的资源，找到新的机会。这种网络恰恰成为组织隔阂之间的联结点，成为沟通不同分离和分割的团体之间的一座桥梁。但是这种开放式的利己主义很难创造统一的文化、共同的目标、一致的预期和协调行动，而往往容易产生利益冲突，组织结构十分脆弱，需要社会力量的介入和干涉，政府往往在创造这种类型的社会资本中发挥着至关重要的作用。

（2）社会资本的测量

研究个人社会资本的主要方法是“个体中心网”的研究。它是考察以每一个被研究者为中心延伸出去的网络情况。具体而言，又可以分为两种方法：提名生成法（name-generator）和位置生成法（position-generator）。

提名生成法是个体中心网的一种比较传统的方法，具体做法是根据研究的要求，让每个被研究者自己提出其社会网络成员的姓名，然后具体询问每一个成员的个人特征，成员与被研究者（即网络“中心”）的关系以及这些成员之间的相互关系等。具体的提名方法可使用互动方法，角色关系方法，情感方法和交换方法等，而提名的内容则可根据研究的需要来确定，目前研究较多的有“讨论网”（discussion network，即与被研究者讨论重要问题的人）和“支持网”（support network，即为被研究者提供支持的人）等。提名生成法的优点在于它可以对个人网络的具体情况进行详细的考察，缺陷在于它的边界不易确定，而且被调查者更可能提出与自己关系较密切的人，这样就容易遗漏掉网络中的“弱关系”。

位置生成法是一种比较新的专门用于考察社会资本的测量方法。它的出发点不在于了解被调查者的网络成员的具体特征，而在于直接考察被调查者从网络中所可能获取的资源的情况。具体做法是列出一个或几个标志社会地位的量表，要求被调查者回答其社会网络成员中是否有人符合表中所描述的特征。这种研究方法的优点在于它在实际操作中较之提名生成法更为简便，同时由于不涉及个人隐私，也更容易得到被调查者的配合。它的缺陷主要是只能测量社会资本，无法进一步了解被调查者的社会网络的具体构成情况。例如，网络成员之间的关系就很难通过位置生成法测量出来。

由于此处研究的主要目的是考察农民工的社会资本情况，所以采用“位置生成法”是符合研究目的和要求的。在具体运用“位置生成法”测量农民工的社会资本时，我们采用了边燕杰的“春节拜年网”的测量指标。边燕杰指出：在当今中国社会中，春节拜年是保持和发展人际关系的一种非常重要的义务。因此，通过对春节期间与被调查者有过拜年交往的社会关系的考察，可以比较准确地了解被调查者的社会关系网络状况。经过实际研究的检验，证明这种测量方法具有相当的信度和效度。

这次问卷调查是在2004年的春节期间，首先是专门针对农民工在当年春节期间以何种方式去拜访哪些人进行提问，这是为了考察农民工所拥有的网络规模或者数量。然后在问卷中列出了22种职业，让被调查的农民工分别回答在与其有拜年交往的亲属、朋友和其他熟人中，是否有人属于其中某一种职业的。职业类型的选择基本参照了边燕杰在“四城市调查”中所使用的分类，并按照人们对上述职业类别地评价，分别给这些职业赋予相应的分数。这些职业基本上涵盖了当今中国社会中的主要职业，可以作为衡量社会网络成员的结构地位的有效指标。

2. 农民工社会资本的实证分析

在测量农民工的社会资本时，主要考察农民工个人网络的三个方面，一是网络的规模或者数量，二是网络的密度和异质性，三是网络中所嵌入的资源，也就是个人社会网络中成员的社会地位特征以及相应的地位资源。

（1）网络规模的考察

这里使用边燕杰的“春节拜年网”对农民工的网络规模和数量进行考察。通过问卷的回答，可以直接将被调查的农民工所提到过的与其有过相互拜年联系的亲属、朋友和其他熟人的人数加总，就基本上反映了农民工核心社会网络中成员的数目，也就是网络规模的大小和数量的多少。根据调查数据，得出湖北省四县市农民工网络规模的平均值约为17，低于武汉市下岗职工网络规模平均值21，大大低于四城市居民网络规模平均值35。

（2）网络密度和异质性的考察

网络密度或者异质性代表的是网络成员之间相互联系的紧密程度，这里我们可以用农民工的社会网络中不同角色的成员所占比重来代替它。通过文献研究发现，以往对中国人的社会网络研究中，角色关系与网络成员之间联系的紧密程度高度相关，“亲属”之间关系大多较强，而“朋友”和“熟人”中少数关系较强，大多数关系较弱。而对中国农民的研究表明，他们的社会关系网络以亲缘和地缘关系为主，业缘等其他关系较弱，因此我们将农民工社会网络中成员的角色主要分为三种类型：“亲属”、“老乡”和“其他熟人”。“亲属”和“老乡”之间的关系大多较强，而“其他熟人”中少数关系较强，大部分关系较弱。因此，我们计算了农民工社会网络中“亲属”和“老乡”关系所占比重，以此作为反映农民工“网络密度或者异质性”的指标。[①] 网

① Bian, Yanjie, “Bringing Strong Ties Back in: Indirect Ties, Network Bridges and Job Searches in China”, *American Sociological Review*, 1997.
Ruan, Danqing, “The Content of the GSS Discussion Networks: An Exploration of GSS Discussion Name Generator in a Chinese Context”, *Social Networks*, 1998.

络密度越高，说明网络异质性越差。根据调查资料进行计算，得出湖北省四县市农民工网络密度平均值为75.19，高于武汉市下岗职工网络密度平均值50.15，也大大高于四城市居民网络密度平均值28.36。

（3）网络结构的考察

对于这个指标的考察我们可以通过“春节拜年网”中的地位资源的总量来获得。具体做法是：首先对职业量表中所列出的22种职业中的每一种都进行统计，看是否有拜年网中的成员从事了这种职业。如果一个人都没有，就将该职业赋值为“0”，如果有人从事该职业，则无论从事人数的多少，均将此职业取值为“1”，[①] 然后将这些取值为“1”的职业个数加总，就可以得到农民工“拜年网”中的职业个数；再将这些职业个数的地位得分加起来，即可得到农民工“拜年网”中的职业地位总分。

我们把19个职业类别按照职业得分由高到低的顺序进行排列，然后计算出被调查者的社会资本在每种职业类别中所占的比例，比例的高低反映的是该职业类别的社会关系给被调查者可能带来的社会资源的大小。职业类别得分高的所占比例越高，则社会资本结构越好，占有的社会资本越多；反之，职业类别得分低的所占比例越高，则说明社会资本结构越差，占有的社会资本越少。计算结果显示，农民工的社会资本占有情况呈现出结构上的两极分化，即得分较高的职业类别（如科学研究人员、大学教师、法律工作人员等）所占比例较低，而得分较低的职业类别（如饭店餐馆服务员、司机、产业工人等）得分反而很高。充分说明了农民工的社会资本结构不合理。武汉市下岗职工的社会资本占有情况比我们调查的农民工社会资本占有情况好得多，而四城市调查的城市一般社会居民的社会资本占有情况比武汉市下岗工人又要好很多（见表6－6）。

① 根据林楠（Lin，1982）的社会资源理论，处于同一社会地位的网络成员所能提供的社会资源基本是一样的，因此无论网络中处于某一职业地位的网络成员数量有多少，也不能将他们累加计算，而只能算作一个人。

表 6-6　职业地位得分以及与武汉市和四城市调查的比较

职业类别	职业地位得分	湖北4县调查所占比例(%)	武汉市调查所占比例(%)	四城市调查所占比例(%)
1. 科学研究人员	95	1.2	9.2	19.4
2. 大学教师	91	3.3	12.3	18.4
3. 工程技术人员	86	7.5	21.4	32.9
4. 法律工作人员	86	3.5	12.6	13.5
5. 医生	86	26.9	20.6	30.1
6. 政府机关工作人员	80	8.5	15.2	26.2
7. 中小学教师	77	41.3	27.0	44.6
8. 党群组织负责人	73	16.0	10.0	15.5
9. 企事业单位负责人	71	20.8	28.1	46.1
10. 经济业务人员	64	5.9	42.5	34.5
11. 会计	58	7.8	24.7	33.4
12. 行政办事人员	53	9.4	25.7	43.8
13. 民警	52	6.8	14.9	16.1
14. 护士	48	9.2	15.0	13.0
15. 司机	25	36.8	52.1	38.9
16. 厨师、炊事员	24	37.5	19.6	12.7
17. 产业工人	20	38.0	73.4	51.0
18. 饭店餐馆服务员	11	22.4	18.1	8.3
19. 家庭保姆、钟点工	6	7.1	8.3	6.0

注：1. 本次调查涉及的职业类别原来有22个，但为了比较研究的方便，在计算社会资本时只保留了在边燕杰“四城市调查”中出现的19个职业类别。

2. 其中四城市调查和武汉市调查数据来自于中国社会科学院社会学系赵延东的博士论文《下岗职工的社会资本与再就业》。

3. 农民工人力资本与社会资本的关系

(1) 农民工社会资本与人力资本的相关分析

布尔迪厄在论述其资本理论时，曾反复强调：不同类型的资本只有在特定的场域内才是有效的，但各类资本之间又是可以互相转换的。这表明各个人拥有的各类资本之间存在着一种隐秘的相互关联。林楠指出社会资本与人力资本之间存在着正相关关系，拥有较高人力资本者更有可能扩大自己的网络范围或联系到更高地位的网络成员，从而使自己拥有更加丰富的社会资本。这些都说明，个人拥有的资本之间可能存在着相关的关系。下面我们就用湖北省 4 县（市）问卷调查的数据验证上述结论。

另外，我们有必要验证上述结论正确与否，因为它直接关系到本次调查的后续研究。如果农民工的人力资本和社会资本之间如果存在着高度相关关系，当我们在后续研究中以农民工的个人资本（包括人力资本和社会资本）作为自变量进行回归分析时，就有可能因为自变量之间的强相关关系而产生“多重共线性”问题，如果回归分析中出现多重共线性问题，将对回归系数与回归平方和产生影响，致使回归系数无法准确反映自变量对因变量的内在效应。因此，我们也有必要在此先考察一下农民工的人力资本和社会资本之间的相关情况。

表 6－7 反映了农民工拥有的社会资本（用网络规模、网络密度、职业类别个数和职业类别得分四个变量来反映）和人力资本（用受教育程度来反映）之间简单相关关系的相关系数矩阵。

表 6－7　农民工社会资本和人力资本相关分析

	网络规模	网络密度	职业类别得分	职业类别个数	受教育程度
网络规模	1				
网络密度	－0.162**	1			
职业类别得分	－0.029	－0.155**	1		
职业类别个数	0.076	－0.079	0.899**	1	
受教育程度	0.097	－0.063	0.111**	0.116*	1

** 相关系数在(双尾)0.01 的水平上显著

* 相关系数在(双尾)0.05 的水平上显著

从相关分析的结果来看，农民工的网络规模与受教育程度之间有微弱的正相关关系，偏相关系数仅为 0.097；网络密度与受教育程度则呈微弱的负相关关系，偏相关系数为－0.063；职业类别得分与受教育程度呈显著正相关关系，偏相关系数为 0.111；而职业类别个数与受教育程度也呈显著的正相关关系，偏相关系数为 0.116。

尽管农民工的社会资本和人力资本之间具有一定的相关性，但是对于初次进城打工的农民工来说，社会资本发挥的作用远远大于人力资本。许多研究表明，农村劳动力在城市就业的成功，往往是将人力资本和社会资本较好地结合了起来。农民工在求职过程中是否使用了社会资本对其收入状况有着极为明显的作用，在求职时使用过社会网络和社会资本的农民工较之那些没有使用过社会资本的同伴而言，更可能获得较高的收入。从某种意义上来说，农民工的社会资本对其收入的影响，要远远高于人力资本的影响。①

中国科学技术促进发展研究中心赵延东等人通过问卷调查，将人力资本、社会资本作为自变量，将农村劳动力在城市取得的收入作为因变量建立模型，分析结果简单示意图见图 6－1。从图中可以看出，总体来说，社会资本对农民工的收入有重大影响。在文化程度比较低的农民工中，使用了社会资本，对其收入提高作用更为明显。而在受过高等教育的迁移者中，如大专以上，收入受社会资本影响比较小。

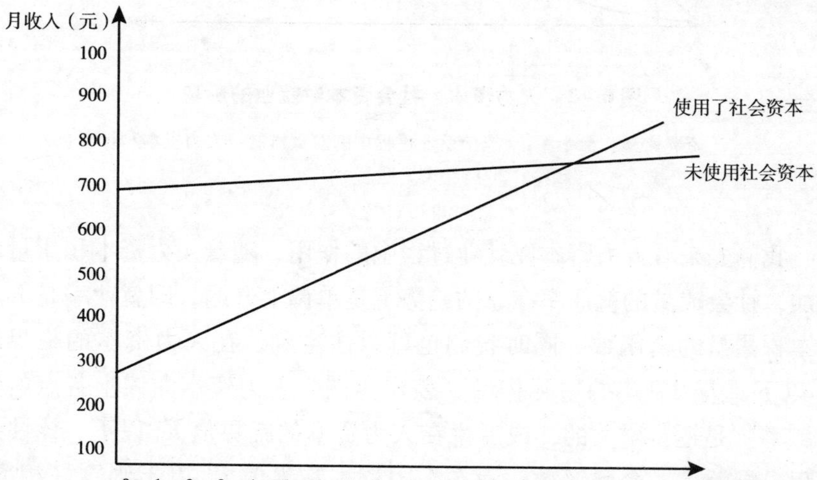

图 6－1　农民工的人力资本与社会资本交互作用

① 引自《中国城市化过程中的乡城劳动力迁移研究——根据人力资本投资的视角》，该论文是复旦大学人口、资源与环境经济学专业博士生蔡新会的博士论文文稿，2004 年 5 月。

(2) 社会资本和人力资本对农民工城市就业的作用

社会资本和人力资本在就业过程中的作用我们可以用图 6－2 来大致表示。其中，K 表示资本量，两条曲线分别表示人力资本和社会资本随着资本量的增加的就业概率。

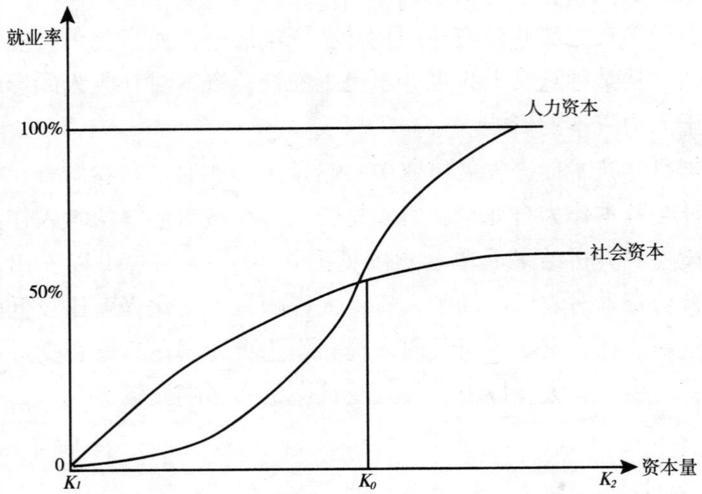

图 6－2　人力资本、社会资本对就业的影响

资料来源：徐小军：《当前就业过程中的双重机制：人力资本和社会资本》，载《人文杂志》，2002 年第 3 期。

我们先来看人力资本在就业过程中的作用。随着人力资本积累量的增加，社会成员的就业率在总的趋势上是单调上升的，即就业率是人力资本积累量的增函数。同时我们也可以注意到，在人力资本的临界值 K_0 以下，人力资本的边际作用（表现为图中人力资本曲线上各点的切线斜率）是逐步增大的，或者说在人力资本的临界值 K_0 以下，该曲线方程求导后是一个增函数，而在人力资本临界值 K_0 以上则刚好相反，人力资本的边际作用是逐步减小的。

再来看社会资本在就业过程中的作用。同样从图中我们可以看出，在总的趋势上看，随着社会资本积累量的增加，社会资本在就业活动中的作用也一直是增长的，但与人力资本作用不同的是，其对于社会成员就业的边际作用一直在减少，特别是在社会资本积累量的临界值 K_0 以下（这一临界值在目前的中国为本科毕业），社会资本的边际作用变化得更快。

需要指出的是，由于 K_0 这一临界值在目前的中国大致定位在本科毕业的人所拥有的人力资本水平上。根据调查发现，农民工所拥有的人力资本基本上都在本科以下，否则就不被称之为农民工了。因此我们在运用这个曲线图来说明问题的时候，只需要关注 K_1 到 K_0 之间的部分即可。在这个区间内我们可以很明显地看到，在相同的资本量下，使用社会资本就业概率比使用人力资本的就业概率要大的多。而超过 K_0 这一临界值，在相同的资本量下，使用人力资本的就业概率则大大超过社会资本。这充分说明了一个事实：对于人力资本存量较差的人群和社会地位较低的社会阶层，他们在求职和就业过程中更多地倾向于使用社会资本而非人力资本。本次调查的结果也支持我们的这一假设和结论。从用人单位对学历的要求来看，没有学历要求的占 52.9%，超过被调查人数的一半；要求具有小学文化程度的占 13.7%；要求具有初中或技校文化程度的占 25.7%；要求具有高中、职业高中或中专文化程度的占 6.8%；而要求具有大专及以上文化程度的仅占 0.9%（见表 6-8）。

表 6-8　用人单位对学历的要求

用人单位对学历的要求	频　数	有效百分比(%)
大专及以上	4	0.9
高中/职业高中/中专	29	6.8
初中/技校	109	25.7
小　学	58	13.7
没有学历要求	224	52.9
总　计	424	100.0

资料来源：武汉大学经济研究所课题组问卷调查数据，2004。

正是因为人力资本在农民工求职和就业过程中的作用不显著，我们着重分析社会资本对农民工求职和就业的作用是非常有意义的。

（二）农民工社会资本的使用情况

1. 农民工拥有社会资本与城市进入

（1）农民工的工作搜寻时间

考察农民工就业机会获得的难易程度，我们用工作搜寻时间的长短来测量。在本次调查中，我们把农民工工作搜寻时间划分为一个星期以内、一个月以内和一个月以上三个阶段。因为对于农民工而言，在城市里能否顺利找到工作是决定他们去留的一个最为重要的因素。超过一个月以上，在城市里的生活成本高，又没有收入来源，他们往往选择了返乡。所以，我们把工作搜寻时间基本上限制在一个月以内，这样比较符合农民工找工作的实际情况。

从调查结果可以看出，工作搜寻时间在一个星期以内的占被调查总人数的73.8%，一个月以内的占20.3%，而一个月以上的仅占5.9%（见表6－9）。这一结果充分说明，社会资本的使用大大增加了农民工就业的概率，减少了工作搜寻时间，节约了时间成本。

表6－9　农民工的工作搜寻时间

工作搜寻时间	频　数	百分比（%）
一个星期以内	313	73.8
一个月以内	86	20.3
一个月以上	22	5.9
合　计	424	100.0

资料来源：同表6－8。

（2）社会资本的使用与工作搜寻时间的相关分析

是否使用亲戚老乡等社会关系（也就是社会资本）对农民工工作搜寻时间有没有影响呢？下面我们就来分析这两个变量之间的关系。从表6－10的分析结果可以看出，工作搜寻时间的长短与农民工是否使用社会资本之间存在微弱的正相关关系，相关系数为0.153，显著性水平为0.002，表明不相关假设成立的概率很低，只有0.002。也就是说，农民工所拥有的社会资本对于他们找工作的搜寻成本和搜寻时间有着一定的正的影响，社会资本有利于节约农民工在城市找工作的交易成本和等待成本。

表 6-10 是否使用社会资本与农民工工作搜寻时间之间的相关分析

	统计量	工作搜寻时间	是否使用亲戚等社会关系
工作搜寻时间	斯皮尔曼相关系数	1	0.153*
	显著性水平		0.002
	有效观测量	422	422
是否使用过社会资本	斯皮尔曼相关系数	0.153*	1
	显著性水平	0.002	
	有效观测量	422	422

* 相关系数在（双尾）0.05 的水平上显著

资料来源：同表 6-8。

2. 对农民工求职途径的考察

求职途径是指劳动力获得就业机会的具体方式。个人求职和就业途径大致可以分为自然继承型、劳动市场继承型、亲友介绍型、社会分配型、个人谋业型和社会选拔型等。① 卢汉龙曾根据对上海市的经验材料的分析，总结出现阶段中国城镇劳动者取得职业的四种主要就业和求职渠道，分别是：计划体制渠道、劳务市场渠道、人力资本渠道和社会网络渠道。② 可见，社会网络已经成为市场和计划以外的第三种配置资源的方式。

调查显示，农民工找工作的信息来源渠道主要还是以亲朋好友等熟人关系为主，而通过家乡村委会等政府组织获得就业信息的比例非常小。吴鹏森在对安徽省 18 个固定观察点抽样调查的结果也表明，“农民工进城的组织程度相当原始，绝大部分处于自发的初级组织状态，政府、村集体和民间职业介绍组织出面进行组织农村劳动力外出所占的比重极小，只占 6%，其余 94% 都是由农民自发组织通过熟人带出去的，并且以‘滚雪球’的方式不断传递着。……这种自发形成的组织主要

① 袁方：《劳动社会学》，中国劳动出版社 1992 年版，第 87～89 页。

② 卢汉龙：《劳动力市场的形成和就业渠道的转变——从求职过程看中国市场化变化的特征》，载《学术季刊》，1997 年第 2 期。

建立在地缘关系和血缘关系的基础之上，通常没有正式的组织结构，也没有明确的组织目标、组织章程和组织指挥系统，组织活动既不正规也缺少制度化程序”。因此，这种组织具有松散性特征，只有在面临某种具体问题时才开展组织活动。①

农民工求职可能使用的主要三种途径：一是单位招工，二是职业介绍机构，三是使用社会关系网络（亲戚、老乡等社会关系）。前面两种反映了农民工制度化的求职途径，后面一种是非制度化的求职途径。通过问卷调查发现，23.1%的农民工在求职过程中使用过单位招工的途径，11.8%的农民工在求职过程中使用过职业介绍机构这种途径，而对社会关系网络途径的使用者占86.7%。以上数据充分表明，农民工求职途径主要是一种非制度化的途径，对社会资本的使用非常集中，社会资本也是他们求职的决定性途径。

亲戚介绍（亲缘和血缘关系）是农民工找到工作的第一位的决定性途径，占37.3%，其次是老乡介绍（地缘关系），占35.8%；第三位的是其他熟人介绍，占10.1%。这三种途径加起来约占83.2%，充分表明亲缘、地缘和血缘关系是农民工求职和就业过程中决定性的力量（见表6－11）。

表6－11　农民工的求职渠道

求职渠道	百分比(%)
亲戚介绍	37.3
老乡介绍	35.8
其他熟人介绍	10.1
其他(职业介绍机构、单位招工等)	16.8
合　计	100.0

资料来源：同表6－8。

3. 求职过程中关系人的特征

关系人（contact）指的是在农民工求职过程中为其提供了信息、帮

① 吴鹏森：《进城农民：中国社会特殊的身份集团》，载《安徽师范大学学报（人文社会科学版）》，1998年第2期。

助或其他资源的社会网络成员。对关系人特征的研究可以很好地说明求职过程中农民工对社会资本的使用情况，因此我们在此对关系人的特征做一个详细的考察。

中国人在确定关系强度时，主要考虑的是以角色为基础的，综合亲密、熟悉和信任程度的标准。我们采用多重指标来测量关系的强度，在问卷中我们询问了在农民工找到工作的过程中帮助最大的那个人的一系列情况：

（1）此人与农民工的角色关系，分为“亲戚”、“老乡”、“同学/战友”、“其他熟人”、“间接关系”五种类型；

（2）此人与农民工认识的时间，分为四个层次，“一个月以内”、“一年以内（含一年）”、“一到三年（含三年）”、“三年以上”；

（3）此人与农民工的交往频率，分为“经常来往”、“偶尔来往”、“很少来往或很久没有来往”；

（4）此人与农民工的熟悉程度，分为“不熟”、“不太熟”、“比较熟”、“很熟”；

（5）农民工对此人的信任程度，分为“不信任”、“不太信任”、“比较信任”、“很信任”。

然后，我们将第（2）、（3）、（4）、（5）项指标中的四个变量（认识时间、交往频率、熟悉程度、信任程度）通过主成分因子分析法（Principal Components Factor Analysis）进行了简化。因子分析的结果如表6－12所示，四个变量的共同度除了“认识时间”稍微低一点以外，其余三个的共同度均高于0.5。最后提取了一个公共因子，可以解释原始变量中约60.3%的方差。这些指标说明了我们的因子分析是成功的，因此，我们将这个因子的因子得分保留下来，作为反映关系强度的综合指标。

下面再来看关系人的角色关系分布情况。值得指出的是，缺失值表明被调查的农民工在求职过程中没有使用过关系人的情况，或者是使用了关系人，但是没有反映出来的情形，这些人占到16.8%。在使用了关系人的83.2%的农民工中，关系人是亲戚和老乡的分别占37.3%和35.8%，而“同学/战友”、“其他熟人”、“间接关系”一共才占10.1%（见表6－11）。分析结果表明，农民工的关系人角色主要分布于亲缘（血缘）和地缘关系，这一结果也充分验证了我们的假设。

表 6－12　对关系人与本人关系强度进行因子分析的结果

	共同度	负荷值	公共因子的方差贡献率
认识时间	0.415	0.645	60.284%
交往频率	0.556	0.746	
熟悉程度	0.763	0.873	
信任程度	0.677	0.823	

资料来源：同表 6－8。

（三）农民工社会资本的积累

农民工的社会资本虽然数量还比较可观，但是质量低下，而且在结构上处于金字塔底部，对于其就业和自身发展不利。农民工占有和使用的社会资本属于关系型社会资本，这一类型的社会资本是社会地位处于较低层次的人群在求职过程中最常使用的社会资本，随着社会市场化程度的逐渐提高和“小政府、大社会”状态的发展和市民社会的不断推进，这种类型的社会资本终究是社会资本发展过程中的过渡形态，必然会向现代契约型社会资本转变。关于农民工社会资本总体匮乏的原因，不仅与农民工自身的特点和边缘性社会经济地位有关，而且与转型时期中国对农民工的相应制度安排不无关系，当然，中国两头大、中间小的“哑铃型”社会结构和非志愿性组织的缺位也是影响农民工社会资本匮乏的一个重要因素。因此，我们就从农民工、政府、志愿性组织等几个方面来讨论农民工社会资本的积累机制问题。

1. 农民工的社会资本自我投资

（1）社会资本自我投资模型

个体的社会资本和人力资本十分相似，所以许多关于人力资本投资的研究理论也大体适用于分析社会资本。我们可以建立一个简单的社会资本投资模型，在这个模型中，社会资本被视为财富变量 S，它在各个时期都带来市场和非市场的效益，分别用 R_M 和 R_N 表示。市场效益包括所有能够帮助自己更加有效找到工作以及完成工作的社会技能和社会交往，当然也包括获得工作时起码应该具备的社会技能；非市场效益包括源于社会资本投资而带来的广泛的社会回报（这种回报也有可能是直接的心理愉悦)。假如个人从事的是一份需要与外界联系异常紧密的职业，那么他的市场效益的回报预期会提升许多。

这个模型表明投资社会资本需要花费一定时间，而这个时间是计入成本的，它应该是一个反映人们以怎样的速率将自己的未来予以“贴现”的变量。模型还表明社会资本也可能会贬值。预计当个人离开社区集体时，他所拥有的社会资本会失去价值。有鉴于此，我们提出的投资模型考虑并分析了个人离开自己原住社区的可能性变量。

在这些假设前提下，个人的社会资本投资具有相当多的可选择性。个人对社会资本投资将在某一点上达到均衡，在该点上社会资本的边际投资成本等于边际投资收益。当个体流动性增加或人随岁月的流逝渐渐变老时，个人对社会资本投资会下降；而当社会技能在职业上获取的社会回报增多或者社会资本贬值率变低时，相应地，个人对社会资本的投资会上升。

预计一条倒“U”形的曲线可以用来描述社会资本和年龄之间的关系：总的来看，随着人们年龄增大，社会资本投资总量会有一个积累增多的阶段；但到后来，从社会资本投资获利太低以致继续投资不再划算，这一时段个人对社会资本的投资变得极少，甚至经常不足以弥补社会资本贬值的损耗。

首先列出一个进行社会资本（S）投资的动态法则：

$$S_t + 1 = \theta S_t + I_t$$

其中 θ 表示现有社会资本的贬值率，I 为对社会资本的投资。

虽然计量个人获得的社会回报是衡量社会资本的最理想的工具，但是或许个体在组织内的成员资格之类的指标也可以作为 S 的代理指标（它们也能被解释为投资的某种形式）。投资 I 会有时间成本 $C_{(I)}$（时间机会成本的作用会放大它的影响程度，用 W 表示）。T 为个体的生命期限，β 为个人对未来的贴现率，δ 为个人离开原住社区的概率（一旦离开，便失去价值）。在满足以上假设条件情况下，个体对社会资本投资会达到一个均衡点，即边际私人成本（考虑时间成本，用进行社会资本投资所需的边际时间量 W 乘以 $C'_{(I)}$），用公式表示如下：

$$WC'_{(I)} = \sum_{j-1}^{T-t} \beta^1 \delta^{j-1} \theta^j (R_M + R_N) = \frac{(R_M + R_N)\beta\theta(1 - (\beta\delta\theta)^{T-t})}{1 - \beta\delta\theta}$$

根据条件不同，个人社会资本投资将会：

1）随个人对未来贴现率的提高而上升；

2）随个人离开原住社区的概率的提高而下降；

3）随时间机会成本的提高而下降；

4）随个人从事职业所需社会技能的回报的提高而上升；

5）随社会资本的贬值率的下降而提高；

6）随个体的生命期限的临近终结而下降。①

（2）农民工的社会资本自我投资

根据格拉泽的社会资本模型，农民工要积累社会资本，需要从以下几个方面进行社会资本的投资和积累：

第一，尽快融入现有的城市社区，以弥补离开原有农村社区带来的社会资本损失。农民工的居住方式主要是租住私房或者单位集体宿舍，而且租住的私房主要集中在城乡结合部的“城中村”，这些社区居住着来自各地的各种身份的人员，既有城市原有郊区城市化了的私房主，也有大量来自全国各地的农民工。由于不同身份和经历的人对社区的认同感不尽相同，特别是外来的农民工，背井离乡的生活使他们很难找到归属感。虽然通过血缘、地缘关系能够在所在城市结成新的社会关系网络，但是，离开原有的农村社区对于农民工而言本来就意味着社会资本的损失和关系网络的淡化。真正融入社区，才能够建立新的更有价值的社会关系网络，积累更多的社会资本。

第二，在工作过程中不断提高自己的工作技能，以期获得更高的回报。上述模型表明，提高工作技能不仅是积累人力资本的重要途径，也是积累社会资本的途径之一。而且由于人力资本与社会资本之间存在一定的相关性，积累人力资本同时也会促进社会资本的积累和形成。

第三，采取不断维护的方法，避免社会资本的贬值。社会资本作为资本的一种形式，也会随着时间的推移而贬值。因此，对社会资本的维

① 该模型引自美国哈佛大学经济学教授爱德华·格拉泽的题为《社会资本的投资及其收益》的工作论文，http：//www.nber.org/papers/w7728。

护和不断投资是必要的。

2. 农民工的社会资本外部投资

(1) 政府通过公共产品供给生产社会资本

第一，提高农民工流动的组织化程度，实现农业剩余劳动力向城市转移的有序性。目前农民工的流动主要是依靠低层次的社会资本。农民工求职中面临的一个重要问题就是组织化程度低，政府和市场中介组织的服务显得十分必要。赵树凯曾经概括了政府有组织的劳务输出的两个主要的功能："一是降低流动的成本，二是确定流动的合法性。"① 但是目前为农村劳动力流动提供有组织的服务的地方政府并未形成规模，一些地方已经开始着手这方面的工作。许平以四川省成都市的竹镇为蓝本做了一个针对政府有组织劳务输出的个案研究，将竹镇劳务输出的动员机制和控制机制做了详细生动的分析，这对于我们地方政府开展有组织的服务提供了借鉴。②

需要指出的一点是，加强对农民工进城的组织和管理，目标不是实现由政府组织农民进城，搞所谓的"有计划的流动"。目前由政府出面进行组织农民进城不是一个普遍现象，而且在有限的个案中成功的也不多见，原因可能在于一些政府在组织农民外出的过程中，主要不是为了农民的利益，而是为了控制农民外流，强化行政干预，结果是手续增多、证件增多、费用增加、成本提高，使为外出农民提供服务扭曲为通过"有计划的流动"创收和干预农民流动。这与我们的出发点和初衷是背道而驰的。

第二，建立农民工的就业培训制度。农民工在第一次流入城市就业时，一般不具备相应的岗位技能，为了生存需要，就需要掌握一定的技能。从农民工市民化这一长期过程出发，就业培训也是他们在城市持续发展和沉淀的必要条件之一。但是，农民工的需求和现实的就业培训制度供给之间存在较大的差距，少数企业为了提高工作效率对农民工进行了岗位培训，但是他们的出发点是企业盈利，真正从农民工发展的角度

① 赵树凯：《农村劳动力流动的组织化特征》，载《社会学研究》，1997年第1期。

② 许平：《从政府行为到市场行为——竹镇劳务输出个案研究》，出自李培林主编：《农民工——中国进城农民工的经济社会分析》，社会科学出版社2003年版，第237～251页。

考虑就业培训的问题应该是政府的公共政策之一。流出地和流入地政府都应该对农民工的就业培训制定相关制度，可以对农民工进行基本法律知识、维权意识、基本技术等培训，政府还应该鼓励发展中介服务组织和职业介绍机构等，形成信息、咨询、职业介绍和技术培训一体化的就业培训体系。

第三，建立覆盖农民工的社会保障制度。农民工作为城市最大的边缘性弱势群体，经常面临着一系列的困难和问题，是对社会保障需求最迫切、同时又是最无奈的群体。他们处于城市社会保障和农村土地保障之间的“真空”地带，而且由于工作性质的不稳定，他们是失业风险最大的群体。因此，扩大社会保障制度的覆盖面，为农民工在城市的工作和生活提供必要的失业保险、养老保险和工伤医疗保险等，是政府亟待解决的重大问题。

事实上，社会保障制度覆盖到农民工并不一定给城市社会保障带来巨大的负担，以养老保障体系为例：蔡昉等人曾经对农村迁移劳动力进入养老保障体系的效应进行了分析。他们假设目前已经常住城镇的农村迁移劳动力为9000万人，其年龄结构与他们2001年进行的五个城市调查中外来打工者的分布一致，并按照与城市职工相同的年龄标准退休。除了把目前已经在城镇常住的打工者吸纳进来之外，他们还假设今后十几年的时间里再转移出9000万农村劳动力，即假设从现在起到2020年之前，每年平均吸纳90万农村迁移劳动力到城镇的养老保障体系中。由此，他们模拟了四种情形，到2020年，每一种情形具有不同的社会养老负担。第一种情形，不把农村迁移劳动力吸纳到城镇养老保障体系，且继续实行现收现付的旧体制，社会的养老负担率最高，到2020年达到44.2%。第二种情形，继续实行旧体制，但由于把农村迁移劳动力吸纳到城镇养老保障体系，社会的养老负担率可以减轻，到2020年时只有37.1%。第三种情形，虽然不把农村迁移劳动力吸纳到城镇养老保障体系中，但实行养老保障的新体制，可以把2020年的养老负担率降低到31.7%。第四种情形，既实行完全的个人积累养老保障体制，同时又把农村迁移劳动力吸纳到这个体系中，社会养老负担率最低，到2020年时只有25.3%，比第一种情形低大约 19 个百分点。①

因此，要强制推行基本社会保险。凡进城入籍农民，自办实体或从事个体工商户的，要强制性要求他们为自己缴纳社会养老保险金和大病统筹保险金这两项最基本的社会保障基金。在城市其他单位务工的农民，要按当地城市社保要求强制用工单位为他们缴纳社会养老保险基金、大病统筹基金和工伤保险基金，其他保险项目可视情况再扩大。城市的社会保障网络要覆盖到进城入籍的农民，要在同等条件下与城市市民享受同等的城市社会保障和福利待遇。

第四，加大农村教育投资力度，为农民工子女在城市就学提供有保障的制度环境。在促进社会资本的形成和产生方面，政府可能拥有最强能力的领域是教育。一方面，根据个人社会资本投资模型，人力资本的提高有助于提高农民工的工作技能，从而带来更多的社会回报和收益，而工作技能的提高以及由此带来的收益的提高会提高农民工的社会资本；另一方面，教育制度以社会规则和规范的方式传输着社会资本。不但初等教育和中等教育如此，高等教育和职业教育也是这样。

中国的教育投资在 GDP 中所占的比重是很低的。从表 6－13 可以看出，1995 年中国的教育公共支出占 GDP 的比重仅为 2.5%，不仅低于世界平均水平 5.2%，也低于其他许多国家。因此，政府应该加大对国民的教育公共支出。

表 6－13　1995 年教育公共支出占 GNP 的比重

国　家 或地区	教育公共支出占 GNP 的比重 （%）	国　家 或地区	教育公共支出占 GNP 的比重 （%）
世界平均	5.2	马来西亚	4.7
中　国	2.5	新加坡	3.0
菲律宾	3.0	巴基斯坦	2.8
中国台湾	4.1	土耳其	2.2
印　度	3.3	韩　国	3.7

① 蔡昉、孟昕：《人口转变、体制转轨与养老保障模式的可持续性》，载《比较》，2003 年第 10 期。

续表 6－13

国　　家 或地区	教育公共支出占 GNP 的比重 （%）	国　　家 或地区	教育公共支出占 GNP 的比重 （%）
埃　　及	4.8	加 拿 大	6.9
墨 西 哥	4.9	德　　国	4.8
巴　　西	5.1	前 苏 联	3.5
阿 根 廷	3.8	波　　兰	5.2
美　　国	5.4	匈 牙 利	5.3
日　　本	3.6		

资料来源：［美］詹姆斯·J. 赫克曼：《提升人力资本投资的政策》，复旦大学出版社 2003 年版。①

首先我们来看政府对农村教育的投资。之所以特别强调加大对农村教育的投资力度，是因为在中国现阶段，城乡义务教育的投资是及其不平衡的。由于义务教育采取“分级办学、分级管理”的教育体制，基础教育由县、乡两级财政管理，义务教育阶段的经费主要是由地方政府负担。相比较而言，农村地区的财政收入大大低于城市，所以农村义务教育的办学条件和教学硬件和软件设施都赶不上城市，在事实上造成了义务教育的不平等。而且，这种教育的不平等还通过代际之间的传递，形成农村教育匮乏的代际之间的继承性。这对农民工的社会资本积累产生着深远的影响。

随着农民工的逐渐增多，学龄的农民工子女（也就是有关部门所指的流动儿童、少年人口，按照 1998 年国家教育委员会、公安部联合颁布的《流动儿童、少年就学暂行办法》，流动儿童、少年人口是指 6～14 周岁或 7～15 周岁，随父母或其他监护人在流入地暂时居住半年以上、有学习能力的儿童和少年）在城市就学的问题日益成为严峻的社会问题。同样由于“分级办学、分级管理”的义务教育体制，农民工子女的就学问题成为一个“真空”地带。流入地政府认为，农民工子女的义务教育属于政府行为，应该由流出地政府统一管理；而流出地政府

① 引自蔡新会：《中国城市化过程中的乡城劳动力迁移研究——根据人力资本投资的视角》，复旦大学博士论文，2004 年 5 月。

则认为，农民工为流入地城市经济发展和建设做出贡献，应该享受相应的义务教育的权利，因此流入地政府应该对农民工子女的就学问题负责。政府部门之间的相互推诿使农民工子女的就学问题被推到社会的边缘。尽管目前北京等大城市对农民工子女的就学问题采取了一系列的措施，如设立民工子弟学校，公立学校放宽对农民工子女入学的限制条件，但是农民工子女的就学问题依然不容乐观。如果不能够很好地保障他们的就学权益，不仅直接影响到他们以后生存和发展面临的人力资本积累偏低的问题，难以通过社会的垂直流动来改变其社会地位，而且有可能造成心理上的困惑和行为上的失范。

因此，政府要保障进城农民工子女公平接受义务教育的权利。这是法定的义务，要明确和落实以流入地城市政府负责进城农民工子女的义务教育工作，流入地政府要采取有力措施，使进城农民工子女以公办学校为主接受义务教育，并鼓励创办在政府监管资助下的民办学校接收进城农民工子女上学，除正常的学杂费外，不准对进城农民工子女收取赞助费和借读费等将城市接收进城农民工子女上学所增加的费用纳入当地财政有关教育事业费的预算。

第五，制定相应法律法规保障农民工的合法权益。农民工作为被雇佣的一方，在供过于求的劳动力市场上本来就处于劣势，再加上农民工本身就是城市里的弱势群体和边缘群体，法律法规对农民工的保护还远远不够。建筑工地经常发生的工伤事故、玩具厂的火灾等突发危险经常威胁着农民工的生命安全，对农民工工资的拖欠时有发生。这些都需要通过相应的法律法规予以规范。

（2）政府通过公共政策减少社会资本储备的消耗

尽管社会资本存在显著的正外部性，但是我们也不应忽视其可能存在的负外部性。政府不仅能够做一些积极的事情来创造社会资本，而且也能够通过阻止一些事情来减少社会资本储备的消耗。

例如，国家可以通过有效提供必需的公共物品，特别是通过保护财产权和公共安全，间接地促进社会资本的创造。由于城市农民工的大量存在，城市社会治安问题显得十分突出。因此，国家对公共安全的保护政策以及对犯罪团伙的打击力度将对农民工与城市居民之间的交往产生直接影响。在公共互动和财产权方面有一个稳定而安全的环境，那么信任完全可能通过理性个体的重复互动而自然产生。

(3) 民间志愿组织与农民工的社会资本积累

据西方学者研究，社会资本的产生和更新与志愿性部门紧密联系在一起。[①] 民间志愿组织是社会中间组织，它是公民社会的基础。志愿部门有以下几个特点：第一，是政府与市场之间的公共领域；第二，是一种结构性组织；第三，处于正式国家制度之外；第四，不会将利益分配给股东或指导者，属于非营利组织；第五，是自治性组织，主要依赖组织内部成员的自治；第六，经常举办有意义的私人志愿活动；第七，具有自下而上的典型特性。

中国是缺乏社会中间组织的社会，社会协调呈“哑铃型”——一端是强大的政府，另一端是原子化的个人和家庭，独缺中间组织。中国是以血缘为纽带的人际关系圈，家族以外缺乏信任，使无关系的人很难组成社团或组织。建立志愿性中间组织，如工会、协会、互助会，沟通个人、家庭、企业、政府的关系，把整个社会连为一体。民间志愿组织可以突破狭隘的家族意识，培养参与意识，让人们从家庭里走出来，融入社会。要突出民间志愿组织的自愿性，政府在志愿组织中可起协调作用，但不能让政府意愿转移至民间组织，使其失去独立性，从而起不到加强社会资本的作用。

---

① 肯尼思·纽顿：《社会资本与现代欧洲民主》，出自李惠斌主编，《社会资本与社会发展》，社会科学文献出版社 2000 年版，第 390～402 页。

第七章　社会保障与农民工城市融合

一、社会保障的建立促进农民工城市融合

（一）社会保障的内涵与体系

1. 社会保障的内涵

社会保障，顾名思义是社会向社会成员提供基本生活保障。然而，在如何理解社会、社会成员、基本生活、保障手段和程度等一系列概念上，各国各地区由于历史文化、社会经济、发达程度的差异而形成了许多不同的看法。迄今为止，各国学者和有关国际组织给社会保障下的定义不下十余种。

英国是西方国家中最早实行社会保障制度的，其特点是保护低收入者和有特殊困难者，并注重增进全体公民的福利。1941 年，以威廉·贝弗里奇为首的一个调查英国社会保险现状的委员会提出了题为《社会保险及有关服务》的报告即著名的“贝弗里奇报告”。该报告认为，社会保障就是对收入达到最低标准的保障。国家所组织的社会保险和社会救济的目的在于保证以劳动为条件获得维持生存的基本收入。贝弗里奇认为，社会保障是指人民在失业、疾病、伤害、老年以及家主死亡、薪资中断时，予以生活经济的保障，并辅助其生育婚丧

的意外费用。[①] 他还强调，对失业者采取的措施，应同尽快解决收入中断的办法如就业辅导、培训密切联系起来。这是一个描述性定义，大体上能反映各国社会保障制度的共同特征。

美国在1935年正式推出《社会保障法》。美国对社会保障的解释是："根据社会保障法制定的社会保险计划，对于因年老、长期残废、死亡或失业而失掉工资收入者提供保障；同时对老年和残废期间的医疗费用提供保障。老年、遗属、残废和健康保险计划对受保险的退休者或残废者和他们的家属以及受保险者的遗属，按月提供现金保险待遇"。[②]

由十位国际著名专家撰写的《21世纪社会保障展望》一书谈到社会保障时指出，社会保障的目标不止于防止或减轻贫困，应该更为广泛。它反映着一种最广义的保障意愿。它的根本宗旨是使个人和家庭相信他们的生活水平和生活质量会尽可能不因任何社会和经济上的不测事件而受很大影响。这就不仅是在不测事件中或已出现不测时去解决困难，而且也要防患于未然，帮助个人和家庭在面临未能避免或不可避免的伤残和损失时，尽可能做到妥善安排。因此，社会保障需要的不仅是现金，而且还要有广泛的医疗和社会服务。

从上述的分析，我们可以看到社会保障的一些性质：（1）其目的是保障人们基本生活的需要，这也是社会保障的根本性质；（2）主要以收入的形式提供扶助而不是以实物或服务的方式；（3）它是由国家参与、一般通过立法而确立的制度，而不是局部的偶然的个别人的行动，这一性质使它区别于传统的慈善事业以及赈灾活动。

从1883年，德国首相俾斯麦在议会提出了"疾病保险法"开始，英国、美国等不断进行社会保障制度的创新和尝试，使得现代社会保障制度（Social Security System）最终确立。现代社会保障制度是现代国家以政府为主体，经过立法程序，多渠道筹集资金，以对贫者、弱者实行救助，对工资劳动者暂时或永远失去工资收入后给予一定程度的收入补偿以及为全体居民举办福利措施，而赖以达到安定社会、促进经济增长和增进人民生活福利的一种制度。一般包括社会保险、社会救助、社会

① 陈良谨主编：《社会保障教程》，世界知识出版社1990年版，第1页。

② 王玉先主编：《外国社会保障制度概况》，工人出版社1989年版，第122页。

福利等保险项目。其中社会救助以保障最低生活水平为目标，社会保险以保障基本生活水平为目标，社会福利则属于更高层次的社会保障。

2. 中国的社会保障体系

中国的社会保障体系包括社会保险、社会福利、优抚安置、社会救助和住房保障等主要项目。经过近 20 年的艰苦努力，已初步形成了以城镇职工社会保险（包括养老保险、失业保险、医疗保险、工伤保险和生育保险）、城镇居民最低生活保障和农村社会保障为主要内容的社会保障体系框架。

（1）我国城镇居民社会保险的形式

我国城镇居民社会保险的待遇水平及享受条件如下：第一，养老保险。目前，我国享受养老金待遇的条件是达到国家规定的退休年龄，男 60 岁、女 55 岁，女工人 50 岁，并且参保缴费年限达到 15 年。与国际多数国家相比享受条件较为宽松，15 年的缴费年限过短。退休年龄偏低，而且每年有一半左右的企业职工没有达到法定退休年龄就提前退休，这两个因素也是造成养老保险基金风险的制度性缺失。第二，医疗保险。医疗保险待遇主要采取保障大病（住院和门诊大病）医疗费用由统筹基金报销，门诊常见病由个人账户支付的办法。参保人员有权利在政府定点医院和定点药店享受医疗服务。大病医疗费用采取分档累退，按比例报销的办法，一般个人平均负担水平控制在 25% 左右。享受医疗保险的条件是参保并能按时缴费。目前主要问题是有些困难企业缴不起费不能参保，或参保后缴费中断，这些企业的职工，特别是退休人员，就享受不到医疗保险待遇。第三，失业保险。失业人员享受失业保险待遇需要具备三个条件：缴纳失业保险费满一年；非因本人意愿中断就业；已办理失业登记并有求职要求。失业保险金标准由省、自治区、直辖市人民政府按照低于当地最低工资标准、高于城市居民最低生活保障标准的水平确定。享受期限的具体规定是：失业人员失业前所在单位和本人按照规定累计缴费时间满 1 年不足 5 年的，领取期限最长为 12 个月；满 5 年不足 10 年的，最长为 18 个月；10 年以上的，最长为 24 个月。失业人员在领取失业保险金期间患病，可领取医疗补助金；在领取失业保险金期间死亡，其遗属可领取丧葬补助金和遗属抚恤金；在领取失业保险金期间还可享受职业培训和职业介绍补贴。第四，工伤保险。工伤保险实行“无过失补偿”的原则。待遇项目主要包括：工伤医疗费用；根据劳动能力丧失程度确定的伤残补助金、伤残津贴、伤残护理费；因工死亡劳动者直系亲属领取的丧葬补助金、供养亲属抚恤金和一次性工亡补助金等。给付工伤保险待遇的主要条件是：职工在工作时间、工作区域内，因工作原因发生意外事故伤害或患职业病。

（2）中国社会保险的管理体系

中国社会保险的管理采取中央政府统一领导下的各地地方政府负责制。社会保险缴费比例、待遇支付标准以及基金的调剂使用由统筹地区负责制定并执行，也存在统筹层次不一和资金匮乏的问题。

我国社会保险中，除北京、上海、天津、陕西的养老保险以外，其他地区和其他险种的统筹层次都在市或县一级。由于统筹层次低，过于分散，使基金的抗风险能力减弱，也给劳动力跨统筹地区流动社会保险关系的接续造成了很大的障碍。养老保险基金空账规模巨大，使制度运行存在危机。在医疗保险方面，部分地区存在统筹基金收不抵支，而个人账户基金结存量过大的问题。失业、工伤、生育保险则实行单一的现收现付的社会统筹办法。

社会保险各项目的基金管理采取收支两条线和财政专户的办法，劳动保障部门在国有银行开设社会保险收入和支出账户，财政部门设立财政专户，以形成互相监督，保证基金安全的体制。结存基金目前运营方式是只能存银行，买国债，不允许投资于其他领域。

（二）社会保障对农民工城市融合的意义

农民工是我国制度变迁与社会转型期间所出现的特殊群体。自1991年以来，进城务工经商的农民工数量一直在增加。据国家统计局调查，2004年全国进城务工和乡镇企业就业的农民工总数超过了2亿，其中进城农民工约1.2亿人，乡镇企业就业农民工约0.8亿。[①] 大量的农民工频繁往返于城乡之间，呈现出典型的“边缘性”、“两栖性”的特征，究其原因，除了土地制度、户籍制度、劳动制度、个人素质方面

① 中国农民工问题研究总报告起草组：《中国农民工问题研究总报告》，出自国务院研究室课题组：《中国农民工调研报告》，中国言实出版社2006年版，第4页。

的因素之外，社会保障对其在城市融入具有重要的作用。有学者对农民工的回流现象进行了研究，王西玉、崔传义等认为农民工回流是回乡创业①；而刘建进②、白南生③等人的研究发现，农民工回流是由于家庭原因或者在外就业困难而被动回流的，创业只是个别现象。农民工回流现象本身在一定程度上表明了农民工进入城市已无“显性”的障碍，但是他们进入城市的程度不深，由于不能享受到城市的社会保障，无法在城市中扎“根”，在面临生存困境时，只能退回农村，这势必严重阻碍农民工进一步融入城市生活。

根据我国的现实，这里我们从标志性意义和实质性意义两个层面来讨论城市的社会保障对农民工城市融合的作用。标志性意义层面上的社会保障是指因个人被城市接纳而拥有的社会保障，这与户籍紧密相连，但又不尽相同。在传统体制下，并非拥有城市户口，就能享受到社会保障，只有那些在国有企事业单位和部分集体企业的职工才能够享受到城市完整的社会保障。随着社会的进步和经济的发展，自20世纪90年代以来，全国城镇已逐步建立了包括养老、医疗、工伤、失业、生育五大保险覆盖网和城市居民最低生活保障线制度，这使城市社会保障面扩大。近年来，政府也越来越重视农民工在城市中的权益问题，一些地方政府颁布了法律法规，试图将没有城市户口的农民工也纳入城市社会保障体系，使农民工真正得到城市社会的接纳。毋庸置疑，城市社会表现在社会保障上对农民工的接纳会大大促进农民工在城市真正融合。但是标志性意义层面上的社会保障对农民工来说毕竟是少数，且尚在试点过程中，更重要的是实质性意义层面上的社会保障，也就是说个人在失业、年老以及遭受意外时依然有能力在城市中生存下去。对于农民工来说，最重要的就是拥有足够的储蓄，这里的储蓄既可以指农民工自己购买的相关保险，也可以是农民工的存款或是在城市中购买的房产等能够

① 王西玉、崔传义、赵阳：《打工与回乡：就业转变和农村发展——关于部分进城民工回乡创业的研究》，载《管理世界》，2003年第7期。

② 张照新、宋洪远：《中国农村劳动力流动国际研讨会主要观点综述》，载《中国农村观察》，2002年第1期。

③ 白南生、宋洪远等著：《回乡，还是进城？中国农村外出劳动力回流研究》，中国财政经济出版社2002年版，第32页。

支持其在城市生存的资产。这对于靠打工为生的农民工来说，只有其中的极少数能够做到，而绝大多数的农民工都是在城市次属劳动力市场上就业，工资收入低下，只能维持其即期消费，并没有更多的收入购买保险或在银行存款。在尚未纳入标志性意义层面上的社会保障体系之前，农民工在面临失业、生病以及年老时，只能返回农村，靠农村的土地为生。与其说，农民工对土地具有天生的眷恋之情，不如说，无奈和残酷的现实，让农民工不得不选择返回农村生存。

（三）农民工社会保障研究现状

1. 农民工社会保障保障体系的组成及推进次序

对于农民工社会保障体系组成，目前学术界有两种思路：一种观点认为农民工社会保障体系应包括农民工的工伤保险、医疗保险和养老保险三个基本组成部分①，另一种观点是将农民工社会保障基本等价于当前的城镇社会保险，即包括工伤保险、医疗保险、养老保险、失业保险以及生育保险五大部分②。

从建设农民工社会保障的纵向顺序来看，大多观点认为当前由于主客观方面条件的制约，农民工社会保障建设不宜也不可能求大求全、齐头并进，而应该坚持分类分层分阶段逐步推进的策略和基本原则，依次建立农民工的工伤保险制度、医疗保险制度尤其是大病医疗保障制度、养老保险制度、失业和生育保险制度，积极而有效地逐步维护和实现农民工的基本社会保障权益。大多数观点都指出应该首先建立针对农民工的以普遍性为原则的工伤保险制。

2. 农民工社会保障的制度模式

农民工社会保障模式仍然是争论比较激烈的问题，主要有以下三种观点。

第一，把农民工社会保障归入城镇社会保障制度内③。将农民工纳

---

① 孙树菡、张思圆：《都市边缘群体及其社会保障权益》，载《经济与管理研究》，2002年第6期。

② 罗遐：《农民工社会保障问题研究——基于苏皖四村的一项实地调查》，安徽大学2003年硕士论文。

③ 张启春：《谈谈进城务工人员的社会保障问题》，载《江汉论坛》，2003年第4期。

入城市社会保障系统是建立全国统一劳动力市场，打破城乡二元结构，实现城乡一体化以及促进农村经济发展的需要。①

第二，将农民工纳入农村社会保障体系。杨立雄认为农民工社会保障应该归入农村社会保障制度内。② 因为农民有土地，允许农民工进入城镇职工社会保障体系，对城镇职工不公平，还会给城镇社会保障体系造成巨大压力，而且如果建立新的农民工社会保障体系，会形成与城镇职工社会保障体系、农村社会保障体系并存的“三元格局”，形成所谓的农民工阶层，会带来新的歧视。因此只有“还乡”才可以使农民工求得生存再谋发展。③ 但高金登等却指出，将农民工纳入农村社会保障体系已不现实，农民工中绝大多数并不愿回到农民队伍中去，尤其是年轻农民工。④

第三，应建立专门为农民工服务的社会保障体系。蓝春娣等认为，农民工与纯粹的农民不同，且农村社会保障制度已不能满足农民工的需要，应根据农民工的具体情况建立大范围内归农村社会保障体系管理而小范围内又有其特殊性的社会保障制度。⑤

基于现实权衡考虑，董理 2001 年提出了“低起点、多层次、土地换保障”的农民工社会保障设想和解决办法。⑥

3. 农民工社会保障的具体实践

实践中，据华迎放对江苏、辽宁、吉林三省的研究，农民工参保的主体模式是现行的城镇职工基本社会保险制度，参加商业保险和农村社会养老保险的情况并不具有普遍性。⑦ 现行中的农民工社会保障的代表

---

① 周毕芬、翎春萍：《农民工：城市社会保障系统应该覆盖的对象》，载《喀什师范学院学报》，2004 年第 5 期。

② 杨立雄：《建立农民工社会保障制度的可行性研究》，载《社会》，2003 年第 9 期。

③ 杨立雄：《“进城”还是“还乡”——进城务工农民社会保障政策的路径选择》，载《中国社会保障》，2004 年第 2 期。

④ 高金登、李林太：《对农民工社会保障问题的思考》，载《广西政法管理干部学院学报》，2004 年第 1 期。

⑤ 蓝春娣、任保平：《关于农民工社会保障问题的思考》，载《社会科学研究》，2004 年第 5 期。

⑥ 董理：《我国农村非农产业群体的社会保障制度探析》，载《武汉理工大学学报》，2001 年第 5 期。

⑦ 华迎放：《农民工社会保障：思考与政策选择》，载《中国劳动》，2004 年第 10 期。

模式概括起来主要有三种：第一种执行现行城镇社会保险制度，农民工与城镇职工实行同等缴费、享受同等待遇，如广东模式。第二种是现行城镇社会保险制度框架内，根据农民工的情况适当降低门槛，如浙江模式。第三种是实行单独的农民工社会保险制度，如上海模式。①

综观上述分析，我们可以发现，农民工社会保险模式选择是一个复杂的问题。农民工是一个复杂而又庞大的群体，既有正规就业的，又有灵活就业的；既有稳定就业的，又有频繁流动的；有的有明显的城市化倾向，而多数则只是打工挣钱，迟早还要叶落归根、回归故里。因此，很难用一个制度将所有的农民工全部覆盖进来。

二、农民工社会保障现状分析

（一）农民工的特点

1. 农民工规模巨大且构成复杂

我国农民工数量非常庞大、数以亿计，不断增长，他们层次不一、身份模糊、流动性大、构成复杂，对社会保障的需求也存在较大差别。根据市民化的程度，我们把农民工大致可分为三类：一是完全市民化的农民工，即在特定城镇达规定居住年限，并有固定住所，工作单位和收入相对稳定的农民工；二是市民化程度较高、流动性也较强的农民工，即常年在不同城镇流动工作，缺乏稳定岗位，在城镇无固定住所的农民工，他们将来有可能变成产业工人，也有可能回乡再做农民；三是市民化程度较低的农民工，即间断性在城镇务工和回乡务农，以农业为主，以务工为辅或工农并重。

① 中国农民工问题研究总报告起草组：《中国农民工问题研究总报告》，出自国务院研究室课题组：《中国农民工调研报告》，中国言实出版社2006年版，第35页。

2. 特殊的心理特征

在二元经济社会结构下，城市与农村长期隔绝，农民与市民在心理、思维、人格和价值取向等方面完全不同。而从农村走出进入城市的农民工，则形成了既不同于农村人也不同于城市人的独特价值观。他们有着强烈的扎根情绪，在思想观念和收入上都具有相对的积极性和现代性，但他们在城市又受到歧视甚至排斥，因而引起内心的强烈冲突，有时甚至有反城市倾向；他们多数重视眼前利益，没有长远计划。对于保险，他们大多持漠视态度，甚至是排斥，认为参加保险会造成现期的收入减少，而远期的政策难以预测，不确定性大，大多不愿参加保险。

3. 群体的边缘性

农民工进入城市谋生之后，由于自身素质、市场、制度等方面的原因，使得农民工成为游离于城市和农村的边缘性人群。农民工的这种无归属感使得他们难以融入城市生活，从而不能正常享受城市的教育、就业、住房和医疗福利以及其他社会保障方面的资源。也正是农民工的这种边缘性和社会不同程度的歧视，导致了其心理和行为方面的特殊性。因而，出台的农民工社会保障制度，一定要考虑“量身定做”这一因素，以符合农民工的特点，为他们谋保障。①

4. 农民工“亲缘关系网”的社会网络

在中国传统文化中，特别重视以家庭为纽带的亲缘和地缘关系。在农民工中，这种观念没有因为居住地的改变而改变。他们进城后处于相对弱势的地位，权益难以得到保护，必然会寻求保护和归属，这种自发的愿望使得他们热衷于求亲友、找同乡，抱团结帮，既不受农村管制，也不与城市规范“沟通”，处于“失范”状态。但其交往区域狭小，易形成示范效应，因而在农民工聚居的地方开展社会保障制度的宣传，可以提高参保率。

5. 高度的流动性

劳动力的合理流动对于劳动力的合理配置意义重大，但是，农民工群体的流动却过于频繁。这既表现为农民工在城市、城乡之间流动频繁，也表现为农民工在同一城市内部、在不同职业之间、不同单位之间

① 胡务、张伟：《成都农民工综合社会保险研究》，载《农村经济》，2005 年第 2 期。

的流动率极高。对于社会保障，农民工存在着许多的顾虑。其中，有对政策延续性的担忧，有对社保部门的不信任，有对提高用工成本加大失业可能性的思考，也有减少即期收入对家庭的影响等。

农民工的高流动性特点，要求社会保障能够随之在城乡和不同城市之间进行转移。但我国农村目前基本上都是实行农民家庭自筹保障，养老社会保险制度还处在试点阶段，农村合作医疗制度覆盖率也仅为10%～15%，失业保障等其他保障项目尚未完全列入议事日程。当农民工返乡时，其失业、养老保障无法衔接，即使有些省份在进行农村社会养老保险试点，也无法实现衔接。同时，我国社会保险统筹层次大部分停留在县市级统筹的水平上，农民工跨省、跨县市流动就业，因相互之间的标准不同，其社会保障转移的实践可操作性很差。他们担心一旦变换工作，原先缴纳的社会保障金会化为乌有，农民工退保现象严重。农民工高流动性的特征，给社会保障制度具体操作上带来巨大的困难。这种困难延缓了农民工社会保障制度的建立。

总体来说，农民工群体的自身构成非常复杂，他们对社会保障的需求存在很大区别，对参加社会保障的态度也不尽一致，加入社会保障系统的形式也难以统一。这种复杂性决定了农民工社会保障构成复杂性和多元性。应在分类指导、突出重点的原则下，采取合适标准对农民工进行科学划分，根据具体情况区别对待，逐步推进。

（二）农民工参加社会保险的现状

1. 农民工的失业和生活无保障现象十分严重。[①] 农民工无法享受失业保险和城市最低生活保障制度，享受工伤和医疗保险的比例也远低于城市本地职工。[②] 2004 年有关调查显示，88.5% 的农民工用工单位没有为其购买劳动保险。[③]

2. 许多企业与其不签订正式劳动合同，即使签了合同，双方当事

① 白凤峥：《对建立农民工社会保障制度的认识》，载《生产力研究》，2004 年第 7 期。

② 赵晓霞、张广博、高淑桃：《我国农业非农产业群体社会保障问题研究》，载《农村经济》，2003 年第 11 期。

③ 朱信凯、陶怀颖：《农民工直接问卷调查情况分析》，出自国务院研究室课题组：《中国农民工调研报告》，中国言实出版社 2006 年版，第 107 页。

人的权利与义务也不对等[①]，2004年，有66%的农民工与用工单位签订了用工合同，而34%的农民工则没有。[②]

3. 我国部分地区开始进行社会保障试点，取得一定的成果，但是退保率居高不下。以福建省福州市为例，已参加养老保险的进城农民工中就有40%的人退保，而这只是全国的一个平均水平。[③]

4. 从微观主体来看，农民工个人收入水平低又由于对未来预期的不确定性，参保意愿较低；厂商为避免成本提高也采取这样那样的方式，明里或暗里不愿意参保。有关调查表明，83.2%的农民工不愿意购买目前推行的养老保险，80%的企业主不赞成为农民工购买养老保险，接受调查的农民工90%以上没有购买养老保险。[④]

根据武汉大学经济研究所课题组2005年对武汉市进城农民工的抽样调查，发现在被调查的436名农民工中，参加养老保险、医疗保险、工伤保险、失业保险四大社会保险的人数分别为8人、4人、28人和3人，只占总人数的1.8%、0.9%、6.4%和0.7%，其中有394人没有任何保障。在武汉市，只有很小部分农民工有一至两项非均衡的、水平极低的社会保障，这具有一定的代表性。

（三）农民工的参保意愿

根据武汉大学经济研究所课题组2005年对武汉市进城农民工的抽样调查数据，农民工对于养老保险、医疗保险、工伤保险、失业保险四大社会保险的参保意愿人数分别为124、91、74和55人，占总人数的28.4%、20.9%、17%和12.6%（见表7－1）。由此可见，农民工希望参加养老保险的意愿最为强烈，其余社会保险重要程度的排序是医疗保险、工伤保险、失业保险。因此可得出结论：虽然农民工在城市生活面临着各种社会风险，但鉴于其缴费能力低下，事实上农民工对于城镇职

① 樊小钢：《论城市农民工的社会保障问题》，载《农业经济问题》，2003年第11期。

② 朱信凯、陶怀颖：《农民工直接问卷调查情况分析》，出自国务院研究室课题组：《中国农民工调研报告》，中国言实出版社2006年版，第107页。

③ 来建强、胡作华：《农民工养老保险“退保”率高涨的隐忧》，www.xinhuanet.com，2006年2月14日。

④ 何海宁：《2.5亿农民工养老保险应立法》，载《南方周末》，2005年2月24日。

工所享有的各项社会保险存在着有差别的参保意愿。此外，从调查数据可以看出，他们对养老保险、医疗保险等还不是很了解，还没有完全体会到社会保险的重要性。但更多的农民工表现出的是一种被城镇社会保障体系所排斥的无奈。另外，从他们应有的权利保障来看，最突出的问题就是农民工和企业签订劳动合同的状况。一方面，企业不愿签订合同；另一方面，农民工自身的维权意识还不是很高，没有考虑到自己应该享有的社会保障。还有，对农民工并没有建立起完善的医疗保险制度，导致农民工对医疗保险的参保意愿不是很高，大部分未参加医疗保险。总之，在城乡二元制度安排下，农民工对未来的不确定性更加深了其不参与社会保险的理念，选择放弃“参加城镇职工社会保险”的选项，似乎是更加理性和无奈的行为。

表 7－1　农民工意愿参保人数汇总表

	养老保险	医疗保险	工伤保险	失业保险
意愿参保人数	124	91	74	55
所占百分比	28.4%	20.9%	17%	12.6%

资料来源：武汉大学经济研究所课题组 2005 年 3 月抽样调查数据。

若将农民工参加四大社会保险的现状和意愿进行比较（见表 7－2），通过对农民工参加社会保险的现状和意愿的对比分析可以看出，多数农民工还是愿意参加保险的，但实际参保人数占意愿参保人数的比例只有 12.5%。只要他们能够充分理解保险的作用和地位，将会有更多的农民工参加保险。因此对于农民工社会保障缺失的问题，我们必须予以重视并加以解决。

表 7－2　农民工参保现状与意愿差距比较

保险种类	实际参保人数(人)	意愿参保人数(人)	差距(人)
养老保险	8	124	116
医疗保险	4	91	87
工伤保险	28	74	46
失业保险	3	55	52

资料来源：武汉大学经济研究所课题组 2005 年 3 月抽样调查数据。该表有效统计样本 344 人。

（四）现行的农民工社会保障代表模式分析

现行中的农民工社会保障的代表模式概括起来主要有三种：一为广东模式，即将农民工纳入现行城保框架；二为浙江模式，即以双低政策将农民工纳入现行城保框架；三为上海模式，即单独建立一套有别于城镇职工基本社会保险制度的保障办法。此处，我们将浙江模式纳入广东模式中，重点分析上海模式和广东模式。

1. 上海模式

（1）上海模式的内容

为了切实保障外来务工人员的利益，上海市于 2002 年 9 月 1 日起实施《上海外来从业人员综合社会保险暂行办法》，规定凡符合条件的单位和个人必须办理综合保险。这个暂行办法又把农民工分成三种类型：单位聘用的外来从业人员、无固定工作单位的外来从业人员、外来施工企业的外来从业人员。该办法一经出台就在全国引起广泛关注。目前，针对外地工的上海市的外来工综合社会保险制度已覆盖 70 万人。①

综合保险（简称“综保”）办法规定：在外来人员综合保险制度之前，已参加本市城镇社会保险的外来从业人员，可以不参加综合保险，但原批准的期限到期而需要继续在本市就业的，应当参加综合保险。即上海市要求外来从业人员一律参加“综保”，除非他已取得上海市的居住证。

综合保险的运作是由市劳动保障局主管，由劳动保障行政部门的外来人员就业管理机构经办。其主要特点为：一个保险三项待遇。参加外来从业人员综合保险的人员可以享受的待遇包括工伤（或者意外伤害）、住院医疗和老年补贴三项，外地施工企业员工不享受老年补贴；费率固定，费基完全统一，缴费周期为每 3 个月缴一次；待遇一次性发放；委托商业保险公司管理。

---

① 孙爱军等：《开发区农民工社会保险问题分析及政策建议——基于对上海市社会保险制度的考察》，载《决策参考》，2004 年第 6 期。

（2）上海模式的利弊分析

上海模式是地方政府为解决农民工参保问题经积极探索后进行的制度创新。通过近两年的运行，其积极评价有：第一，上海市对外来农民工的综合保险政策充分考虑到了外来农民工的根本需求，务实而又灵活。第二，比较好地解决了农民工面临的工伤和大病医疗风险防范问题。第三，简单易行，管理成本低。第四，这一制度由于本人完全不需缴费，容易为农民工所接受。第五，费率低，易为用人单位接受。

但从制度设计看，该制度也存在一些问题：与城保和农保制度都不衔接；养老补贴待遇偏低，难以有效防范老年风险；从长远看，全社会不同人群之间的风险共济会受到一定影响；不利于本地普通劳动者的就业等。

2. 广东模式

（1）广东模式的内容

从全国情况看，多数地区都选择将农民工纳入现行城镇职工基本社会保险制度。为便于分析，我们姑且将这种制度选择称之为广东模式。具体说来，这种模式有两个特点：一是不另设专门的制度。而是将农民工直接纳入现行城镇职工基本社会保险体系，主要参加养老、医疗和工伤三项基本社会保险，多数不参加失业保险和生育保险。二是允许农民工享受养老待遇。但其辞工返乡时，其个人账户的养老保险资金全部转回其户籍所在地的社会保险机构，当地没有社保机构的，退给本人。

（2）广东模式的利弊分析

广东模式从制度设计的角度看，积极效应明显。第一，它符合我国农村劳动力向城镇转移、农村逐步实现城市化以及城乡一体化的方向；第二，在制度设计中将农民工纳入统一的城镇职工基本社会保险体系，但在险种和缴费、待遇上又有适当差别，设计的险种比较符合农民工的风险情况和保障需要，而且易于实现与城镇职工基本社会保险制度的对接，既体现了社会保障的公平性、普遍性，又考虑到了农民工的实际情况；第三，按广东模式参保，用人单位在雇佣本地员工和外地员工时的社会保险负担相差不大，既有利于各用人单位之间的平等竞争，又不至于因为外来员工的保险成本过低而使本地劳动者在劳动力市场上处于明显劣势，有利于劳动者之间的平等竞争。

但是该模式在实际运行中也有明显缺陷：因退保而中断社会保险关系的情况比较突出；有对农民工权益再次剥夺之嫌；从制度设计的角度看，远期平衡困难等。

3. 两种模式的比较

为进一步了解两种模式的异同点，将两种模式相互之间及与国家基本制度在保险项目、保障对象、参保费率、缴费基数等方面的情况进行了比较。由于广东模式代表的地区比较广泛，而各地的做法又有所不同，为便于分析，我们以深圳作为代表进行比较（见表7－3）。

表7－3　上海模式、广东模式与国家基本社会保险制度对照表

	上海模式	广东模式（以深圳为例）	国家基本制度
保险项目	综合保险（一个保险、三项待遇）	养老、医疗和工伤三项保险	养老、医疗、失业、工伤、生育五项保险
保障对象	外来从业人员（引进的专业人才以及从事家政服务、农业劳动的人员除外）	非本市户籍员工	各类城镇劳动者
参保费率	用人单位和无单位的外来从业人员12.5%，外地施工企业5.5%	养老：13%（单位8%，个人5%）；住院医疗：0.8%（外加0.2%的地方补充医疗保险）；工伤：按行业分0.3%、0.6%、0.9%三个档次	养老：单位20%，个人8%；医疗：单位6%，个人2%；失业：单位2%，个人1%；工伤、生育：无具体数字
缴费基数	上年度当地职工月平均工资的60%	当地上年度平均工资的60%	一般为上年当地平均工资
单位缴费	全部由单位缴费	除个人缴纳5%的养老保险费外的全部缴费	一般为27%以上
个人缴费	不缴费	5%的养老保险费	11%
缴费期限	每三个月缴一次	按月缴费	按月缴费
享受待遇	单位使用的外来从业人员：工伤、住院医疗和老年补贴；无单位的：意外伤害、住院医疗和老年补贴；外地施工企业人员：工伤和住院医疗	养老、住院医疗和工伤保险待遇	养老、医疗、失业、工伤、生育五项保险待遇

续表 7－3

	上海模式	广东模式(以深圳为例)	国家基本制度
待遇标准	养老:连续缴费满一年,退休时享受本人实际缴费基数的7%的养老补贴;住院医疗:起付标准为上年度全市职工年平均工资的10%,以上的部分,由综合保险基金承担80%,个人自付20%。最高额:缴费满三个月,住院医疗待遇最高额为上年度全市职工年平均工资的一倍,每增加三个月,增加一倍,连续缴费一年以上的,最高为四倍;工伤:按国家统一标准享受	养老:上年城镇职工月平均工资的20% +个人账户的1/120;住院医疗:由共济基金支付90%,个人自付10%,最高赔偿额按参保时间不满半年、一年以内、一年至三年及五年以内分为1万、2万、5万、本市上年度城镇职工年平均工资的四倍四个档次;工伤:统一待遇	养老:上年城镇平均工资的20% +个人账户的1/120;医疗:门诊加住院医疗待遇;失业、工伤、生育待遇
转移或终止	领取老年补贴凭证,不转移、不退保	可转移至原籍,也可选择退保	可转移社保关系及个人账户
养老待遇享受地区	原籍或其他地区	可在深圳,也可转移至当地	
管理机构	市外管中心委托商业保险公司支付和运作	社会保险局	社会保险经办机构

资料来源：华迎放：《农民工社会保障模式选择》，载《中国劳动》，2005 年第 5 期。

从表 7－3 中可以看出，两种模式各有优劣，需要理性分析后做出取舍。

进入现行制度的好处是有利于城镇社会保险制度的平稳运行；地区之间、企业之间、群体之间公平性较好；也有利于农民向城镇转移，促进城镇化进程。同时，还有利于在全国范围内建立基本统一的社会保险制度。缺点是费率高，用人单位和农民工难以接受；转移困难，难以适应农民频繁流动转移和接续社会保险关系的需要；制度对农民工的透明度低，他们很难知道自己有多少权益，能享受多少待遇；农民工参保后待遇享受问题难以解决；由于农民工缴费基数低，一旦大量农民工选择缴费满 15 年享受待遇，则基金长期平衡有困难，政府需要承担比较大的财政责任。因此，进行这种制度选择，需要进一步完善制度，如降低费率，实行基础养老金全国统筹等。

为农民工专门建立弹性的个人账户制度，优点是为农民工提供了低费率的保障平台，由于缴费较低，易为用人单位和农民工本人所接受；账户权益可累积计算，农民工看得见、摸得着，有利于调动其参保积极性；便于跨地区转移，适应农民工频繁流动需要不断转移和接续社会保险关系的情况；待遇可享受，政府只承担有限责任。不过，缺陷也很明显：一是分裂了现行基本制度。农民工已占产业工人队伍的绝大多数，如果单独建立制度，不仅将来统一基本社会保险制度的难度加大，而且现行城镇职工基本社会保险制度将难以运行下去，社会和政治风险较大，改革的机会成本不易估量；二是使用农民工的企业和不用农民工的企业之间、用农民工数量多与少的企业之间、城镇居民与农民工之间难以公平竞争，不利于建立公平的市场竞争秩序；三是对农民工实行低费率的参保政策，在低端劳动力市场的就业竞争中，城镇低技能劳动者（特别是下岗失业人员）势必处于不利和不公平的地位，影响城镇居民就业和再就业；[①] 四是不利于农民工在城市中的融合，真正转化为市民。而且，从国际经验看，多数国家基本社会保险制度通常都是统一的，即使不统一，一般也是按行业（如农民、产业工人、公务员等）或按白领、蓝领分别实行不同的保障制度，而专为向城镇流动就业的农民单独建立保障制度的做法在国际上并无先例。

（五）对其他各省市农民工社会保障政策的评析

1. 北京市农民工综合保险

2004 年 9 月 1 日北京市实施的关于农民工的工伤、医疗保险，尽管政府完全从保障农民工权益的角度出发，规定相关保险费由用人单位缴纳，农民工个人不缴费，并且可以向劳动监察机构举报未给外地农民工缴纳工伤保险费或缴纳基本医疗保险费的用人单位。但是从 2005 年 1 月 21 日北京市劳动保障工作会上做出的力争年底前来京务工人员参加工伤和医疗保险人数达到 50 万人以上的决定来看，这项制度的推进并不容乐观。虽然 50 万人与北京市的农民工的总数 280 万人的相比，还不到 1/5，但实行难度较大。

① 劳动和社会保障部课题组：《农民工社会保障的基本思路与政策建议》，参见：http：//www. drcnet. com. cn/，2005 年 11 月 18 日。

2. 成都市农民工综合保险

成都市于2003年3月1日推行了《成都市非城镇户籍从业人员综合社会保险暂行办法》。成都市综合社会保险（一般简称综合保险）的范围包括：老年补贴、工伤补偿和住院医疗费报销。该制度为农民工“量身定做”，解决了其最关心的保障问题。成都市综合保险的制定和实施，在专门保障非城镇户籍从业人员利益方面，走在了全国的前列。成都市非城镇户籍综合保险推行三年多来，目前参保人数已呈现出稳定上升的趋势，但是与基数巨大的农民工总数相比，参保比例仍显偏低，扩大受保面工作迫在眉睫。

综合社会保险制度推行以来，虽然取得了一定的成绩，但仍有诸多问题需要改进。从社会保险的可持续发展出发，综合保险还面临着与基本社会保障的衔接与转换问题。用商业化方式运作的综合社会保险只能是现阶段即社会经济转型期的权宜之策，与游离于社会保险之外相比，农民工参加了综合保险，无疑是一大进步。但如果他们回到农村，将面临着与农村社会保险的衔接问题。

3. 江苏省昆山市的农民工社会保险

1999年3月30日，苏州市下发了《关于进一步加强外埠员工参加基本养老保险的意见》通知。通知规定了凡在该市城镇各类企业和个体工商户中工作的外埠员工（包括农民临时工、费用工、合同工等），都必须根据该市城镇企业职工养老保险制度的规定，参加基本养老保险。农民工的社会保险除了上述的养老保险还包括失业、工伤、生育和医疗保险。农民工社会保险的缴费比例按本市城镇企业和职工的基本养老保险缴费比例执行。缴费基数为农民工本人工资收入总额，如工资收入超过该市上年职工社会平均工资300%的，按该市上年职工社会平均工资的300%缴纳；低于该市上年职工社会平均工资60%的，按该市上年职工社会平均工资的60%缴纳。缴费比例为39.5%，其中个人缴纳10%。这个社会保险体系确实是给予了农民工完全的城镇居民待遇。可是它却似乎忽视了农民工的土地保障。[①]

---

① 许玲丽：《农民工社会保险体系的现状与构想》，参见：http：//www.xslx.com，2005年4月7日。

（六）农民工社会保障政策的总结

自2003年年底出现“民工荒”以来，各城市在解决农民工社会保障问题上出台了许多政策。2004年至2005年初，各地又对农民工社会保障政策进行了某种程度的修订，但政策执行和实施效果不佳。

不同省市采用不同的农民工社会保障体系，使农民工社会保障体系面临如何实现高层次统筹的问题。不同的社会保险系统，使得农民工跨省市流动时不能顺利转移保险基金，致使退保现象严重。据报道，在长三角、珠三角等地的社保管理中心，每天都有外地打工人员前来退保，甚至出现退保人数比参保人数还多的现象。统计表明，浙江省已累计至少约有3万多农民工退出社会养老保险。在农民工集中的广东省，有的地区农民工退保率高达95%以上。深圳市已经参加养老保险的外来工总数大概在50万人左右，而每年退保的人数则高达12万以上，深圳宝安区沙井社保站曾出现过一天有600多名农民工排队退保的场面。①

此外，我国农村社会保障制度建设的滞后甚至是缺失，使得农村社会保障制度与城市社会保障制度无法接轨，农民工在城市内缴纳的社会保险，回到户籍地既无法续保也不能享受相应待遇。因此，现行的社会保险制度对农民工基本上没有什么实际作用。

从上面的分析可以看出，由于制度设计以及农民工自身收入低等原因，导致农民工无法顺利持续地参与到与城市生活紧密联系的农民工社会保障体系中去，也正因为如此，农民工在年老和由于失业、生病暂时无法在城市生活时，回流返乡，去寻求“土地”所带来的保障。要加快农民工在城市融合的进程，必须充分考虑农民工的自身特点和现实需要，建立高统筹层次的农民工社会保障制度方案。

---

① 张喜亮、吕茵：《从“农民工退保”看社会保障制度的完善》，载《工人日报》，2006年1月9日。

三、农民工社会保障滞后的原因和面临的障碍

（一）农民工社会保障滞后的原因

农民工社会保障推进艰难的原因有很多，有一些是制度设计上的影响，有一些则是操作技术层面的，此外还有观念、资金方面的原因等。具体来说：

1. 以户籍制度为基础的二元社会保障体制

农民工的社会保障缺失，最直接的深层原因就是我国以户籍制度为基础的二元社会保障体制。城市实行的是国家一单位负责制，而农村是集体保障为主，国家适当扶助。由于国家在城乡社会保障中承担的责任不同，加之改革开放后，尤其是近些年来城乡经济发展差距的加大，导致目前我国的社会保障制度在一定程度上出现了城乡之间、农民工与市民之间二元割裂的状态。传统的二元社会保障制度表现出对城镇居民的偏向，这种状况至今仍未得到明显改善。在遭遇各种风险（如工伤事故风险、疾病风险、失业风险、其他意外生活风险以及生活贫困等风险）时，城镇居民有来自国家、社会和所属单位以及各种制度安排的援助，而农民仅有非常有限的救灾济贫再加上乡村集体解决的“五保户”保障等作为支持手段。

当然，现在也有学者从城市化的理论出发，倡导户籍制度改革，试图让流动的农民工纳入城市的社会保障体系，在城市中居住下来，改变我国城市化滞后的局面。但是原来以户籍为基础的社会保障利益机制已经形成，即使是农民工拥有了城市户口，也不会享有其应有的社会保障权益。农民工加入城市户籍，一方面要放弃他们在农村对土地的权益，另一方面得到城市社会保障体制覆盖的可能性也很小。农民工因其占有的人力资本、社会资本非常有限，很难实现正规就业，获得全面社会保障。根据经济学家舒尔茨的理论，农民工在基本生活未得到完全保障的情况下，维护仅有的土地权益是其理性的选择。因此，尽管全国很多地

方进行了户籍制度改革，但并没有带来原来预计的城镇户籍人口快速增加。而是随着经济的发展，流动人口在不断增加。现有的户籍改革并没有形成让农民工在城市生活下来的制度引导，它并没有真正改变原来以户籍为基础的二元社会保障体制，自然也就解决不了农民工社会保障缺失的传统体制方面的原因。①

2. 社会保障立法不健全

农民工社会保障缺乏相应的立法，使社会保障工作难以实现强制性原则；我国社会保障法在立法上存在很多问题，如立法体系不健全，立法工作滞后：立法覆盖范围窄，不能适应社会主义市场经济的要求；人大立法少，行政法规、规章多，立法层次不高；法律效力低，实施机制弱等。有的地方则还没有出台相关地方性法规。另外，作为最为权威、正式的社会制度的相关法律，在具体操作实施过程中主要侧重于城市劳动者，没有专门保护农民工权益的法律法规，或是缺乏对农民工同等的法律解释，使得他们的社会保障工作难以实现强制性，这是造成目前侵害农民工社会保障权益现象存在的原因之一。

3. 农民工人力资本的缺失

人们普遍认为农民工进城打工，实现了个人、企业、国家和社会的多赢。但是，多赢的前提条件就是维持廉价的农民工劳动力。从这种角度出发，不论怎么说，农民工的工资和社会保障都不能提高。因为一旦提高，会使农民工相对于城市失业人员的优势不复存在，其在城市的就业机会大减。对于绝对贫困的农民工来说，他们宁愿享受低工资的就业，也不愿意为高工资和争取社会保障而失业，这在现实中也不断被印证。用人单位与农民工在劳资关系中没有平等的社会地位，农民工的合理权益被其更多就业需求所吞噬。所以，现在从政府到学者，很多人都这样认为：就业、维权、社会保障要逐步推进，不能过急，即农民工先要有活干，至于工资、工伤等基本权益在后。总之，农民工的廉价工资使一些政府和企业产生了对农民工人力资本的错误认识，农民工在低收入的情况下难以有意愿参与到社会保障中去，这对农民工的城市融合产生巨大的阻力。

---

① 杨桂宏：《农民工社会保障缺失的深层原因分析》，http：//www.sociology.cass.cn，2005年5月24日。

4. 城市居民的抵触心理

城市居民对于建立农民工的社会保障制度有较强的抵触心理。一部分人单纯站在城市社会经济发展的角度看问题，忽视农民工自身的基本权益；政府为促进经济发展也在一定程度上忽视对农民工利益的保护；长期以来，在工业化过程中形成的以牺牲农民利益为代价、歧视农民的政策在农民工社会保险权益保护上存在惯性作用。城市社会更多考虑的是城市居民利益的获得与保护，城市管理者出于对既得利益的维护，在制定相关政策时并未切实地考虑农民工的权益问题。在这种情况下，进城农民工各方面的基本权益自然就难以落到实处，城市社会保障制度也不可能立即得到改变。

5. 农民工社会保障观念滞后

对农民工来说，“土地保障”和“家庭保障”的观念根深蒂固。农民世代生活在农村，观念的形成也主要受农村的文化传统习惯影响。在两千多年的儒家文化传统的熏陶下，家庭保障思想是中国社会传统文化中保障思想的主要部分，生老病死全部由氏族、家族和家庭来承担。

农民工的文化素质差，决定了他们社会保障意识薄弱、法律意识淡薄，从而导致自身维权、缴费意识较差。当国家有意为其建立社会保障时，他们不能完全理解建立社会保障的必要性，缺乏维护自身权利的意识和动力。大多数农民工即使在知道自己的权益受到侵害的情况下，也很少主动拿起已有的法律武器维权，更不用说有很多人根本就不知道自己的合法权益有哪些，什么样的状况算是受到侵害。另外，在我国一些经济发达的地区，已开始尝试将部分农民工纳入城镇社会保障体系，但农民工缴费意识较差，这将会影响农民工社会保障资金的积累。

（二）建立农民工社会保障体系面临的障碍

1. 新旧体制之间产生的结构性摩擦与矛盾

社会转型时期新旧体制之间产生的结构性摩擦与矛盾，旧制度不再适用于新的社会环境，而且还继续阻碍和排斥着新制度的建立。建立面向农民工社会保障体制的实现有赖于政府对农民工的社会保障问题有一个全面清醒的认识、对制度环境和背景如何影响农民工在城市中的生活状态有一个基本的了解。

2. 农民工群体的多样性、复杂性和流动性

政策的制定者还必须充分了解工业化和城市化进程中农民工群体的多样性、复杂性以及他们对社会保障的需求。在某些地区，农民参与了国家工业化建设，但没有成为城市化的对象。比如在乡镇企业就业的农民，他们居住在农村，工作在企业，离土不离乡。在设计社会保障制度时，应该如何界定他们的身份归属，是以户籍为依据，还是以职业为依据。还有的农民工长期在城市工作和生活，但多是非正规就业，为城市化的建设做出了很大的贡献，虽然户籍身份是农民，但在本质上已经“城市化”了。如果考虑优先把这些农民工纳入社会保障体制，那么势必要同时考虑他们与土地的关系及可操作性。至于那些在正规企业里被正式雇佣的农民工则为数不多，他们既从事着工业化生产，又在城市生活，然而，他们与具有城市户籍的正式职业相比，在社会保障待遇上仍然存在着显著的差距，如何缩小这种差距也是问题。

对农民工社会保障制度的制定，必须充分考虑到流动性这个基本特征。中国农民工市民化将是一个长期的过程，也意味着在一定时期内，农民工进城务工就业具有很大的流动性。这种流动性反映在不同行业、城市的不同地区以及城乡之间的流动中。因此，农民工社会保障在各地区和城乡之间的衔接显得尤为重要。

3. 社保制度门槛高

社保制度门槛太高、转移难，如由于现行养老保险制度规定按月享受基本养老金的最低缴费年限为 15 年，又不能实现转移接续，农民工对现行社会保险制度信心不足。现行社保制度主要是针对城市原国企职工设计的，明显不适合农民工。而且目前我国养老和医疗等主要社会保险制度被分割在 2000 多个统筹单位内运行，各统筹单位之间政策不统一，难以互联互通，养老保险关系无法转移接续。虽然现行政策允许农民工退保，但由于农民工频繁流动而导致反复参保、退保，不仅直接损害农民工享受社会保障的对等权益，而且反过来又影响用人单位的参保积极性，形成恶性循环。因此，必须实现农民工社会保障制度高层次的统筹，要使得农民工跨省市流动时能转移保险基金，从而减少退保现象。

4. 资金的困难

近年来，社会保障资金短缺状况使得维持原社会保障体系尚力不从

心，如果再把农民工纳入其中将会不堪重负。以社会救助为例，目前城乡社会救助的一项重要改革便是建立最低生活保障制度。如果建立农民工的社会救助，其重要内容便是农民工的最低生活保障。社会救助的资金来源只能是政府的财政拨款，它由农民工输出地政府支付，还是由输入地政府支付呢？如果由输出地支付，那么对农民工收入调查将是一个令人望而生畏的过程，付出的成本要远远高出最低生活保障的支付。如果由输入地支付，无疑增加当地的财政负担，即使输入地政府能支付这笔费用，也只能增加农民的无序和盲目流动，不利于农业发展和农村社会保障建设，也不利于农民工的就业。

虽然我国社会保障制度正处在改革攻坚时期，历史旧账需要偿付，转制成本需要承担，保障基金来源不充足，资金上有很大困难，但并不能因为这样就无视农民工的权益；况且我国经济一直持续高速增长，国家的经济承受能力越来越强，以国家财力不足作为不考虑农民工社会保障的理由已越来越不充分。保障民生是现代政府当然的责任，也是现代政府赖以存在的基础。事实上，不少人对农民工的社会保障代价估计过高。在实际运作中，虽然政府承担相应的财政责任是必要的，但其主要责任还是在于制度设计、法规健全以及现实政策的执行监督，难点在于如何调动雇主和农民工参与社会保障体系、分担社会保障责任的积极性，最终建立一个符合国情的资金来源多样化、费用分担合理化、执行成本和社会成本最小化的农民工社会保障制度。

四、构建农民工的社会保障体系，促进农民工城市融合

（一）农民工社会保险政策设计的原则

农民工市民化既是我国未来经济社会发展的长期目标，也是农民工个人全方位获得提升的过程。农民工能够在城市中“沉淀”下来，成为市民，关键在于社会保障制度的设计和建立。因此，我们只有从保障

农民工利益为出发点，以构建和谐社会为最终目标，构建农民工的社会保障体系，剔除任何不利于农民工的因素和环节，促进农民工城市融合。

1. 保护农民工利益，适应流动需要的原则

农民工参保率之所以一直在低位徘徊，与参保后其利益得不到保障有直接关系。由于农民工频繁流动，单位和农民工参保缴费后，社会保险关系难以转移和接续。因此，要吸引和促进农民工参保，制度设计必须适应农民工的高流动性。比如，通过保障当期待遇或增强待遇的可携带性，保证其流动就业过程中的社会保障权益不受侵害；通过在农民工社会保险制度设计中预留出“接口”，并与现行城乡社会保障制度有效对接，以利于保险关系的正常转移与衔接。

2. 着眼于更多人参保，坚持低标准准入原则

农民工平均工资水平远低于城镇在岗职工。由于工资水平低，农民工支付基本生活费用后，节余的工资收入再去支付建房、子女上学、赡养老人等急迫支出后，往往所剩无几，造成农民工参保能力十分有限。因此，必须切实考虑农民工对社会保障的迫切需求与现实能力。农民工社会保障应当从实际出发，坚持低标准准入的原则，不承担国企历史债务，即实行低费率、低费基，同时农民工个人尽量少缴或不缴费，其享受待遇标准也相应降低。降低对农民工的社会保险缴费负担，虽然会在一定程度上减少征缴总额，但保险制度会覆盖更多的人群，使更多的农民工真正享受到他们迫切需要的保险待遇，体现出“广覆盖”原则。

3. 根据农民工的保障需求与现实可能逐步推进原则

农民工是一个异质性的群体，他们流到城市的目的不同，根据市民化程度，农民工群体可分为完全市民化、市民化程度较高和市民化程度较低的农民工。第一类农民工在城市中长期生活，他们希望能在城市长期生活下去；第二类和第三类农民工流动性较高，是否在城市中生活具有不确定性。因此，这三类不同的群体对社会保障具有不同的需求，应该分别对待。当然这三类农民工群体之间还可能相互转化，因此，设计的制度要有一定的衔接。

另外，从职业风险的角度看，与传统小农经济的自然风险不同，农民工所面临的是一种与市场经济、工业化相适应的现代风险结构。特别

是在越来越多的农民工脱离土地的情况下，他们既面临着在年老或生病丧失生活来源的风险，也面临着工伤、职业病以及其他疾病等风险，他们对规避各种职业和社会风险的需求比其他职工更迫切。但由于农民工缴费能力弱，国家的财力也十分有限，因此，应根据不同风险对农民工的危害程度以及农民工的自身需求，按照分类指导、分步推进的原则，先解决农民工迫切需要的保障需求，逐步解决农民工的社会保障问题。

4. 让农民工本人有一定选择的原则

哈佛大学经济学教授雅诺什·科尔奈与肯尼迪政府学院研究员翁笙和合著的《转轨中的福利、选择和一致性》一书中，针对所有从计划经济向市场经济转型的国家，提出了福利部门改革的九项原则中，第一个原则便是“（个人自主权）要推进的变革必须增加个人在福利服务领域的决策范围，减少政府的决策范围”。①

对于外来农民工，由于其特殊性，我们认为在社会保险制度设计时，更需要增加他们对自己的养老等安排的选择权，行使这一权利的方法有很多，起码一点是制度设计要考虑到他们本人的需求，符合他们大多数人的利益。同时，对于那些能够在城市中长期工作下去的外来农民工，他们也应该有权利选择不同层次的社会保险制度。

5. 与现有政策的相容性和统一性原则

制定新的农民工社会保障政策时，必须考虑与现行政策的相容性，使其能与现行社会保障制度能够有效对接。原先社会保障体系已运行了很长一段时间，如果改动过大，对原有制度下群体冲击过大，增加改革的成本。农民工社会保障制度与城镇职工社会保障制度之间要预留“接口”，在条件成熟时两者能实现对接。而且农民工的社会保险政策在基本原则上应是全国统一的，而不是地方性的。

要理清农民工社会保障构建与我国社会保障体系整体推进的关系，坚持局部服从和促进整体发展、整体发展带动局部发展的原则，将农民工社会保障建设作为我国城乡统筹的社会保障体系建设的重要结合点。主要包括三个方面的要求：一是要与我国未来定型的社会保障体系相衔

① 孙爱军等：《开发区农民工社会保险问题分析及政策建议——基于对上海市社会保险制度的考察》，载《决策参考》，2004 年第 6 期。

接。这就要求充分考虑我国社会保障城乡统筹的发展方向，充分体现低水平、广覆盖、可持续的制度理念。二是要与现有的城镇社会保障体系相衔接。这就要求农民工社会保障的制度设计不能脱离现行的城镇社会保障制度，而是要参照其基本制度和做法，确保制度的连续性、创造性和有效性。三是要与农村社会保障体系的建设相衔接。虽然当前我国农村社会保障制度建设还处于探索起步阶段，但应将已经取得的一些经验和共识融入到农民工社会保障建设之中，努力实现两者的兼容与互动，为最终走向城乡一体的社会保障体系创造条件。

同时，社会保障体系的整体建设和发展也应充分把握农民工社会保障建设这一时机，把城镇社会保障、农村社会保障、农民工社会保障当作一盘大棋来对待。要注意统筹兼顾农民工社会保障，必要时对现行制度和政策进行适当调整，为其发展创造条件。比如加快推进社会保障的全国统筹，解决农民工社会保障的转移续保难问题；全面开征社会保障税，提高农民工社会保障的国家强制性；完善灵活就业人员社会保障办法，满足部分灵活就业农民工的参保需求；加快农村社会保障制度建设，解决部分农民工返乡后的社会保障问题，等等。

（二）构建农民工社会保障制度的对策

1. 必须转变观念

要正确认识农民工的作用和地位，要树立以人为本的理念，转变对农民工进城务工的种种错误认识，真正按照宪法赋予公民的社会保障权规定给予农民工以平等的国民待遇，把农民工从城市的边缘解放出来。按照国务院办公厅发布的《关于做好农民进城务工就业管理和服务工作的通知》精神，取消对企业使用农民工的行政审批，取消对农民进城务工就业的职业工种限制，取消专为农民工设置的登记项目，取消对农民工不合理的要求和条件，对农民工和城镇居民要一视同仁。① 要理清农民工社会保障的构建与农民工问题所处大背景的关系，坚持制度构建基于必要性、必要性基于背景分析的原则，认清问题本质，排除干扰因素，坚定解决好农民工社会保障问题的自觉性和决心。

① 罗志先：《落实农民工保障要从制度着手》，载《中国经济周刊》，2005 年第 43 期。

2. 必须加快农民工社会保障法律制度建设

应尽快制定出台《农民工社会保障法》，建立健全农民工社会保障法律运行机制。一要加强农民工社会保障立法工作力度，解决好目前有关农民工社会保障立法层次低、立法空白问题。对现有的国务院及部委有关社会保障法规或规章进行修改，对具体涉及农民工问题的进行明确规定，使其更具操作性；如果制定出台《农民工社会保障法》的时机还不成熟，可先考虑对《劳动法》进行修改，通过修改《劳动法》，专门对农民工医疗保险、养老保险、工伤保险、失业保险、社会救济等保障制度做出规定；然后在此基础上，制定专门的《农民工社会保障法》，对农民工医疗保险、养老保险、工伤保险、失业保险、社会救济等农民工法律保障制度及其原则做出明确规定。二要加强依法行政工作，加大依法行政检查和监督工作力度，贯彻落实好有关农民工社会保障权的法律规定，把法律规定的有关农民工权利义务变为现实的农民工能够看得见摸得着的权利义务。三要加强司法改革，建立健全与农民工社会保障法律制度相适应的有效的司法运行机制，公正司法，把对农民工及社会弱势群体合法权益的司法保障落到实处。①

3. 加快和创新配套制度

农民工社会保障制度的建立还需要改革一系列相关的阻碍农民工社会保障制度建立和发展的制度和政策，只有为农民工社会保障制度扫清了障碍，它才能得到顺利发展。如改革土地流转制度，提高农业劳动生产率，加快农民工从农村的退出；改革户籍制度，放松对户口的管制；改革劳动力用工制度，减少或消除农民工所受到的工资歧视、子女入学的歧视等；深化就业制度改革，建立城乡一体的劳动力市场；深化教育制度改革，实行进城农民工子女教育“国民待遇”。对进城务工的农民实行教育培训制度，推行农民进城务工就业培训政策；要深化改革住房制度，大力推行城镇廉租房政策，降低农民进城的“门槛”，以促进农民工在城市的进入和融合。

4. 实行一体化管理和网络化服务的保障制度

要实现农民工社会保障的现代化管理，必须要建立与之相适应的一体

① 罗志先：《落实农民工保障要从制度着手》，载《中国经济周刊》，2005 年第 43 期。

化管理和网络化服务制度。(1) 首先在地、市一级建立社会保险关系信息库，逐步实现农民工社会保险关系信息库在地市间、省市间的联网与信息共享，最终实现全国社会保险关系信息互联互换。(2) 还要制定统一的农民工保险基金省际转移管理办法，保证农民工保险基金能够随之进行转移和对接。(3) 建立农民工社会保障分类管理信用制度，对农民工进行分类管理。对符合一定条件的农民工应纳入所在务工城镇的社会保障体系，实行与城市职工相同的社会保障。对于短期务工及没有固定和稳定工作单位暂时不符合一定条件的农民工，应逐步建立与其身份证相一致的社会保障个人账户，保证其个人账户能在全国范围内转移。从而扩大社会保险的覆盖面，实行统一的社会保障政策要逐渐实行一体化管理政策，即不分所有制、不分企业的隶属关系、不分职工的职业和岗位，实行统一的社会保险项目、统一的缴费标准、统一的待遇标准、基金统一调剂使用。

考虑到历史所形成的种种差异和现实中存在的种种利益矛盾，这一改革必须是渐进性的。较为现实可行的办法是根据农民的需求与目前的条件，按照多层次、多类型、灵活便捷的原则来提供社会保障，确保这一制度在城乡间易于接轨。同时技术方面还应建立社会保障的计算机服务网络，包括在企业招用职工和劳动者就业及转移，及时办理养老、失业等各项社会保险手续；建立关于农民工的住处管理系统及通信网络，并为每一民工配备专用 IC 卡，可以使计生、劳动社会保障、教育、人事等部门实现住处资源共享，为投保者和被保险人提供方便的查询和周到的咨询。最后，还应尽快实现从企业发放养老金向由社会保险机构发放养老金的过渡，并且与银行的计算机化管理进程相一致，最终实现由银行代发各种社会保险金。

5. 广开财源，扩大资金渠道

国家财政对社会保障的支持，是建立新型社会保障体系的必要条件，各级财政要转变职能，调整预算支出，拨出一部分用于农民工的社会保障资金的投入。部分地区农村经济发展与农民收入较高，积累了建立农民社会保障的财力，可提前建立较全面的农民社会保障制度体系。

在现实中，可采用以下方式增加积累资金：一是把土地转让费转入个人账户。即所谓的土地换保障。对于不同的人群可使用不同的方法：青壮年农民可用农产品换保障，老年农民和被征地农民可用耕地换保障，进城农民工可用农产品换保障+耕地换保障，乡镇企业职工可用农产品换保障+耕地换保障+土地承包经营权换保障；[①] 二是把买断“二胎”生育权的所得收入转入个人账户，买断“二胎”生育权是指农户主动放弃生第二胎的权利，从而政府给予资金一次性买断生育权；三是国家财政拨款；四是个人缴纳的费用；五是发行福利彩票；六是社会救济和救助等。对这些筹集来的资金全部记到个人账户，按这个账户储蓄积累的总额确定保障资金的发放标准。个人账户储蓄积累多的给予较多的补助，积累少的给予较少的补助。这笔个人账户储蓄总额在保证安全的情况下，为了保值增值可将其投入购买国家债券等风险较小的行业和建立农村金融市场，专门用于农业投资，以获得投资收益。

（三）农民工社会保障具体制度设计

农民工是一个复杂而又庞大的群体，因此很难用一个固定的制度将所有的农民工全部覆盖进来。完整的社会保障体系包括社会保险、社会救助和社会福利，从当前的条件来看，农民工连基本工资都难拿到，更无须谈参加社会保险、享受社会福利，但至少在构建和谐社会战略高度上，促进农民工城市融合，全方位规划，在抓好以农民工社会保障为当前重点工作的同时，为这项制度的长远发展和逐步完善创造条件。

1. 社会保险方面

农民工社会保险制度模式选择应适应不同的亚群体，对于第一类完全市民化的农民工（他们在特定城镇达规定居住年限，并有固定住所，工作单位和收入相对稳定），应纳入城镇现行制度，参加城镇养老、医疗、失业、工伤等社会保险，对于后两类市民化程度较低但流动性高的农民工（即就业不稳定，具有高度流动性）应引入过渡性的办法，除工伤、失业保险按规定执行外，养老保险先建立个人账户、不建社会统筹，实行过渡性的个人账户，将本人的社会保障权益直接记入个人账户；医疗保险先建社会统筹、不建个人账户，实行低门槛、保大病、管当期。[②]

---

① 卢海元：《实物换保障：农村社会养老保险制度的创新之路》，载《湖湘论坛》，2003年第1期。

② 劳动和社会保障部调研组：《农民工社会保障问题研究报告》，出自国务院研究室课题组：《中国农民工调研报告》，中国言实出版社2006年版，第55页。

随着社会保障制度的完善，按照农民工自己的意愿，愿意留城的将其缴纳养老保险的个人账户进行折算补交纳入城市社保体系，而回乡者则将其个人账户与农村养老保险对接。

在对农民工社会保险推进的次序上，应根据有关风险对农民工危害程度以及农民工的自身需求循序渐进，采取分类分步的保险办法，优先解决农民工目前最迫切的需要和最突出的问题，可以考虑按工伤保险、大病医疗保险、最低生活保障、养老保险的次序推进。

（1）按《工伤保险条例》规定尽快推进农民工工伤保险

由于农民工一般多在危险性较大的行业就业，如建筑业、煤炭业等高风险的行业，如果没有工伤保险，一旦因工伤无法得到治疗，将使整个家庭陷入贫困。从层出不穷的工伤事故到规模惊人的职业病群体，以及由此而导致的数不清的劳资纠纷，表明工作伤害与职业病已经构成现阶段工业劳动者尤其是农民工的重大风险。①

2003 年 4 月 27 日国务院要求从 2004 年 1 月 1 日开始在全国范围内实施《工伤保险条例》，以保障因工作遭受事故伤害或者患职业病的职工获得医疗救治和经济补偿，促进工伤预防和职业康复，分散用人单位的工伤风险。所有用人单位都要按《工伤保险条例》规定为农民工参加工伤保险，切实保障农民工的人身安全。在农民工发生工伤后，要做好工伤认定、劳动能力鉴定和工伤待遇支付工作。未参加工伤保险的农民工发生工伤，由用人单位按照工伤保险规定的标准支付费用。为进一步保障农民工权益，要努力扩大覆盖面，进一步推进农民工集中的矿山、建筑等高风险企业和农民工参加工伤保险，促进农民工依法享受工伤保险待遇。

目前，农民工工伤保险最严重的问题就是逃保、漏保。要解决这个难题，可以从两方面抓起，一方面从农民工角度，积极广泛地展开宣传教育活动，增强农民工自我保护意识，鼓励他们通过法律的手段来保护自身的权益，在与雇主签订劳动或劳务合同时要求其为自己参加工伤保险。广东省的“民工荒”现象就是最好的例证，这也是解决广东省农民工工伤保险问题最好的时机。从政府角度来讲，在相关的法律法规基本健全之后，更重要的是依法办事、加强执法力度，给农民工适时的法

① 郑功成：《中国社会保障改革与制度建设》，载《中国人民大学学报》，2003 年第 1 期。

律援助。另一方面可以在准入机制上对雇佣农民工的企业或个体工商户进行监管，要求只有雇主为其雇佣的农民工投保了工伤保险才发放给其营业执照允许其经营，否则不允许其合法营业。但这只适用于农民工较稳定的行业，而对于流动性较大的行业，如建筑业则只有加强巡回监察和加大惩罚力度，督促承包人为其新来人员及时办理保险。①

如果措施得当，那些农民工的雇佣企业主动自觉加强安全防范措施，以减少或防范重大安全事故的发生，进而会导致事故发生率明显降低。从定价角度讲，出险率的下降将会带来保费的下调，从而最终也有利于消除雇主逃保、漏保的动机。此种良性循环将使得农民工工伤保险的漏洞越来越小，最终弱势群体的权益将得到社保的基本保障。

（2）逐步推进农民工医疗保险，主要解决大病医疗保障问题

依据《国务院关于建立城镇职工基本医疗保险制度的决定》，城市政府应设法给工作基本稳定的农民工建立基本医疗保险，使他们的健康得到保障。特别是对职业病，政府和企业除加强预防以外，职业病患者还应得到医疗保障。医疗保险可分为大病统筹医疗保险与一般医疗保险两项。对于几乎完全市民化的第一类农民工，应实行与城市职工相同的即社会统筹与个人账户相结合的制度，其中雇主负担社会统筹部分，个人及雇主缴费的小部分进入劳动者个人账户。个人账户用于一般医疗，不足部分，只要未超过一定比例，仍由个人负担。医疗费若超过一定比例，即为大病，由社会统筹医疗基金负担费用的绝大部分，其余仍由个人负担。而对于后两类的农民工，由于其流动性较大，因而可不参加一般医疗保险，日常的医疗开支由个人或家庭承担。但其应参加大病统筹医疗保险，只建立统筹账户。但如果他们愿意参加一般医疗保险，可为其建立个人账户，并应确保其个人账户能在全国范围内转移。

目前，开展农民工大病医疗保险，着重要保当期住院医疗。同时，为切实降低用人单位和农民工本人的负担，农民工大病医疗保险应单独管理，根据农民工大病发病率实行低费率，不承担国有企业职工的历史债务，费率一般控制在2%以下，农民工本人可不缴费，主要由用人单

① 陈岩、曲笛：《农民工工伤保险：强制背后的漏洞》，http：//www.p5w.net，2004年12月7日。

位根据当地的缴费率缴费。

农民工凡已参加城镇职工大病医疗保险的，原则上不再同时参加新型农村合作医疗。如本人不愿或无能力在城市治疗的，应制定相应的措施，将大病医疗保险关系和资金转入农村合作医疗。

（3）建立农民工的最低生活保障制度

最低生活保障制度是国家基于保障人权的需要对特困居民实施的一种无偿救助制度。农民工作为我国现代化建设不可缺少的一个群体，当其基本生活难以维持时，国家当然有义务对其救助，但考虑到我国目前实际情况，将农民工完全纳入城镇最低生活保障制度也不现实。对此，建议对于第一类农民工，若其年龄已满40周岁，则应将其纳入城镇最低生活保障制度，和城市居民享受同等待遇。但对于不满40周岁的第一类农民工及后两类农民工，由于其流动性较大且年纪普遍较轻，对他们的社会救助不应是单纯的经济救助，而应是提供劳动机会。[①] 对于他们，可以考虑建立一种特殊的最低生活保障体制，即“公共劳动”形式的最低生活保障体制。[②] 对于农民工这一高活力群体来说，他们陷入绝境只是暂时的。他们一旦找到工作，不但可以养活自己，而且可以养活全家。“公共劳动”机构可以为这些身强力壮的农民工提供暂时的栖身和劳动之地以维持其基本生活。对于政府来说，这样一种体制比单纯的经济救助更有效，更节省成本。投入不是很大的一笔经费，带来的却是更为安全稳定的社会。

（4）建立切实可行的农民工养老保险制度

2005年12月14日，我国发布了《国务院关于完善企业职工基本养老保险制度的决定》（以下简称《决定》）。《决定》虽然没有对农民工的养老保险问题做出直接规定，但很多规定涉及农民工的养老保险问题。《决定》提出，在完善市级统筹的基础上，尽快提高统筹层次，实现省级统筹，为构建全国统一的劳动力市场和促进人员合理流动创造条件。如果农民工社会养老保险实行全国统筹，统一管理，可以建立便于跨地区转移养老保险关系的机制，农民工不论转移到什么地方，都可以

① 高金登、李林太：《民工社会保障问题的思考》，载《政法管理干部学院学报》，2004年第1期。

② 李强：《城市农民工的失业与社会保障问题》，载《政策研究》，2001年第5期。

凭卡缴纳社会养老保险费，这将根本解决因农民工流动性而造成的社会保险关系难以转接的问题。[①] 依据《关于完善城镇职工基本养老保险政策有关问题的通知》精神，城市（镇）政府应当对常年打工的农民工建立基本养老保险。

从农民工社会养老保险的诉求和现状中可以看出，农民工社会养老保险制度必须适应企业和农民工的经济能力，适应农民工的流动性，实现从自愿投保到强制性缴费的过渡，实现不同地域之间规则的统一和关系的顺利转移。结合当前已有的地方农民工养老保险制度和相关理论，建立社会统筹和个人投保相结合、基金积累模式和现收现付模式相结合的“混合型”制度。[②] 制度模式可采取统账结合，先建农民工养老保险个人账户，待时机成熟后再研究如何进入养老保险社会统筹。缴费实行低费率，由用人单位和农民工双方负担，企业按本企业工资总额的10%，个人按本人工资的5%，全部缴费进入农民工个人账户，并发放个人账户卡。[③] 转入城镇职工养老保险制度的，按规定折算缴费年限，调整个人账户规模，划分个人账户和社会统筹基金；回农村的，达到规定退休年龄时，允许转移个人账户进入农村社会保险。

（5）建立健全农村社会保障制度

要抓住中央提出的建设社会主义新农村这一有利时机，尽快探索和建立农村养老、医疗等社会保障制度，实现农村社会保障与城镇居民社会保障制度的接轨以及和职工社会保险关系的接续，从而方便农民工回乡后社会保险关系的转接。

2. 社会救助方面

农民工的社会救助是其社会保障最基本、很重要的组成部分，这是因为农民工具有较强的先天社会弱势性。按照目前的发展趋势，可以预计，农民工群体中将会有一部分人沦为贫困阶层，成为将来城市新贫困阶层和农村赤贫阶层的构成部分。这种现象在目前已经显现，比如大量因工伤和

---

① 张喜亮、吕茵：《从“农民工退保”看社会保障制度的完善》，载《工人日报》，2006年1月9日。

② 徐赛嫦：《农民工社会养老保险制度探析》，载《社会保障制度》，2003年第10期。

③ 劳动和社会保障部课题组：《农民工社会保障的基本思路与政策建议》，http://www.drcnet.com.cn/，2005年11月18日。

职业病被迫返乡的农民工、超过4000万的失地农民。虽然目前国家已经针对农民工问题采取了一些政策措施，比如强化农民工进城就业的支持和服务，逐步为农民工建立社会保险等。这些措施只能在一定程度上减轻这一群体沦为贫困人口的比例和贫困的程度，而不能从根本上解决问题。这其中不乏将来年老时，体力衰退、技能缺乏、子女少、社会关系单一等的情况，他们对社会救助的需要将是现实的、迫切的和巨大的，而这种救助的供给主体唯有政府。这种趋势必须引起政府和学者的关注，加快建立和完善城乡社会救助体系，正视部分农民工对社会救助的现实需要，立足当前，着眼长远，通过有效的政策措施将他们逐步纳入其中。要注意将保险和救助联动起来，缓解他们的贫困程度，减轻政府将来的救助负担和成本以及可能给社会稳定带来的冲击。有了社会救助，就可以发挥保底作用，即便在农民工其他的社会保障项目都没有建起来的情况下，农民工依然可能在城市中扎根下来，促进农民工的城市融合。

3. 社会福利方面

社会福利问题从社会保障角度来说还是一个全新的论题，尤其对于农民工来说。我国的社会福利主要针对老年人、孤儿和残疾人等特殊群体，涉及农民工的主要是儿童方面。依据《中华人民共和国未成年人保护法》、《中华人民共和国教育法》等法律法规，国家为儿童提供教育、计划免疫等社会福利，特别是为残疾儿童、孤儿和弃婴等处在特殊困境下的儿童提供福利项目、设施和服务，保障其生活、康复和教育。当前农民工子女总体而言是身处困境，很多权利缺乏实现的条件，成长环境有待改善，应以落实农民工子女受教育权为重点，尽可能给予他们关爱，为他们创造成长发展的良好环境。[①]

综上所述，灵活多样的农民工社会保障制度给农民工更多的权利保障和更多的自由选择权。社会救助使得农民工可以在生活陷入困境时在城市中生存下来，社会保险的建立也会解决农民工有效防范现在以及未来的风险。在农民工市民化的进程中，合适的社会保障制度势必会加速农民工在城市中的进入程度，从而实现其在城市最终的融合。

---

① 米庆成：《论农民工社会保障构建的思路和对策》，http：//www.ccrs.org.cn，2006年1月6日。

第八章　农民工市民化进程度量：理论探讨与实证分析

一、农民工市民化及其度量的内涵

（一）“农民工市民化”命题的提出及其内涵

发展经济学经典理论在关注发展中国家乡城人口转移现象时提出的命题是“农村人口城市化（urbanization of rural population）”和“农业剩余劳动力非农化（deagrculturalization of surplus agricultural laborers）”。这两个命题考察的对象虽然分别是农村人口和农业劳动力，但在绝大多数市场经济国家里，这两个进程是基本同步进行，因而也是合二为一的。20 世纪 80 年代以来中国的市场经济导向改革放松了计划经济时代严格乡城人口流动的规制政策，但在特殊的制度遗产和渐进性的改革模式下出现的乡城人口转移现象不是从农民（村民）到市民（工人）的职业转换和地域转移同步、合一、彻底的改变，而是呈现出与市场经济国家迥然不同的“中国路径”：农村人口的城市化过程因被分割成两个子过程：第一阶段从农民（农村剩余劳动力）到城市农民工的过程已无障碍；第二阶段从城市农民工到产业工人和市民的职业和身份变化过程，目前依然步履维艰，这正是亟须关注和解决的现实问题。因为我国计划经济时代建立起来的城乡“壁垒”虽然已被打破，但已经从农民变成农民工的这一新兴群体仍然不能畅通无阻地穿越城乡之间有形和无形的“户籍墙”，未能完成从农民到市民的转变。而发展理论及国际经验表明，实现绝大多数乡城流动人口的城市化是解决农村剩余劳动力的根本出路。对于我国来说，实现大多数农民工的市民化是解决农民工问题的最终出路。

从理论层面看，我们主张不要抽象地探讨“农民市民化”，因为农民工市民化并不等于农民市民化①，在数量上，把所有的农民完全转化为市民是不可能，也是不现实和不必要的。即使是在城市化程度很高的现代社会，农业依然需要适当的农业人口。在中国特色的城市化进程中，农民工市民化是农民市民化的第二阶段。明确界定并深入研究“农民工市民化”，是基于我国城乡人口转移先“从农民到农民工”，然后“从农民工到市民”的“中国路径”，以及经典教科书上的“一步转移理论”不能有效地解释城乡人口转移的“中国路径”所面临的理论困境。因此，需要我们用“农民非农化理论＋农民工市民化理论”的“两步转移理论”取代传统的“农村人口城市化”或“农民市民化”的“一步转移理论”。农民工市民化是指离农务工经商的农民工克服各种障碍最终逐渐转变为市民的过程和现象。具体而言，农民工市民化包括农民工从农村退出、城市进入以及城市融合三个环节。

农民工市民化包括生存职业、社会身份、自身素质以及意识行为市民化四个层面的含义。即职业由非正规就业的农民工转变成正规就业的非农产业工人，社会身份由农民转变成市民，农民工自身素质提高，其意识形态、生活方式和行为方式城市化。这四个层面相互影响、相互制约，其中前两个层面主要取决于宏观体制改革和相关的制度创新，对农民工市民化进程具有决定性的影响。

从实践层面看，“农民工市民化”命题的提出是基于进城农民工现实的生存状况及其对城乡统筹协调发展的不利影响。在整体上，农民工是年轻力壮而且有一技之长或敢闯敢干的乡村“草根精英”，进入城市后因为制度、市场和个人等多方面的原因，绝大多数人无法“穿越”

① “我国农村劳动力转移与农民市民化研究”课题组：《农民市民化的趋势与国内相关理论学派的主张》，载《经济研究参考》，2003年第5期。

韧性更强的“隐性户籍墙”而成为都市边缘人。这种现象的发展在很大程度上将过去城乡之间的空间对立“移位”和“浓缩”为城市空间范围内的城乡对立，并成为城乡矛盾冲突的前沿高发区。与此同时，“农民工市民化”命题的提出更是提醒整个社会和有关政府部门需要更多地从关注与保障农民工生存权和发展权视角来考虑农村人口转移问题，而不是主要站在“老市民”本位利益的立场上和城市自我发展需要导向的角度来规划所谓“城市化”的发展。

（二）留城意愿和留城能力是测度农民工市民化两大关键要素

农民工市民化理论的提出，对统筹城乡经济社会发展、构建和谐社会、促进农民全面发展具有重要的战略意义。农民工市民化四个层面上的内涵比较清楚的提出了农民工市民化的基本内容，但是从实践层面上看，仍然比较抽象，缺乏一个可以判断和比较的量化尺度。农民工市民化的三个环节在现实中也难以明确界定，在多数情况下，农民工从农村的退出以及城市进入、融合交织在一起，也无法清晰的测量。而在现实经济社会中，我们需要了解和掌控农民工群体状态以及他们市民化的进程，从而更好地利用宏观经济手段促进农民工市民化进程。

为解决农民工市民化进程的测量问题，在这里，我们引入经济学中意愿和能力相结合的概念，即从经济学角度来看，在农民工市民化的每个阶段，我们都强调主体的主观意愿和相关能力的共同作用。按照这两个特征，第一阶段从农民（农村剩余劳动力）到城市农民工的过程已无障碍，“民工潮”和“民工荒”恰恰反映出农民向城市农民工转变的主观意愿和和转变能力都已经具备。但在第二阶段，即从农民工到市民转变过程中，如果农民工仅仅有留城的意愿而没有在城市定居的能力，就不能算作农民工市民化；相反的，如果只有城市定居的能力，但没有留城意愿，也不能算作农民工市民化。因此，农民工向市民的转化，必须具有向城市转移定居意愿和具有在城市生活能力这两个条件并存，二者缺一不可。换言之，从农民工在城市的定居意愿和生活能力的角度来看，农民工市民化是指在我国城市化进程中，那些既具有留城意愿又具有留城能力的农民工在城市定居融合的过程。

1. 留城意愿

按照留城意愿和留城能力我们可以把农民工划分为四种，第一种是既有留城意愿又有留城能力的农民工，第二种是具有留城意愿但没有留城能力的农民工，第三种是虽有留城能力但没有留城意愿的农民工，第四种是既没有留城意愿也没有留城能力的农民工。从这四种类型来看，前两种类型才是我们市民化的对象，只有那些具有明确市民化意愿的农民工，才能采取积极的行动，实现个人的目标。农民工市民化相关政策的制定也必须是在充分尊重农民工个人选择权的基础上。

随着市民化进程的推进，农民工的心理状态会发生变化。根据不同时段的经济情况等因素，不同意愿的农民工都有可能调整自己的人生目标，但从总体发展趋势看，后两种类型的积极转向是向前两种转变。

在工业化和城市化进程加快的新发展时期，我国又出现了越来越多的“失地农民”，无论他们是自愿还是被迫失去土地、是否有能力在城市中生活，他们都已加入到农民工的行列之中，这就使得农民工边缘化问题更加凸显。

2. 留城能力

中国乡城人口转移进程一般包括流动（流出）和沉淀（稳定）两个阶段，流出一段时间后主动和被迫回流的那部分人即意味着停止了市民化进程，农民工市民化关注的是那些已经从农村和农业中流出而又不自愿回流的那部分人如何在实现职业转换的基础上进一步实现生存空间和社会身份的转换。也就是说，此处重点研究具有留城意愿农民工是否具有留城能力以及如何在城市中提高生存能力和空间的问题。

农民工的留城能力涉及多方面的因素，如户籍制度、就业制度等外部制度设计，也包括人力资本、社会资本的自身积累和培育等。农民工的留城意愿和留城能力也是相互影响、相互制约的。即使农民工具有强烈的留城意愿，但在城市工作和生活中屡屡受挫，长期无法得到公正的待遇，很有可能使其失去在城市生活的信心，丧失市民化意愿，从中途退出市民化进程。那些在城市中暂时打工的农民工，虽然在最初的时候，并没有长期和彻底的转移意愿，但随着在城市中的生活和工作，积累了社会资本和人力资本，逐渐增加了留城的意愿，也加入农民工市民化进程中。

二、农民工市民化进程的实证考察

（一）农民工留城意愿及其特征

农民工市民化，首先须具备的条件是农民工有明确的留城意愿。根据武汉大学经济研究所课题组 2005 年 3 月对武汉市进城农民工的抽样调查，有 53.7% 的人明确表示“愿意留在城市中生活”，但是在“对未来的打算”作答时，却有 54.13% 的人倾向于返乡，而只有 38.30% 的人倾向于留城。如果说愿意成为市民是一个美好梦想的话，那么对未来的选择就更具有现实性。在貌似矛盾的调查结果中，反映出农民工对于未来选择的不自主性，他们既希望能在城市中有安身之地，又害怕无法在城市中永久性的生存，渴望回到农村中去。

将农民工对“是否愿意成为市民”与“未来打算”回答进行分析，我们会发现，倾向于留城的群体中，有 49.57% 的农民工明确表示“愿意成为市民”，其后是“没有想过”和“不想成为市民”，分别占 27.54% 和 21.05%（见图 8－1）。倾向于回乡的群体中，处于第一位的

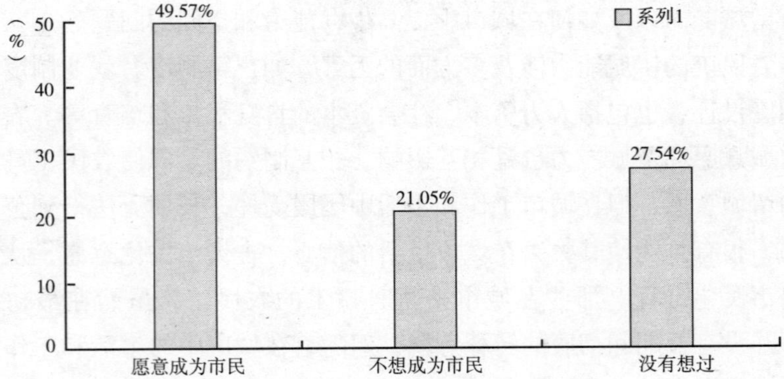

图 8－1　倾向于留城的农民工的市民化意愿

是“不想成为市民”群体，占70.18%，其次是“没有想过是否能成为市民”，占65.94%，最后是“愿意成为市民”，占42.31%（见图8－2）。尽管对“是否愿意成为市民”与“未来打算”回答有一定的矛盾性，但是也大致地反映了农民工对留城的基本意向。愿意成为市民的农民工，在现实中，更倾向于留城，而不愿意成为市民的农民工，更倾向于回乡，而回答“没有想过”的农民工则处于二者之间，是农民工市民化过程中的边缘群体。

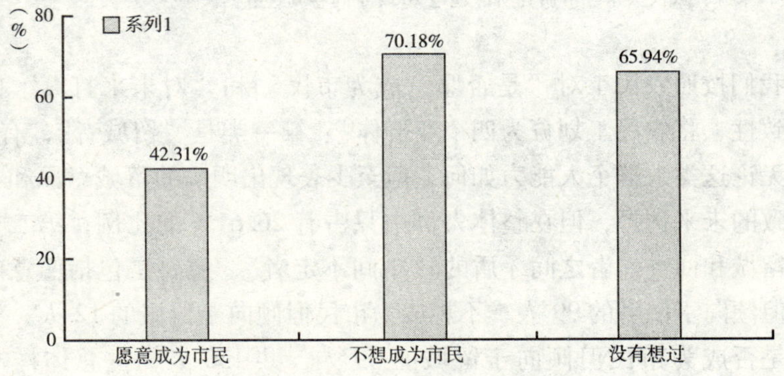

图8－2　倾向于回乡的农民工的市民化意愿

留城意愿和未来打算一致是“留城”的农民工（以下称为“留城者”）只有116人，占被调查农民工总数的26.61%，留城意愿和未来打算一致是“回乡”的农民工（以下称为“回乡者”）40人，占总数的9.17%。而处于“是否愿意成为市民”和“倾向于留城和回乡”明显相矛盾的人数为111人，占总数的25.46%，另外，有33.26%的被调查农民工虽没有想过是否留城，但这其中又有39人倾向于留城，若将这部分也视为矛盾选项者（以下称为“中间不定者”），那么则有150人，也就是被调查农民工总数的34.40%，处于留城和回乡的中间地带。在“愿意成为市民”的群体中既不选择留城也不选择回乡，而选择“其他者”是基本上已经在城市中定居生活的群体，自认为已经成为市民，这部分为4.36%（见表8－1）。

表 8 –1　农民工留城意愿和未来打算

未来打算 / 市民化意愿	倾向于留城		倾向于回乡		其他		合计	
	人数	比例(%)	人数	比例(%)	人数	比例(%)	人数	比例(%)
愿意成为市民	116	26.61	99	22.71	19	4.36	234	53.67
不想成为市民	12	2.75	40	9.17	5	1.15	57	13.07
没有想过	39	8.95	97	22.25	9	2.06	145	33.26
合　　计	167	38.31	236	54.13	33	7.56	436	100

资料来源：武汉大学经济研究所课题组 2005 年问卷调查数据。

我们按照农民工对“是否愿意成为市民”和“对未来打算”回答的一致性，将农民工划分为四个亚群体①：第一类是“留城者”，有 116 人，无论这类人群个人能力如何，但至少表现出明确的留城意愿和与其相一致的未来选择，但在整体人群中只占有 26.61% 的比例；第二类是处于留城和回乡二者之间矛盾的“中间不定者”，主要是包括愿意成为市民但倾向于回乡的 99 人、不想成为市民但倾向于留城的 12 人、没有想过是否成为市民但倾向于留城的 39 人，共 150 人，占总体样本的 34.40%；第三类是“倾向于回乡者”，主要是包括不想成为市民但选择“其他”的 5 人、没有想过是否成为市民但倾向于回乡的 97 人，共 102 人，占 23.40%；第四类是“打算回乡者”，这一部分人也是表现出明确的回乡意愿和与其相一致的未来打算，有 40 人，只占 9.17%（见图 8 –3）。根据中值选民定理的著名结论，中间选民偏好决定着最终选举结果。同样道理，我们观察图 8 –3，无论是从左向右数，还是从右向左数，都会发现 50% 的比例都落在“中间不定者”的群体中，这部分人和“留城者”一起达到 61.01%，如果与“倾向于回乡者”、“打算回乡者”一起则达到 66.97%，实际上约三分之一的“中间不定者”偏好在一定程度上影响了农民工市民化的总体进程和方向。

为更清楚的区分这四类人群，在表 8 –2 中，我们用均值来显示这四类人群的特征。

---

① 为分析方便，把回答“其他”等无法归类的群体忽略不计，大约占总体的 6.42%。

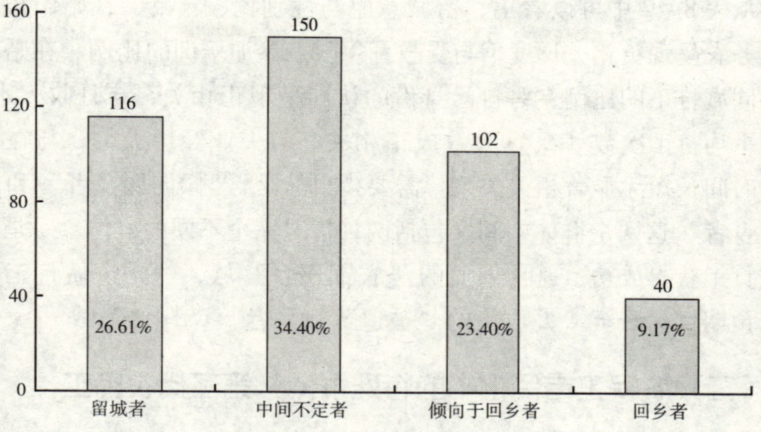

图8-3　按市民化意愿和未来打算一致性划分的农民工亚群体

表8-2　不同农民工亚群体特征比较

	项　目＼不同类型	留城者	中间不定者	倾向于回乡者	打算回乡者
1	性别比	141.67%	294.74%	385.71%	566.67%
2	年龄(岁)	27.46	32.65	37.86	37.35
3	受教育年限(年)	9.26	8.48	8.29	8.33
4	月收入(元)	792.07	686.67	674.51	839.25
5	对自己的认同： (1)农民工还是农民 (2)农民工是没有城里人待遇的工人 (3)农民工不以务农谋生，应该得到城里人同等的社会待遇	 11.21% 25.00% 62.07%	 26.00% 28.00% 42.67%	 32.35% 25.49% 36.27%	 40.00% 30.00% 27.50%
6	一共打工的次数(次)	3.14	3.67	2.99	4.93
7	三年平均打工次数(次)	2.28	2.11	1.75	2.40
8	过去三年平均每年在城市时间(月)	9.35	8.83	8.98	9.19
9	参加过培训的比例	39.66%	29.33%	28.43%	27.50%
10	在婚者的比例	43.97%	63.33%	83.33%	80.00%
11	在婚者中配偶在家务农的比例	23.53%	47.37%	55.29%	50.00%
12	在婚者中配偶同城打工的比例	68.63%	45.26%	30.59%	43.75%
13	有失业经历的比例	46.55%	53.33%	49.49%	42.50%

资料来源：武汉大学经济研究所课题组2005年问卷调查数据。

从表8-2中可以看出，留城意愿与性别比、年龄、在婚、与配偶在家务农呈现负相关梯度，与受教育年限、参加培训的比例、在婚者中配偶同城打工的比例、对自己身份的认同呈现正相关，与月收入水平、三年平均打工次数（次）大致成正相关。与失业经历无关，与在城市生活时间长短无显著相关关系。需要指出的是，“倾向回乡者”和“打算回乡者”这两个群体中间又包括两种情况完全不同的群体：一是经过进城打工获得成功、返乡创业的“衣锦还乡”族，二是进城打工没有实现预期目标乃至“失败”的“被迫”返乡者。

（二）农民工市民化中的特殊群体：第二代农民工

1. 第二代农民工：需要特别关注的农民工亚群体

除了农民工市民化的先决条件——市民化的意愿，市民化的过程还包括农民工在城市中的生活方式和与“老市民”及其社区的融合状态。很显然二者是互相影响的，越是年轻的农民工越愿意市民化，其文化程度越高，学习技能的本领就越高，在城市中适应能力越强，越容易实现市民化。因此，不同的年龄和生活背景对市民化的进程产生不同的影响。在现实中，当代中国正处在一个快速变化的时代，不同的时代背景下出生和成长起来的农民工，个体的人格特征也有显著不同。改革开放以后出生的年纪轻的农民工和计划经济时代成长起来的年纪大的农民工，不论在成长的社会环境还是家庭环境方面都发生了根本性的变化，这在很大程度上决定了这两部分亚群体在文化、观念和行为上，都有着明显的差别。基于这一考虑，我们把这两部分农民工分别称之为第一代农民工和第二代农民工。第一代农民工即是传统意义上的农民工，他们当中很多人在20世纪80～90年代开始从农业和农村中流出，他们具备传统研究的特征。而第二代农民工是在20世纪80年代以后出生的这批人，此时，一方面，广大农村地区已经实行比较严格的计划生育政策，农村家庭迅速核心化和小型化；另一方面，农村家庭每户一般只承包耕种少量耕地，他们从中小学毕业或辍学后不是像他们的父辈一样从事农田耕种劳动，而是直接转入浩浩荡荡进城“民工潮”大军之中。由于成长环境和接受教育的不同，这两代农民工有着不同的社会认同感和生活期望值，从而导致他们不同的个人行为选择。对于这个问题，王春光比较早地从社会学角度关注到不同个体特征的农村流动人口，并提出“新生代农村流动人口”概念，他认为这一概念有两层含义，一层含义是他们年龄在25岁以下，于20世纪90年代外出务工经商的农村流动人口，另一层含义是他们不是第二代农村劳动力人口，因为他们毕竟不是第一代农村流动人口在外出过程中出生和长大的，而是介于第一代与第二代之间的过渡性的农村流动人口。[①]很显然，王春光的“新生代农村流动人口”与本书的“第二代农民工”指同一群体，但前者是从社会学角度划分，本书则从农民工自身出发，既有社会学特征又有经济学特征。在农民工市民化研究中，我们选择了“第二代农民工”这一提法来描述这一需要特别关注的群体。

2. 两代农民工的区别

同在城市中打工，没有相应的城市户口和社会保障的两代农民工，他们的个人特征、流动外出动因以及特点等方面均有着较大的差异。我们以1980年为界，在武汉大学经济研究所课题组2005年对武汉市进城农民工问卷调查的436份样本中，有304位是出生在1980年之前，被称为“第一代农民工”，另外的132位出生在1980年之后，被称为“第二代农民工”。通过分析，发现有如下不同：

一是文化程度不同。第一代农民工的文化程度明显低于第二代农民工。第一代农民工的文化程度以小学和初中文化为主，其中30.92%的处于文盲半文盲，初中及以下占81.91%，平均受教育年限为7.62年。而第二代农民工以初中及以上为主，占89.4%，平均受教育年限为8.92年。

二是外出目的不同。第一代农民工家庭负担较重，外出就业的目的主要是为了增加收入，改善家庭的生活条件。第二代农民工中未婚的较多，家庭负担较轻，外出目的主要不是为了增加收入。以本次调查为例，第一代农民工“在婚”的比例为88.16%，其外出动因排名前三位的是：“提高生活水平”占32.89%、“为子女或兄弟姐妹筹集费用”占21.38%、“家里农活少，太清闲”占18.42%，均与家庭和农业有关。而第二代农民工的“在婚”的比例仅为10.6%，其外出目的排名依次为“出门学技

① 王春光：《新生代农村流动人口的外出动因与行为选择》，载李培林主编：《农民工——中国进城农民工的经济社会分析》，社会科学文献出版社2003年版，第196~205页。

术”占20.45%、“提高生活水平”占19.70%、“不愿意干农活”占18.18%，第二代农民工考虑的更多是自己未来的前途。而王春光的调查，发现第一代农民工外出的最初动因主要是：“务农太辛苦”占21.99%、“耕地太少”占18.44%等，均与农业有关，或者说因为农村太穷而出去打工。第二代农民工大多没有务过农，最初动因“一直在念书，不懂农活”占17.07%，因此对农村的认同感比第一代农民工低。①

三是在外生存的敏感程度不同。第一代农民工的生活方式和生活习惯更趋稳定，不会因生活环境而改变太多，而第二代农民工的生活方式和生活习惯尚未定型，更容易受到生活环境变化的影响。王春光的研究表明，第二代农民工更能适应外出生活，外出动因“习惯外出生活”占40%和“羡慕城市现代生活”，外出主要原因是追求生活，不只是解决生存问题。对现实满意度也不相同，第一代农民工感到满意的占27.65%，比第二代农民工的12.46%，相差1倍多。后者对外出的期望高，且要求多样，前者主要是为了赚钱，解决生存问题，也更能吃苦。尽管有太多不满，但第二代农民工比第一代农民工更希望继续留在城市，其比例高10个百分点。②

四是务农经验和土地情结不同。我们的调查显示，第一代农民工有比较丰富的务农经验，平均务农时间为11.94年，而第二代农民工没有或缺乏务农经验，平均务农时间为2.15年，且有37.9%的人从来没有干过农活。

五是对自己的认同不同。第二代农民工更倾向于认为自己是城市中的一员，应该得到城里人同等的社会地位。在调查中显示，认为“农民工还是农民”的，第一代农民工占26.97%，第二代农民工占18.94%；认为“农民工不以务农谋生，应该得到城里同等的社会待遇”的，第一代农民工占40.13%，第二代农民工占56.82%。很显然，第二代农民工比第一代农民工有更多的自主和自觉意识。

六是留城意愿不同。第二代农民工比第一代农民工更愿意成为市

① 王春光：《新生代农村流动人口的外出动因与行为选择》，载李培林主编：《农民工——中国进城农民工的经济社会分析》，社会科学文献出版社2003年版，第196~205页。

② 王春光：《新生代农村流动人口的外出动因与行为选择》，载李培林主编：《农民工——中国进城农民工的经济社会分析》，社会科学文献出版社2003年版，第196~205页。

民，留在城市中生活。第二代农民工中有46.21%是“留城者”，而第一代农民工中只占18.09%。第一代农民工有39.80%的人，以后是“回乡者”或者是“倾向于回乡者”，而此比例在第二代农民工只有15.91%。值得注意的是，两代人中都是约占三分之一的人是中间不定者，可见年龄不是影响中间不定者的主要因素（见表8-3）。

表8-3　两代农民工留城意愿对比

留城意愿 \ 群体		第一代农民工	第二代农民工
留城者	人数(个)	55	61
	比例(%)	18.09	46.21
中间不定者	人数(个)	106	44
	比例(%)	34.87	33.33
倾向于回乡者	人数(个)	88	14
	比例(%)	28.95	10.61
打算回乡者	人数(个)	33	7
	比例(%)	10.86	5.30

资料来源：武汉大学经济研究所课题组2005年问卷调查数据。

我们认为，两代农民工的差异是多方面的甚至是全方位的，这里将二者的区别总结有如表8-4。

表8-4　第一代与第二代农民工特征比较

比较特征		第一代农民工	第二代农民工
成长的外部环境	社会环境	改革开放前	改革开放后
	家庭环境	多子女家庭	独生子女或不多于两个孩子的家庭
个人特征	年龄层次	出生于1980年之前	出生于1980年之后
	文化程度	小学和初中文化为主	初中及以上为主
	婚姻状况	大部分已婚	大部分未婚
	人格特征	吃苦耐劳特征较强	吃苦耐劳特征较弱

续表 8－4

比较特征		第一代农民工	第二代农民工
工作情况	打工的主要目的	为家庭，生存为主	为自己，追求生活质量
	对工作的要求	能够挣到比种田多的钱即可	向往体面的工作，或对将来在城市生存有帮助的工作
与家乡或农业的联系	务农的经验	有比较丰富的务农经验	没有或缺乏务农经验
	与家庭的经济联系	大量的收入寄（带）回农村老家	汇寄回家比例较低，有时向家庭要钱
城市中适应性	对城市的认同感	较弱，多以同乡为主要交往对象	较强，向往城市生活和融合城市
	与外界的联系	以口信、书信为主，信息量少，频率低，速度慢	以电话、网络为主，信息量大，频率高，速度快
	生活方式	与传统农民接近	与现代市民接近
目　标	对未来的期望	多数人在年龄大后返乡劳动	多数人不愿返乡务农，渴望市民化

基于上述方方面面的不同，我们将两代农民工与农民和市民的关系用下图概括性描述：

在生活习惯、文化习俗、对工作目标的追求等方面，第一代农民工更接近于农民，在向城市转移过程中，仅仅是工作和空间上的转移，文化和心理的变化较小，而第二代农民工更接近于市民，尽管身份并为得到彻底改变，但是对城市生活的向往和追求，已经使各个方面发生比较大的变化。因此，在农民工市民化的进程中，第二代农民工是最需要市民化、也是最容易市民化的群体，在实际过程中，要给予充分的重视和相配套的措施。

（三）农民工市民化进程中中间不定者和打算回乡者

1. 中间不定者

中间不定者是影响农民工市民化总体进程中的中间力量，他们市民化的意愿和能力状态左右着农民工市民化的总体进程和方向。从表8-2中可以看出，中间不定者无论在性别比、年龄、受教育年限、月收入、对自己的认同、过去三年平均打工次数、过去三年平均每年在城市中的月数、参加培训的比例、在婚者比例等都处于留城者和倾向于回乡者之间。可见，在外部因素不变的情况下，中间不定者由于个人自身素质比留城者较低，无法主动成为“留城者”。因此，外部制度等因素对这一群体是否能够市民化有着决定性的作用，合意的制度设计可以通过增加农民工的生存能力或者增强农民工的市民化意愿，来促使农民工市民化进程的推进。

2. 打算回乡者

已有的研究表明，打算回乡者有两种人群，一种是回乡创业的成功人士，另外一种是无法在城市生存下去的群体。因此，打算回乡者与打算留城者、中间不定者和倾向于回乡者具有明显的不同。从表8-2中可以看出，打算回乡者并没有因为回乡意愿和未来打算的一致性，而在各个方面显得比其他三个群体更差，相反的，他们的月收入为839.25元，远远高于其他群体，平均年龄为37.35岁，还略低于“倾向于回乡者”的37.86岁，受教育年限8.33年略高于“倾向于回乡者”的8.29年，打工次数和三年平均打工次数都是最高的，在婚比例80%，远远高于“留城者”和“中间不定者”，但低于“倾向于回乡者”，虽然配偶在家务农比例为50%，较“留城者”和“中间不定者”高，但低于“倾向于回乡者”的55.29%。可见，回乡者的选择并不全是由于自身素质低、在城市中生活困难而被迫的回乡，他们其中也不乏是出于自己的偏好，比方说对仍在农村的家庭的责任感乃至对农村生活的喜爱等。

面对我国农民工大量流入城市务工的现实，不同的人士提出不同的见解。农民工市民化促使农村剩余劳动力成为了市民的同时，又有学者担心，高素质的农村劳动力进入城市，导致农村中的劳动力素质下降。从我们调查结果的分析来看，回乡者年龄、个人素质等方面都不是最差的。

（四）农民工市民化的群体次序

从对上述问卷调查数据的分析来看，那些意愿和未来选择具有一

[illegible]性的农民工，往往是自主能力较强的，他们留城或是回乡更多是因为个人的偏好，而其他两种情况的群体更多的是受到制度等因素的影响。

农民工市民化与中国其他改革一样都是一个从易到难的渐变过程，农民工市民化也要从成本最小的地方入手，第二代农民工市民化问题就成为这一过程的最为迫切的群体，同时也是相当容易融入城市的群体。不难想见，随着第二代农民工进入城市的规模越来越大，如果长期不能迈过“市民化”这道“门槛”，累积到一定时期和规模时很有可能引发比较严重的社会问题。因此，有关政府部门和社会组织应当未雨绸缪，推进相关制度的改革创新，并尽早采取必要、可行的应对措施，推动第二代农民工的市民化。而中间不定者则是继第二代农民工之后，需要重点关注的对象，这一亚群体在留城意愿和能力上均低于第二代农民工，个人素质也较差，更依赖国家在制度环境和个人素质方面给予特殊政策。但这只是一般意义上的需求和建议，对于那些因为征地等原因成为“三无农民”的群体，显然是政策应该优先考虑的群体。

农民工市民化与新农村建设一样，都是解决农民工问题的重要途径，它们相辅相成，给农民工更多选择的机会，“进”可成为市民，“退”可成为新农村的一分子。

三、农民工市民化进程的测度指标构建及其度量

（一）构建农民工市民化进程测度指标的意义

1. 可以了解和掌控农民工市民化的进程

农民工问题研究是近年来研究的热点问题，农民工市民化也是农民工致富、社会安定、城乡统筹发展的重要组成部分。但是对于农民工市民化进程的测度，目前学术界尚未提出完整的指标。而势在必行的农民

工市民化进程，发展的如何，必须有合适指标进行测量，来掌握和监控农民工市民化进程，从而为决策者提供制定政策的依据。

2. 可以找到农民工问题的症结所在，促进农民工市民化进程

构建合适的农民工市民化进程测度指标体系，并且对各个时期、各个不同地区的市民化进程指标进行对比分析，可以发现市民化进程中症结所在，将以往作为定性分析的内容进行定量化分析，对农民工市民化进程研究有很大的推动作用。

3. 可以正确评估国家政策实施效果

政府为解决农民工问题采取了许多积极的措施，但每种政策实施所带来的结果，需要一种科学的方法来测量和评估。构建农民工市民化进程测量指标，可以正确地评估政策实施的效果，从而有利于政府根据现实情况，及时调整相关政策，从而有助于对农民工问题的最终解决。

4. 在理论上填补了该方面研究的空白

农民工市民化从提出到现在，对这方面的定性研究很多，政府也对此提出了相应的对策。但是，农民工市民化进程的定量研究还很薄弱，何谓农民工市民化，如何根据农民工市民化理论设计一套切实可行的可测度指标，对农民工市民化进程进行定量评估，一直是研究的空白。因此，构建农民工市民化进程测度指标，可以填补这方面研究的空白，把农民工市民化的研究从定性研究转向了定量研究，增强了研究的科学性。

（二）农民工市民化进程测度指标的构建

从理论上讲，作为一个总体的农民工的市民化进程速度可以用农民工转变成市民的人数来测量，计算农民工市民化进程速度的公式可以表达如下：

$$\text{农民工市民化进程速度} = \frac{\text{一年内净增农民工变成市民的人数}}{\text{农民工人数总量}}$$

按照农民工市民化内涵，当农民工与城市居民在生存职业、社会身份、自身素质和意识行为四个方面无差别时，即实现了市民化。但是这四个方面影响因素比较复杂，比方说二元劳动力市场很可能是长期存在

户籍制度的改革是国家政策的改革和推进，这些是农民工自身无法控制的变量，而主要取决于宏观体制改革和相关的制度创新对农民工市民化进程具有决定性的影响。另外，农民工社会身份、自身素质和意识行为的转变这些心理行为指标，难以具体衡量。因此，在现实中，难以从上述四个方面直接衡量和测算农民工转变成市民的数量，直接采用上述公式，无法完成农民工市民化的测算。

我们需要采用其他方法来测量农民工市民化。农民工市民化过程中，既有农民工不可控制的制度因素，也有与农民工自身密切相关的市民化意愿和市民化能力。据此，我们设置三个层次的市民化指标，来描述农民工市民化的进程。

1. 外部制度因素的测量指标

农民工市民化进程中，与宏观经济政策有关的制度包括：土地流转程度、户籍制度改革、就业市场的开放、社会保障改革的进程等。土地流转程度、户籍制改革、劳动力市场的改革等无法直接测量，但是可以用相关的指标来代替。农民工所受到的种种制度限制中，户籍制度是最主要的原因，也是改革难度最大的制度。这里我们用户籍制度在劳动力市场所带来的歧视程度代替农民工所受到的制度影响。

我们借用歧视系数（D）这一指标来衡量农民工所受到的制度影响[①]：

$$D = \frac{W_u/W_r - (W_u/W_r)^0}{(W_u/W_r)^0} \tag{8.1}$$

其中，(W_u/W_r)为观察到的城市本地劳动力与农民工工资比；$(W_u/W_r)^0$为没有歧视条件下的城市本地劳动力与农民工工资比。

对（8.1）式取自然对数，即可表达为：

$$\ln(D+1) = \ln(W_u/W_r) - \ln(W_u/W_r)^0 \tag{8.2}$$

将（8.2）式变形并表达为：

① 蔡昉、都阳、王美艳著：《劳动力流动的政治经济学》，上海三联书店、上海人民出版社2003年版，第212~213页。

$$\ln(W_u/W_r) = \ln(W_u/W_r)^0 + \ln(D+1) \tag{8.3}$$

从（8.3）式中可以看出，农民工与城市本地劳动力工资差异的影响因素可以进一步分解为个人特征差异对工资差异的影响 $\ln(W_u/W_r)^0$ 和歧视对工资差异的影响 $\ln(D+1)$。

若歧视影响程度 $\ln(D+1)>0$，则外部制度对农民工市民化进程具有阻碍作用；若歧视影响程度 $\ln(D+1)=0$，则说明无歧视，农民工至少与市民化具有相同的待遇；若歧视影响程度 $\ln(D+1)<0$，此时是“逆歧视”，农民工得到了比市民更有利的制度保障。对农民工市民化进程具有积极的促进作用。

2. 农民工群体市民化进程测量指标

对于农民工群体市民化进程的测量，我们采用市民化意愿和能力这两个指标。其中，农民工市民化意愿采用农民工群体中的愿意留城的比例，农民工市民化能力则用农民工在城市中的收入测量，因为农民工在城市中生活，无论是衣食住行，还是参加培训、参加社会保障等都需要农民工有足够的资金。农民工的经济收入状况也会从一个侧面反映出农民工在城市中适应能力。我们选取当地城市居民平均收入水平作为很好的参照系，用以衡量农民工市民化的能力水平。因此，农民工群体市民化进程的计算公式可以写为：

$$\text{农民工群体市民化进程速度} = \text{农民工群体市民化意愿比例} \times \frac{\text{农民工在城市年均收入}}{\text{城市居民年均收入}}$$

3. 农民工个体市民化进程测量指标

对于具体的农民工个体而言，个人能力则显得更为重要。因此，我们从个人素质、收入水平、与土地的联系和在城市中的居住情况、农民工对自己的认同四个方面对农民工个体市民化程度进行测量。个人素质用农民工受教育年限和市民受教育年限的比例表示，用以测算他们在城市中的适应性水平；收入水平则用农民工在城市年均收入与当地城市居民年均收入水平的比例表示；用农民工在城市中居住的时间占全年的比例来衡量农民工从农村退出的程度和在城市的居住情况；用农民工对自己的认同来衡量农民工心理适应性。

表8－5　农民工市民化进程测度指标体系

一级指标	二级指标	具体测算	范　围	备　注
外部制度因素	土地流转的程度、户籍制度改革进程、就业市场的统一、社会保障覆盖程度等	$\ln(D+1)=$ $\ln(W_u/W_r)-\ln(W_u/W_r)^0$	<1	$\ln(D+1)>0$,歧视,外部制度对农民工市民化进程具有阻碍作用 $\ln(D+1)=0$,无歧视 $\ln(D+1)<0$,逆歧视,外部制度对农民工市民化进程具有促进作用
农民工群体	市民化意愿 市民化能力	愿意留城者占农民工总数比例 农民工人均工资占市民人均工资的比例	0～1 0～1	
	两者几何平均数	$(意愿\times能力)^{\frac{1}{2}}$	0～1	75%～100%为高市民化率 50%～75%为中市民化率 25%～50%为低市民化率 0%～25%为极低市民化率
农民工个体	个人素质	农民工受教育年限/城市居民受教育年限	0～1	用以测算农民工在城市适应能力
	收入水平	农民工在城市打工的收入/城市居民人均收入	0～1	用以测算农民工市民化的能力
	在城市中的居住	农民工在城市中居住的月份数/12个月	0～1	用以测算农民工从农村的退出和在城市的进入
	对自己的认同	农民工选择(3)的比例＋选择(2)的比例×0.5	0～1	用以测算农民工在城市心理适应性
	综合指标：四者几何平均数	$(个人素质\times收入水平\times在城市的居住\times对自己的认同)^{\frac{1}{4}}$	0～1	适用于对农民工个体特征的测算

注：表中“对自己的认同”一栏农民工选择“(2)”指“农民工是没有城里人待遇的工人”，选择“(3)”是指“农民工不以务农谋生，应得到城里人同等的社会待遇。”参见本书附录2问题E12。

（三）农民工市民化进程的度量

在设计出了上述测度指标后，我们就可以利用武汉大学经济研究所课题组2005年问卷调查的数据和其他学者的调查数据对农民工市民化进程情况进行实际的测算。

1. 外部制度因素的测算

蔡昉等（2003年）的实证研究表明，农民工与城市本地劳动力的工资差异中，只有24%能够被个人特征解释，而剩余的76%是被歧视解释的部分。① 该测度也用数据证实了，在农民工市民化进程中，现行制度给农民工带来的巨大阻碍。

由于该项指标的测度需要在对城市本地劳动力和农民工的工作状况、个人特征等进行调查的基础上进行，现有文献的数据比较缺乏，只有蔡昉等2003年计算的数据，无法对不同年份的数据进行比较，进而就无法得出制度变化程度对农民工市民化进程的影响。但从理论上讲，在数据充分的条件下，通过对该项指标不同年份的比较，可以对外部制度等因素对农民工市民化进程的影响有一个清晰的认识。

2. 农民工群体市民化进程测算

近年来，一些研究机构和学者先后对不同地点的农民工进行调查，我们对相关调查数据进行了收集整理，见表8－6。

由于各个调查的口径不同，对于农民工市民化意愿的测度也不尽相同，因此，农民工市民化进程的指标也存在较大差异，但也在一定程度上反映了农民工市民化进程的现状。表8－6中，除了四川大学对成都市调查的测算结果反映成都市农民工市民化程度较高，达到70.01%，但也只属于中市民化率，其余大部分落入40%～60%的区间，可见农民工群体整体基本上处于半市民化率的状态，这也恰恰从数据上证实了农民工边缘性的特征。从农民工收入水平来看，大部分农民工的收入水平是城市在岗职工的50%～60%，表明了农民工生活困窘的现状，没有经济能力真正融入城市的生活。

① 蔡昉、都阳、王美艳著：《劳动力流动的政治经济学》，上海三联书店、上海人民出版社2003年版，第220页。

表 8－6　农民工群体市民化进程的测算

调查时间	农民工市民化意愿 A	农民工市民化能力			农民工市民化进程 $(A \cdot B)^{\frac{1}{2}}$
		农民工月均收入 B_1	城市居民月收入 B_2	$B=\frac{B_1}{B_2}$	
四川大学 2000 年对成都农民工的调查[①]	56%（调查数据）	607 元（调查数据）	8323[②]/12 = 693.58 元	87.52%	70.01%
李强 1999 年、2000 年、2002 年在北京等地对农民工的调查[③]	37.9%（调查数据）	（2366.40 + 8738.3）/12 = 925.39[④] 元	19155[⑤]/12 = 1596.25 元	57.97%	46.87%
2003 年对浙江嘉兴农民工的调查[⑥]	36.4%	—	—	—	—
肖云等 2004 年对重庆农民工的调查[⑦]	53.3%	630.57 元（推算的数据）	12425[⑧]/12 = 1035.42 元	60.90%	56.97%

① 曾旭晖、秦伟:《在城农民工留城倾向影响因素分析》,载《人口与经济》,2003 年第 3 期。

② 用四川省城镇职工年均工资水平代替成都市居民收入水平,数据来源国家统计局主编:《中国统计年鉴 2001》,中国统计出版社 2001 年版,第 135 页。

③ 李强:《影响中国城乡流动人口的推动与拉力因素分析》,载《中国社会科学》,2003 年第 1 期。

④ 农民工全年收入等于用农村居民家庭平均每人纯收入 2366.40(数据来源国家统计局主编:《中国统计年鉴 2002》,中国统计出版社 2002 年版,第 343 页)+农民工打工增收 8738.3(调查数据)。

⑤ 用北京市职工 2001 年职工平均工资水平代替北京市民收入水平,数据来源国家统计局:《中国统计年鉴 2002》,中国统计出版社 2002 年版,第 145 页。

⑥ 吴兴陆:《农民工定居性迁移决策的影响因素实证研究》,载《人口与经济》,2005 年第 1 期。

⑦ 肖云、郭峰:《农民工就业及其可持续发展——对重庆 1083 位样本农民工的调查》,载《统计与决策》,2005 年第 7 期(下)。

⑧ 用重庆市职工 2003 年职工平均工资水平代替重庆市民收入水平,数据来源国家统计局:《中国统计年鉴 2004》,中国统计出版社 2004 年版,第 153 页。

续表 8－6

调查时间		农民工市民化意愿 A	农民工市民化能力			农民工市民化进程 $(A \cdot B)^{\frac{1}{2}}$
			农民工月均收入 B_1	城市居民月收入 B_2	$B=\frac{B_1}{B_2}$	
中国人民大学 2004 年全国调查①		23.45%	660.18 元（推算的数据）	16024②/12 ＝1335.33 元	49.44%	34.05%
武汉大学经济研究所 2005 年调查	总体	26.61%	722.59 元	15971③/12 ＝1330.92 元	54.29%	38.01%
	第一代	18.09%	720.76 元	1330.92 元	54.16%	31.30%
	第二代	46.21%	726.82 元	1330.92 元	54.61%	50.23%

对第一代和第二代农民工市民化进程比较可以发现，虽然两代农民工收入水平相似，但是第二代农民工市民化意愿为 46.21%，远远高于第一代农民工的 18.09%，使得他们之间的市民化进程出现很大的差异，第二代农民工市民化率为 50.23%，属于中市民化进程，而第一代农民工市民化率仅为 31.30%，属于低市民化进程。

3. 农民工个体市民化进程测算

对于农民工个体市民化进程的测算，我们采用 2005 年对武汉农民工调查数据，为更清晰地比较农民工的个体特征，这里我们选取打算留城者、中间不定者、倾向于回乡者以及打算回乡者四个不同的亚群体（见表 8－7）。

在不考虑农民工市民化主观意愿的情况下，我们对处于同样条件下的农民工由于个体差异，如个人素质、收入水平、在城市中的居住和对自己的认同不同，而导致市民化进程的差异进行比较，可以发现：打算

① 朱信凯、陶怀颖：《农民工直接问卷调查情况分析》。出自国务院研究室课题组：《中国农民工调研报告》，中国言实出版社 2006 年版，第 117 页。

② 用全国职工 2004 年职工平均工资水平代替全国市民收入水平，数据来源国家统计局：《中国统计年鉴 2005》，中国统计出版社 2005 年版，第 151 页。

③ 用武汉市城镇单位在岗职工年均工资水平代替武汉市民收入水平，数据来源武汉市统计局：《武汉统计年鉴 2005》，中国统计出版社 2005 年版，第 43 页。

市民化能力最强，其综合指标达到74.85%，就个体而言，接近市民化水平，其余三个群体个人能力差异不大，其中倾向于回乡者个人能力最弱，对自己的认同和评价也大大影响了其市民化的进程。

表8－7　不同农民工亚群体的市民化能力和进程比较

指　　标	打算留城者	中间不定者	倾向于回乡者	打算回乡者
个人素质① *C*	90.78%	83.14%	81.27%	81.67%
收入水平 *D*	59.51%	51.59%	50.68%	63.06%
在城市中的居住 *E*	77.92%	73.58%	74.83%	76.58%
对自己的认同 *F*	74.57%	56.67%	49.02%	42.50%
综合指标：$(C \cdot D \cdot E \cdot F)^{\frac{1}{4}}$	74.85%	65.03%	62.35%	63.99%

资料来源：根据武汉大学经济研究所课题组2005年抽样调查数据和有关统计测算。

4. 对农民工市民化进程测度指标及结果的评价

由于外部制度因素的不可测量性，我们只能采用户籍歧视对劳动力市场上农民工与城市本地职工工资差异的解释程度来代替，由于受到调查资料的限制，对此指标无法进行进一步的比较。

对农民工群体市民化的进程，我们采用农民工市民化意愿和收入指标，这两个指标之间本身就存在一定的相关性。同样道理，农民工个人市民化进程指标中的个人素质、收入水平、在城市中的居住时间和对自己的认同四项指标，本身也具有较强的相互影响性。另外，对自己身份的认同性具有很强的主观性，在进行指标比较时，需要保持问卷设计的一致性。但就某一个时点来说，这些指标在一定程度上能够客观地描述农民工市民化的整个进程。

（四）农民工市民化进程度量对现实政策的启示

从对农民工市民化进程的实证分析中，我们可以发现：绝大多数农民工处于半市民化的状态，他们虽然能够进入城市，以打工为生，但是

① 按2000年人口普查，农业劳动人口人均受教育年限仅为7.33年，而城市是10.2年。

无法在城市中真正定居、融合下来。由于外部制度因素的制约，再加上农民工自身素质的欠缺，有很大一部分农民工的市民化意愿随时处于变动和调整的“摇摆”状态，经我们调查和研究发现，有34.40%的农民工意愿处于回乡和留城的矛盾状态。而迫切希望成功实现市民化的第二代农民工，则更需要外部制度的改善，帮助他们顺利的完成市民化进程。

针对这种现状，国家需要加快户籍制度、土地流转、就业制度、社会保障制度改革的步伐，给农民工创造市民化的宏观经济环境，让农民工具有更多的选择权，同时加大农民工职业培训，让他们更有能力在激烈的市场竞争中站稳脚跟，真正实现其在生存职业、社会身份、自身素质以及意识行为向市民的转化。

附录1：农民工就业问题研究调查问卷

我们是武汉大学研究人员，正在承担一项教育部人文社会科学重大课题，主要任务是研究农民工就业中存在的问题，以期给政府有关部门决策提供建议和咨询，同时也对改善对农民工的待遇、提高农民工就业的组织化程度的有效途径进行探索，希望能够得到您的配合。谢谢！

武汉大学教育部人文社会科学重大课题组

2003 年 12 月

A　基本信息

A1　姓名代码：______　□□□

A2　性别：1 男　2 女　□

A3　出生年月：______年______月　□□□□□□

A4　原居地：______省______市（县）______乡（镇）______村　□□□□□

A5　打工地：______省______市（县）______乡（镇、街道）　□□□

A6　家庭人口数：______人。其中农村劳动力______人，半年以上时间在村外打工的劳动力______人。　□□□

A7　家庭住房情况：住房面积______ m^2　□□□

结构属于：1 砖混　2 砖木　3 土木　□

A8　你家 2003 年经营水田、旱地共______亩，其他（鱼塘、林地、荒山等）______亩。　□□□□

A9　你家 2003 年收入情况：大农业毛收入______元，务工经商收入______元。　□□□□□□□□□□

A10 没有外出打工的主要原因是（按顺序列出三项，最主要的列在第一位）

1. 文化程度太低　2. 没有技术　3. 没有资金
4. 没有打工信息　5. 担心打工工作不稳定或受到城里人的歧视
6. 家里拖累走不开　7. 要种责任田　8. 打工太辛苦
9. 打工收入太低　10. 年龄太大或身体不好　11 其他____

最主要的原因是______ □
第二位的原因是______ □
第三位的原因是______ □

A11 教育程度：

1. 文盲/半文盲　2. 小学　3. 初中
4. 高中/中专/职业高中　5. 大专及以上 □

A12 婚姻状况：

1. 未婚　2. 已婚　3. 丧偶　4. 离婚 □

A13 对未来的期望：如果条件或政策许可，你或你的家庭是否希望能够脱离农村，变成真正的城里人？

1. 希望　2. 不希望 □

（如果回答1，请回答A14；如果回答2，请跳过A14，直接进入A15）

A14 为什么希望脱离农村，主要原因是（按顺序选择三项，最主要的排在第一位）

1. 农民社会地位低
2. 城里人收入高，生活水平更好
3. 城里人有退休工资和社会保险等社会保障
4. 进城以后孩子有条件接受更好的教育
5. 城里人的精神文化生活丰富多彩
6. 城里人有体面和稳定的工作
7. 农民负担太重
8. 其他原因______________________________

最主要的原因是________ □
第二位的原因是________ □
第三位的原因是________ □

耐用消费品你家目前有哪些？

1. 彩电　　2. 冰箱　　3. 洗衣机　　4. 摩托车

5. 自行车　　6. VCD/DVD　　7. 电话/手机　　□

A16 按照目前的经济情况，你觉得你家的生活水平在老家（农村）大体属于哪个层次？

1. 上等　　2. 中上等　　3. 中等　　4. 中下等

5. 下等　　6. 不清楚　　□

A17 按照目前的经济情况，你觉得你家的生活水平在打工地大体属于哪个层次？

1. 上等　　2. 中上等　　3. 中等　　4. 中下等

5. 下等　　6. 不清楚　　□

A18 请介绍一下你本人在打工地的住房情况

1. 租住私房　　2. 租住单位提供的宿舍

3. 单位提供免费宿舍　　4. 住在亲戚或朋友家

5. 其他（请注明）________　　□

（A18 选择 1 或 2 的请回答 A19，否则跳过 A19，直接回答 A20）

A19 每个月你要负担多少钱的房租？______元　　□□□

A20 你现在的住房面积大约为______平方米，一共住______个人

□□□□

B　找工作情况

B1 你第一次外出打工是什么时候？______年______月　　□□□□□□

B2 你第一次外出打工地点是哪里？______省______市（县）　　□□

B3 你是何时来到本市的？______年______月

B4 你目前这份工作是来到本市从事的第______份工作？　　□

（如果 B4 的答案等于 1，则回答 B5，否则就跳过 B5 直接回答 B6）

B5 第一份工作干了多久？______个月，工资是______元/月。

□□□□□

B6 你外出打工的原因是

1. 家里农活少，太清闲　　2. 出门学技术

4. 打工挣钱多，提高生活水平　　3. 为子女或者兄弟姐妹筹集费用

5. 不愿意干农活　　6. 其他（请说明）______　　□

B7 你来多久后找到了工作？

1. 一个星期以内　　2. 一个月以内　　3. 一个月以上 □

B8 你找工作过程中有没有使用过以下途径？（按顺序选择三项，最主要的排在第一位）

1. 单位招工　　2. 职业介绍机构

3. 以上两种都没有使用过 □

B9 如果你没有使用以上途径，原因是

1. 费用太高　　2. 怕被骗

3. 不知道这种方式　　4. 其他（请说明）______ □

B10 你找工作的过程中是否使用过亲戚、熟人和老乡等个人关系？

1. 使用过　　2. 没有使用过 □

B11 你认为自己找到工作的决定性的途径是

1. 职业介绍机构　2. 亲戚介绍　3. 老乡介绍　4. 其他熟人介绍

5. 新闻媒体或广告　　6. 其他（请说明）______ □

B12 你在找这份工作时遇到的主要困难是什么？（按顺序选择三项，最主要的排在第一位）

1. 不知道哪里需要民工　　2. 没有人帮忙

3. 年龄太大或太小　　4. 个人文化水平太低

5. 没有技术或技术不对口　　6. 工作报酬太低

7. 其他（请说明具体原因）______

其中：最大的困难是______ □

其次的困难是______ □

再次的困难是______ □

B13 现在的工资是______元/月；平均每月给家里寄（带）回______元；

□□□□ □□□□

现在平均每周工作______天，平均每天工作______小时。 □□□

B14 工资有没有被拖欠的情况？

1. 偶尔　　2. 经常　　3. 没有 □

B15 当时你获得这份工作信息的主要渠道有哪些？（可多选，最多可以选择三种）

1. 报纸、广播、电视等新闻　　2. 街上张贴的招工广告

乡村委会等政府组织 4. 职业介绍机构

亲朋好友等其他个人关系

6. 其他（请说明具体的途径）____ □□□

B16 对你找到这份工作最有帮助的渠道是以上的哪一种？（填上题的序号）______ □

B17 你找到这份工作时，用人单位对你的学历要求是

1. 大专及以上 2. 高中/职业高中/中专
3. 初中/技校 4. 小学
5. 没有学历要求 □

B18 找这份工作的过程中你大概找多少人帮过忙？______人 □□

B19 请按照对你的帮助从大到小的顺序填写下表（对你帮助最大的填在第一个，依次往下填）。

编　号	姓　名	与本人关系	认识时间	交往频率	熟悉程度	信任程度
1						
2						
3						

（1）与本人关系：1. 亲戚　2. 老乡　3. 同学/战友　4. 其他熟人　5. 间接关系
（2）认识时间：1. 一个月内　2. 一年内（含一年）　3. 一到三年（含三年）　4. 三年以上
（3）交往频率：1. 经常来往　2. 偶尔来往　3. 很少来往或很久没有来往了
（4）熟悉程度：1. 不熟　2. 不太熟　3. 比较熟　4. 很熟
（5）信任程度：1. 谈不上信任　2. 不太信任　3. 比较信任　4. 很信任

B20 对你帮助最大的那个人（排在上表第一位的）对你的帮助属于

1. 提供就业信息 2. 带领你到用人单位
3. 帮助向有关方面打招呼 4. 直接经济援助
5. 直接录用或者聘用你 6. 借钱给你
7. 帮助解决求职时遇到的其他问题 □

B21 请回答有关这个人的一些情况，如果不是很清楚，请根据你自己的了解回答。

性　别	1. 男　　2. 女　□
年　龄	______岁　□□□
受教育程度	1. 小学或以下　2. 初中　3. 高中/职中/中专　4. 大专及以上　□
他/她在单位的职务	1. 普通职员　2. 工长或者拉长　3. 部门主管　4. 其他(　　)
他/她所在单位的性质	1. 国有企业　2. 民营/私人企业　3. 三资企业　4. 其他
他/她的月收入	______元

C　社会交往情况

C1　今年春节期间，你打算互相拜年、交往（包括打电话、登门拜访、互相串门等）的亲戚、朋友和熟人大概有多少户（每户只计一人）？

亲属______人，朋友______人，老乡等熟人______人。

C2　他们当中有没有从事下列工作的？（直接在相应的方框内打勾）

	亲属	老乡	其他熟人		亲属	老乡	其他熟人
科学研究人员				产业工人			
法律工作人员				大学教师			
经济业务人员				中小学教师			
行政办事人员				医　生			
工程技术人员				护　士			
政府机关工作人员				司　机			
党群组织负责人				会　计			
企事业单位负责人				民　警			
厨师、炊事员				海　员			
饭店餐馆服务员				营销人员			
家庭保姆、钟点工				无业人员			
建 筑 工							

编码说明：空白格均计为0，打勾格均计为1。

附录2：武汉市进城农民工就业状况调查问卷

我们是武汉大学经济研究所课题组的调研人员，目前承担进城农民工就业状况研究的调研任务，希望通过调查了解进城农民工就业和工作中存在的问题，改善对农民工的待遇、提高农民工就业的组织化程度的有效途径进行分析研究，给有关部门决策提供政策建议和咨询，希望能够得到您的配合。谢谢！

武汉大学经济研究所课题组　　2005 年 3 月

A　基本信息

A1　姓名编码：______

A2　性别：______ 1. 男　　2. 女

A3　出生年月：______年______月，年龄：______周岁

A4　原居地：______省______市（县）______乡（镇）______村______

A5　打工地：______省______市______区（县），工作单位或所在街道：______

A6　家庭人口数：______人。其中务农劳动力______人，半年以上时间在村外打工的劳动力______人。

A7　家庭住房情况：住房面积______ m^2

结构属于：____ 1. 砖混　　2. 砖木　　3. 土木　　4. 其他____

A8　你家 2004 年收入情况：大农业毛收入______元，务工经商毛收入______元。

A9 首次离开农村老家外出打工的时间是：______年______月，当时年龄：______周岁。

A10 首次外出打工前在农村干过______年农活。到 2004 年底为止，累计一共干过______年农活。

A11 你的文化程度是：______；上学读书年数：______年。

1. 文盲/半文盲　　2. 小学　　3. 初中
4. 高中/中专/职业高中　　5. 大专及以上

A12 你现在的婚姻婚姻状况：

1. 无对象，未婚　　2. 有对象，未婚　　3. 在婚
4. 离婚　　5. 丧偶

A13 你的对象（配偶）现在何处？

1. 在老家务农　　2. 在本市和我一起打工
3. 在本市其他单位打工　　4. 在其他城市打工
5. 在上学　　6. 其他

A14 你对象（配偶）现在______市（县）从事何种工作？______

A15 你现在有（或将来想生）几个子女______，其中男孩______个，女孩______个。

A16 你个人认为一对夫妻生______个孩子最合适，其中最好男孩______个，女孩______个。

B　外出打工情况

B1 你目前这份工作是首次外出打工以来的第______份工作？你是何时找到这份工作的？______年______月

B2 从第一次外出打工以来，你先后到过哪些县市找工作或打工：______

B3 从第一次外出打工以来，你打工时先后干过哪些职业：__________

B4 在过去的三年里你一共打了______份工，每年打工时间平均是______月，目前工作的就业途径：

1. 自己主动找到的　　2. 用人单位招工
3. 职业介绍机构　　4. 新闻媒体或广告
5. 老乡介绍　　6. 农村亲戚朋友介绍
7. 城里亲戚朋友介绍　　8. 老家政府组织联系的

______

换工作原因：

1. 工资低　　2. 工资拖欠　　3. 工作太辛苦或条件差

4. 健康原因　　5. 人际关系　　6. 受社会歧视

7. 其他______

B6 你外出打工的最主要原因是

1. 家里农活少，太清闲　　2. 不愿意干农活

3. 土地被征用，无地可种　　4. 出门学技术

5. 提高生活水平　　6. 为子女或兄弟姐妹筹集费用

7. 挣钱结婚　　8. 挣钱回家创业

9. 想过城里人的生活　　10. 其他

第一位的原因是_____ 第二位的原因是_____ 第三位的原因是_____

B7 到目前为止你是否参加过职业培训？

1. 有（继续）　　2. 没有（跳至 B10）

B8 你参加过______次，你曾参加过的职业培训是有免费的吗？

1. 是　　2. 不是

B9 你参加过的职业培训是都有哪种形式？

1. 用人单位组织的　　2. 个人独立自愿参加

3. 劳动部门提供　　4. 家乡政府部门组织

5. 工作地政府部门组织的　　6. 其他（请注明）________

B10 你来多久后找到了工作？______星期

1. 一个星期以内　　2. 两个星期以内　　3. 一个月以内

4. 两个月以内　　5. 三个月以内　　6. 半年以内

7. 半年以上　　8. 离家前已联系好

B11 你认为你离开家乡进城务工，你还有些什么顾虑？

1. 家里土地要人耕种　　2. 孩子的教育

3. 老人需要照顾　　4. 外出的花费太高，负担不起

5. 在城里社会地位低下，受到歧视　　6. 身体健康状况问题

7. 担心年龄太大或者太小　　8. 自己没有什么技能

9. 自己在务工的地方没有什么熟人或关系

其中：第一位的顾虑是______　第二位的顾虑是______　第三位

的顾虑是______

B12 你进城后，你会遇到哪些困难？

1. 没有住房　　2. 工作比较危险
3. 生活没有保障　　4. 经常性的没有工作
5. 即使找到了工作也不稳定
6. 不签订劳动合同，没有什么权利的保障
7. 工资拖欠　　8. 在城里社会地位低下，受到歧视
9. 感到迷茫，没有目标　　10. 收费太多
11. 远离亲人，思念家乡　　12. 其他______

其中：第一位的困难是______ 第二位的困难是______ 第三位的困难是______

B13 你在找这份工作时遇到的主要困难是什么？（按顺序选择三项，最主要的排在第一位）

1. 不知道哪里需要民工　　2. 没有人帮忙　　3 年龄太大或太小
4. 个人文化水平太低　　5. 没有技术或技术不对口
6 工作报酬太低　　7 其他（请说明具体原因）______

其中：最大的困难是______ 其次的困难是______ 再次的困难是______

B14 目前或去年打工的平均收入是______元/月；平均每月给（或准备）家里寄（带）回______元。

B15 工资有没有被拖欠的情况？

1. 偶尔　　2. 经常　　3. 没有

B16 你找到这份工作时，用人单位对你的学历要求是

1. 大专及以上　　2. 高中/职业高中/中专　　3. 初中/技校
4. 小学　　5. 没有学历要求

B17 找这份工作的过程中你大概找多少人帮过忙？______人

B18 你最希望政府为农民工提供哪些方面的帮助？

1. 就业培训　2. 提供就业信息　3. 提供法律援助
4. 社会保障　5. 子女就学问题　6. 取消对农民工工作性质的限制
7. 提高工资标准　　8. 其他（请注明）______

第一位的是______ 第二位的是______ 第三位的是______

、况

到承包责任田______亩；2004 年你家经营土地______亩；

______块土地。

你家 2004 年在土地经营中属于哪种情况？

1. 承包他人土地　　2. 转包自己土地

3. 捡荒　　4. 土地小部分抛荒

5. 土地大部分或全部抛荒　　6. 只全部耕种了分到的责任田

7. 其他（请注明）______

C3 你家有没有土地转承包的意愿？

1. 愿意承包　　2. 愿意转包　　3. 维持现状

C4 你认为转承包土地过程中存在的困难主要有

1. 土地收益低　　2. 愿意转承包土地数量少　　3. 承包期不稳定

4. 转承包手续麻烦　　5. 政府限制　　6. 其他（请注明）______

第一位的原因是______　第二位的原因是______　第三位的原因是______

C5 转承包土地的途径

1. 农户私人协议　2. 村集体的帮助　3. 土地市场　4. 其他______

C6 你所在地的政府是否支持土地流转？

1. 支持　　2. 不支持（跳至 C8）　　3. 不了解（跳至 C8）

C7 当地政府采取了哪些鼓励和帮助你们进行土地流转的措施

1. 给予政策优惠　　2. 鼓励土地转包给种田能手

3. 保障土地流转双方权益　　4. 其他______

（C8－C11 为地权稳定性的问题）

C8 村庄对人口减少的规定

1. 收回离开的人的全部土地　　2. 只收回责任田　　3. 没有规定

C9 村庄对人口增加的规定

1. 增加农户的土地　　2. 只增加口粮田　　3. 不增加或没有规定

C10 村庄对获得城市户口的农户的规定

1. 收回离开的人的所有土地　　2. 只收回责任田

3. 强制继续种植　　4. 没有规定

C11 最近 5 年来老家承包土地调整了______次。

（C12－C14 为土地使用权问题）

C12 村集体对抛荒管不管？

1. 管　　2. 不管

C13 由于非农业就业影响土地耕种时，村集体

1. 收回所有土地　　2. 只收回责任田　　3. 强制转让土地
4. 在农忙季节强制耕种　　5. 没有规定

C14 劳动力外出，土地没有好好料理，村集体

1. 收回离开的人的所有土地　　2. 只收回责任田
3. 强迫继续种植　　4. 没有规定

（C15－C17 为土地经营权问题）

C15 你村对自由出让土地的规定

1. 不允许　　2. 只允许出让口粮田
3. 需经过村庄干部的同意　　4. 没有规定

C16 你村对为获利而租出土地的规定

1. 不允许　　2. 只允许租出口粮田
3. 需经过村庄干部的同意　　4. 没有规定

C17 你村对出售土地使用权的规定

1. 不允许　　2. 只允许口粮田　　3. 没有规定

D 社会保障状况

D1 你在老家时参加过哪种社会保障？

1. 养老保险　　2. 合作医疗保险　　3. 集体福利保障
4. 其他保险______　　5. 没有（请跳至 D3）

D2 你每月交纳养老保险金为______元？医疗保险金为______元？其他保险金为______元？

D3 你没有参加社会保障的原因是什么？

1. 没钱交　　2. 不了解相关信息
3. 没人组织　　4. 认为难以兑现
5. 外出打工有其他保障代替　　6. 其他（请说明）

D4 你现在的老板有没有为你购买保险？

1. 有　　2. 没有（请跳至 D7）　　3. 不知道

购买的保险主要有什么？

伤保险　　2. 医疗保险　　3. 养老保险

失业保险　　5. 生育保险　　6. 其他

老板每月为你交纳的保险金为______元？

7 你在城里打工时有过失业的经历吗？

1. 有　　2. 没有（请跳至 D10）

D8 你失业的最长时间是______星期？

D9 你失业后靠什么生活？

1. 自己过去的积蓄　　2. 亲友、老乡借钱生活　　3. 其他______

D10 你在城里打工时生过病吗？

1. 有　　2. 没有

D11 你生病后会去医院花钱看病吗？

1. 会去　　2. 不去看病，挺挺就会好的

3. 只有重病时才上医院　　4. 病重买点药吃就行

D12 如果曾因受过工伤去医院，你看病花了______元钱？其中工作单位为你出过______元钱？

D13 你最希望加入哪种保险？

1. 工伤保险　　2. 医疗保险　　3. 养老保险　　4. 失业保险

5. 最低生活保障　　6. 不需要，不如多给我钱　　7. 其他______

E　农民工生存状态

E1 你为什么离开家乡到这里打工，主要原因是（按顺序选择三项，最主要的排在第一位）

1. 农村收入太低，城里收入相对较高　　2. 家里人多，土地却减少

3. 家乡太封闭保守，思想不解放

4. 别人都出来了，受到别人的影响

5. 城市生活条件好，不愿意干农活　　6. 村干部作风恶劣

7. 学习一技之长，再回家乡创业　　8. 农民负担太重

9. 进城以后孩子有条件接受更好的教育　　10. 其他______

第一位的原因是______　第二位的原因是______　第三位的原因是______

E2 你个人希望脱离农村而成为城市居民吗？

1. 是　　2. 否　　3. 没想过

E3 为什么希望脱离农村，主要原因是（按顺序选择三项，最主要的排在第一位）

1. 农民社会地位低
2. 城里人收入高，生活水平更好
3. 城里人有退休工资和社会保险等社会保障
4. 进城以后孩子有条件接受更好的教育
5. 城里人的精神文化生活丰富多彩
6. 城里人有体面和稳定的工作
7. 农民负担太重
8. 其他原因______

第一位的原因是______　第二位的原因是______　第三位的原因是______

E4 你有______个孩子在城市打工，______个孩子在家务农，______个孩子在家读书，______个孩子在你打工地读书，______位老人（父母亲等）和你在城里生活，______位老人在乡下生活。

E5 按照目前的经济情况，你觉得你家的生活水平在老家（农村）大体属于哪个层次？

1. 上等　　2. 中上等　　3. 中等
4. 中下等　　5. 下等　　6. 不清楚

E6 按照目前的经济情况，你觉得你家的生活水平在打工地大体属于哪个层次？

1. 上等　　2. 中上等　　3. 中等
4. 中下等　　5. 下等　　6. 不清楚

E7 请介绍一下你本人在打工地的住房情况

1. 租住私房　　2. 租住单位提供的宿舍
3. 单位提供免费宿舍　　4. 住在亲戚或朋友家
5. 住工棚　　6. 其他（请注明）______

E8 每个月你要负担多少钱的房租______元，伙食费______元，文化娱乐______元，其他______元。

地的住所面积大约为______平方米，一共住______

生活中你所遇到的最主要困难是？

1. 政策针对外地人的限制　　2. 本地人对外地人的歧视

3. 工作太辛苦　　4. 亲人不在身边，常感到孤单

5. 子女在当地受教育问题　　6. 住所不稳定

7. 害怕生病　　8. 收入太低

9. 工作环境差　　10. 其他______（请注明）

第一位的是______　第二位的是______　第三位的是______

E11　你每个工作日工作______小时，1个月工作______天，1个月有______个休息日。

E12　下面对农民工的几种看法，你同意哪一种？

1. 农民工还是农民　　2. 农民工是没有城里人待遇的工人

3. 农民工不以务农谋生，应该得到城里人同等的社会待遇

4. 其他______

E13　最后请告诉我们你对自己未来工作的打算：

1. 城里有活就出来打工，干到年纪大了再回乡务农（你打算打工到______岁以后不再外出打工）

2. 如果农副产品卖价好或农业负担轻了，我愿意种田

3. 通过打工，争取留在城里生活

4. 缺乏农业生产经营的技术或经验，只好外出打工

5. 不愿意回乡干农活，想过城里人的日子

6. 其他______

调查员备注：

调查日期：______年______月______日

访谈时间：从____时____分到____时____分

调查员：______

婚，丧偶和离异的比例为1.83%。这与中国人民大学2004年调查的婚姻状态非常接近，未婚30.12%和已婚69.88%①。

在282位已婚者中，夫妻双方都出来打工的占50.35%，配偶另一方在老家务农的占43.97%，有47.87%的配偶处于分居状态（见附表3-3）。

附表3-3　在婚农民工的配偶状况

所在地	比例(%)
在老家务农	43.97
在本市和本人一起打工	31.56
在本市其他单位打工	14.89
在其他城市打工	3.90
其　他	4.26
未回答	1.42
合　计	100

在个人认为生几个孩子比较合适的调查中，53.69%的人认为一对夫妻生两个孩子最合适，其次是占41.06%的人认为应该只生一个孩子，由此可以看出农民工的生育观点已从过去的多子多福转变过来。

4. 家庭收入状况

从受访的农民工家庭收入来看，家庭年均收入为16064.62元，其中务农年均收入为4081.43元，务工的年均收入为12003.19元。年收入在8000元以下的占15.69%，10001～12000元的占29.90%。可见，家庭年收入在12000元以下的占45.59%。虽然家庭年收入高于40000元的只占2.21%，但也反映了农民工家庭之间收入差距比较大（见附表3-4）。从收入结构来看，务工收入日益成为农民工家庭收入的主要来源，调查显示，务工收入占家庭收入的比重，小于50%的为10.78%，51%～70%之间的为28.92%，71%～80%之间的为20.34%，81%～90%的为10.54%，全部收入都来自打工收入的为19.85%（见附表3-5）。

① 朱信凯、陶怀颖：《农民工直接问卷调查情况分析》，出自国务院研究室课题组：《中国农民工调研报告》，中国言实出版社2006年版，第112页。

附表 3-4　农民工家庭年收入状况

收入组别	家庭数	比例(%)
8000 元以下	68	15.69
8001 ~ 12000	130	29.90
12001 ~ 16000	87	19.85
16001 ~ 20000	61	13.97
20001 ~ 40000	80	18.38
40000 以上	10	2.21

附表 3-5　农民工家庭收入的结构

务工收入占总收入的比重	家庭数	比例(%)
小于 50%	47	10.78
51% ~ 70%	126	28.92
71% ~ 80%	89	20.34
81% ~ 90%	46	10.54
91% ~ 100%	128	29.41
(其中:100% 的比例)	87	19.85

5. 约三分之一的农民工家庭处于贫困状态

调查结果显示，农民工家庭人均月可支配收入为 316.92 元，其中 100 元以下的为 4.41%，101 ~ 200 元的为 25.74%，如果按湖北省的经济发展状况和生活水平，以各地社会最低保障线为标准，将人均收入 200 元作为衡量贫困家庭的标准，据此有 30.15% 的农民工家庭处于贫困地位。总体来看，有 76.97% 的人月可支配收入在 400 元以下（见附表 3-6）。

附表 3-6　农民工人均月可支配收入

平均月可支配收入(元)	人数(436)	比例(%)
100 以下	19	4.41
101 ~ 200	112	25.74
201 ~ 300	131	30.15
301 ~ 400	73	16.67
401 ~ 500	45	10.29
501 ~ 600	18	4.17
600 以上	37	8.57

二、农民工外出动因和阻力

1. 外出打工的原因

农民工对于外出打工的原因多项选择的回答中，占比重最大的是“提高生活水平”，处于第二位和第三位的原因是“为子女或兄弟姐妹筹集费用”和“家里农活少，太清闲”。另外，“土地被征用，无地可种”虽然排名第10位，但这反映了农民工群体的构成，失地农民工约占进城农民工群体的8%左右（见附表3－7）。

附表3－7　进城农民工的外出打工原因

排　名	原　因	人　数	比例(%)
1	提高生活水平	316	72.48
2	为子女或兄弟姐妹筹集费用	190	43.58
3	家里农活少，太清闲	137	31.42
4	挣钱回家创业	135	30.96
5	不愿意干农活	110	25.23
6	想过城里人的生活	104	23.85
7	出门学技术	87	19.95
8	挣钱结婚	61	13.99
9	其　他	37	8.49
10	土地被征用，无地可种	36	8.26

2. 农民工离开家乡进城打工主要的顾虑

离开家乡进城打工主要的顾虑依次是“老人需要照顾”、“孩子的教育”和“外出的花费太高，负担不起”三个原因，紧跟其后的“自己没有什么技能”和“家里土地要人耕种”也占不小的比例（见附表3－8）。可见，农民工问题牵扯到方方面面，“老人需要照顾”和“外出的花费太高，负担不起”都与农民工在城市中较差的生活条件有关，不仅关系到农民工人力资本的投入，也关系到农民工子女在城市里的受教育问题及土地流转问题。

附表3-8　农民工进城务工的主要顾虑

排　名	主　要　顾　虑	人　数	比例(%)
1	老人需要照顾	225	51.61
2	孩子的教育	187	42.89
3	外出的花费太高,负担不起	165	37.84
4	自己没有什么技能	143	32.80
5	家里土地要人耕种	120	27.53
6	身体健康状况问题	99	22.71
7	担心年龄太大或者太小	87	19.95
8	自己在务工的地方没有什么熟人或关系	84	19.27
9	在城里社会地位低下,受到歧视	77	17.66

3. 农民工进城打工遇到的困难

对于农民工进城打工遇到困难的多项选择中，至少有三分之一的人选择了“不签订劳动合同，没有什么权利的保障”、“远离亲人，思念家乡”、“生活没有保障”，又分别有27%以上的人选择“没有住房”和“工作不稳定”（见附表3-9）。可见农民工的权益得不到保障的情况普遍存在，在城市中的基本生存状况处于不稳定的状态。

附表3-9　农民工进城打工遇到的困难

排　名	具　体　困　难	人　数	比例(%)
1	不签订劳动合同,没有什么权利的保障	154	35.32
2	远离亲人,思念家乡	149	34.17
3	生活没有保障	146	33.49
4	没有住房	122	27.98
5	即使找到了工作也不稳定	118	27.06
6	工资拖欠	111	25.46
7	在城里社会地位低下,受到歧视	92	21.10
8	感到迷茫,没有目标	83	19.04
9	工作比较危险	70	16.06

3. 农民工的收入水平

被调查农民工平均收入为每月722.59元，大部分收入集中在500～600元之间，其比例为35.09%。农民工个体收入差距很大，最低是学徒期的工人为0元，最高为5000元。据国家统计局调查，2004年农民工外出务工月平均收入780元，其中在东部地区务工的农民工月平均收入为798元，中部地区务工的农民工月均收入为724元，而西部地区务工的农民工月均收入为701元。① 武汉属中部地区，收入也处于中等水平。

对不同性别的农民工进行分析，可以发现：女性平均月收入为541.62元，普遍低于男性的799.48元，相对男性，女性的收入分布较为均匀，标准小于男性，从双尾t检验的显著性概率小于0.05，这说明男女性收入具有显著性差异，这种差别既来自性别歧视，也来自工作性质的差异。

附表3－13　农民工个人工资收入水平

个人收入水平	男性(%)	女性(%)	合计(%)
500元以下	7.57	10.09	17.66
500～600元	21.10	13.99	35.09
601～800元	22.71	3.67	26.38
801～1000元	12.39	1.61	13.99
1000元以上	6.42	0.46	6.88
月平均收入(元)	799.48	541.62	722.59

4. 工资拖欠的调查

在被调查的436位农民工中，只有43位曾因工资拖欠而换工作。有几乎一半的农民工"没有"工资拖欠现象，但也有10%的农民工工资"经常"被拖欠（见附表3－14）。近年来，农民工工资拖欠问题成为一个急迫的社会问题，国家对此发布指示，政府部门紧急行动，为解决拖欠农民工工资问题采取了积极的措施，取得了显著的效果。这一数字既说明政府在解决农民工的工资拖欠问题方面取得了一定的成绩，也与调查样本中，自我雇佣的农民工不存在工资拖欠问题有关。

---

① 国家统计局：《当前农民工外出务工情况分析》，出自国务院研究室课题组：《中国农民工调研报告》，中国言实出版社2006年版，第104页。

附表 3－14　农民工工资被拖欠情况

排　名	工资是否被拖欠	人　数	比例(%)
1	没　有	215	49.31
2	偶　尔	161	36.93
3	经　常	40	9.17
4	未回答	20	4.59
合　计		436	100

5. 失业状况

从失业方面看，农民工也经常面临失业的窘境。调查显示，在城里打工时有过失业经历的农民工有 212 人，占总数的 48.62%。失业时间以短期为主，在失业人群中，明确回答失业时间的人数为 198 人，其中以 2～4 个星期为最多，占 46.97%，有 80.81% 的被调查农民工失业时间在 2 个月以内（见附表 3－15）。城市居民在失业期间有失业补助，但农民工却没有。在失业期间，他们中的 61.79% 是靠自己过去的积蓄生活，28.77% 是靠向亲友老乡借钱生活，也有一小部分人不得不离开城市回家去。

附表 3－15　失业时间的长短

失业时间	人　数	比例(%)
1 个星期以内	16	8.08
2～4 个星期	93	46.97
5～8 个星期	51	25.76
9 个星期及以上	38	19.19
合　计	198	100

附表 3－16　失业之后的生活来源

排　名	失业后的生活来源	人　数	比例(%)
1	自己过去的储蓄	131	61.79
2	亲友老乡借钱生活	61	28.77
3	其　他	20	9.43
合　计		212	100

6. 合同的签署

在调查时，笔者从农民工口中得知，很多企业用工和劳动管理很不规范，劳动合同签约率低，履约率更低。许多用人单位根本不与外来的民工签订劳动合同，造成一旦发生纠纷难以调查取证的后果。另外，一些地方在农民工务工就业的职业、工种等方面，设置了诸多不合理限制，而且针对农民工设置的各种登记收费项目繁多。

7. 农民工的工作时间

被调查的农民工中，过去三年每年在城市中的打工时间，平均值为9.12个月，有61.83%在城市中的打工时间在10～12个月，半年以下的仅为18.03%（见附表3－17），每月平均工作天数为28.12天，每日平均工作时数为10.01小时。可见大部分农民工长期在城市中的生活，工作天数和工作时间超常，不符合国家规定的企业用工政策，除了个别自由职业者外。

附表3－17　农民工在城市中的打工时间

在城市中的打工时间	人　数	比例(%)
0～3个月	30	6.88
4～6个月	48	11.01
7～9个月	88	20.181
10～12个月	270	61.93
合　计	436	100

四、进城农民工承包土地状况

1. 农民工农地经营方式

在土地经营和流转的调查中发现，有接近10%以上的被调查者对问题无法作答，这部分人年龄比较轻，对农业生产不熟悉，可见年轻的农民工有较高的离农倾向。

在有效回答的问卷中，每家平均承包4.63亩责任田，2004年自己经营4.33亩，47.29%的农民工家庭耕种了全部责任田，其次是转包自己的土地，占24.38%，土地抛荒的占7.87%（见附表3－18）。

附表3－18　农民工农地经营方式

排　名	土地经营的方式	人　数	有效比例(%)
1	只全部耕种了分到的责任田	192	47.29
2	转包自己土地	99	24.39
3	承包他人土地	43	10.59
4	其　他	32	7.88
5	土地小部分抛荒	19	4.68
6	土地大部分或全部抛荒	13	3.20
7	撿　荒	8	1.97
8	未回答	30	
	合　计	436	100

2. 农民工农地流转

在转承包意愿调查中，有62.22%的人表示“维持现状”，20.25%的人“愿意转包”，17.53%的人“愿意承包”。

在转承包的方式中，71.47%的农户是以“农户私人协议”的方式，22.77%的农户是通过“村集体帮助”的，几乎没有人通过土地市场。

对所在村对土地自由流转的规定，大部分人表示“不知道”（12.16%）或者是根本“没有规定”（55.50%）。

由此可见，农村土地市场存在着不规范和市场化流转条件的欠缺，农户基本上以私人协议为主，虽然有20%的人群已经完全不耕种土地，但是依然有六成以上的人愿意维持现状，也真实地反映出土地对农民工的保障作用和农民工的“土地情结”。

五、进城农民工的社会保障

在被调查的436名农民工中，参加养老保险、医疗保险、工伤保险、失业保险四大社会保险的人数分别为8、4、27和3人，只占总人数的1.8%、0.9%、6.19%和0.7%（见附表3－19），其中有394人没有任何保障。农民工社会保障程度低，相应的社会保障机制和体系发育滞后，农民工群体近乎游离于现有社会保障体系之外或者说农民工的社会保障是近乎缺失的。有关情况在本书第七章中已有相关分析，此处从略。

附表3－19　农民工参加社会保障情况

参加保险情况	人　数	比例(%)
参加保险:	42	9.63
养老保险	8	1.83
医疗保险	4	0.92
工伤保险	27	6.19
失业保险	3	0.69
未参加保险	394	90.37
合　计	436	100

六、进城农民工的生存状态以及对未来的打算

1. 农民工的生存状态

对农民工的收入与消费做一个简单均值分析，可以发现：被调查农民工房租、伙食和其他生活必需品的消费为330.88元，寄回老家的钱

为274.62元，文化娱乐仅为31.92元，而其平均收入每月只有722.59元，也就是说农民工大部分的收入都用于吃、住和养家糊口上，个人积累很少，农民工生活水平相对比较低（见附表3－20）。

附表3－20　农民工的费用开支情况

费用开支	平均数(元)	占收入的比例(%)
房　租	52.26	7.23
伙食费	211.97	29.33
其他(生活必需品等)	66.67	9.23
文化娱乐	31.92	4.42
寄回家的数目	274.62	38.01
结　余	85.16	11.78
月收入	722.59	100

对农民工在打工地所居住面积的均值分析，平均每人9平方米，其中包括工棚等住所，对于一个三口或四口之家，只有二三十平方米，远远低于城镇或农村的人均住房，农民工的生活条件较差。

2. *农民工对自己的看法*

至于农民工对自己的看法，有45.18%的农民工认为“农民工不以务农为生，应该得到城里人的同等社会待遇”，排在第二、三位的依次是“农民工是没有城里人待遇的工人”和“农民工还是农民”，比例分别为26.38%和24.54%。这在一定程度上说明农民工有得到与城里人相同待遇的意识与要求（见附表3－21）。

附表3－21　农民工对自己的看法

排　名	农民工对自己的看法	人　数	比例(%)	有效比例(%)
1	农民工不以务农谋生，应该得到城里人同等的社会待遇	197	45.18	45.81
2	农民工是没有城里人待遇的工人	115	26.38	26.74
3	农民工还是农民	107	24.54	24.88
4	其　他	11	2.52	2.56
5	未回答	6	1.38	
	合　计	436	100	100

3. 对未来的打算

被调查的农民工在对未来的打算的回答中，有 160 人（占总数的 36.70%）打算“城里有活就出来打工，干到年纪大了再回乡务农”，其次是“通过打工，争取留在城里生活”和“如果农副产品卖价好或农业负担轻了，愿意种田”（见附表 3－22）。如果把“城里有活就出来打工，干到年纪大了再回乡务农”和“如果农副产品卖价好或农业负担轻了，我愿意种田”视为倾向于返乡，则倾向于返乡的比例为 54.13%，把“通过打工，争取留在城里生活”、“不愿意回乡干农活，想过城里人的日子”和“缺乏农业生产经营的技术或经验，只好外出打工”视为倾向于留城，其比例为 38.30%。

附表 3－22　农民工对未来的打算

排名	未来打算	人数	比例(%)
1	城里有活就出来打工，干到年纪大了再回乡务农	160	36.70
2	通过打工，争取留在城里生活	114	26.15
3	如果农副产品卖价好或农业负担轻了，我愿意种田	76	17.43
4	不愿意回乡干农活，想过城里人的日子	33	7.57
5	其他	30	6.88
6	缺乏农业生产经营的技术或经验，只好外出打工	20	4.59
7	未回答	3	0.69
	合计	436	100

选择“城里有活就出来打工，干到年纪大了再回乡务农”中又有 75.23% 的表示在 45 岁之后回乡，很多人表示感到不能干的情况下才回老家。

通过个人是否想成为市民的调查结果显示有 234 人（占总数的 53.7%）想成为市民，对于未来的打算中，倾向于留城的只有 38.30%，这一方面显示出农民工市民化的要求是十分迫切的，同时也表明相当一部分农民工在城乡之间游弋和矛盾的心态。

参考文献

白凤峥：《对建立农民工社会保障制度的认识》，载《生产力研究》，2004（7）。

白南生、宋洪远等著：《回乡，还是进城？中国农村外出劳动力回流研究》，中国财政经济出版社，2002。

包小忠：《刘易斯模型与“民工荒”》，载《经济学家》，2005（4）。

蔡昉、都阳、王美艳：《劳动力流动的政治经济学分析》，上海三联书店、上海人民出版社，2003。

蔡昉、都阳：《迁移的双重动因及其政策含义——检验相对贫困假说》，载《中国人口科学》，2002（4）。

蔡昉、林毅夫：《中国经济》，中国财政经济出版社，2003。

蔡昉、孟昕：《人口转变、体制转轨与养老保障模式的可持续性》，载《比较》，2003（10）。

蔡昉：《2002 年：中国人口与劳动问题报告——城乡就业问题与对策》，社会科学文献出版社，2002。

蔡昉主编：《中国人口流动方式与途径（1990～1999 年）》，社会科学文献出版社，2001。

蔡永飞：《能否把土地承包经营权变为养老金卡——为建立农民社会保障制度献策》，载《调研世界》，2002（4）。

陈传锋等：《被征地农民的社会心理与市民化研究》，中国农业出版社，2005。

陈敦贤：《流动人口社会保障体系论略》，载《中南财经政法大学学报》，2005（3）。

陈浩:《中国农村劳动力外流与农村发展》,载《人口研究》,1996(7)。

陈泉生:《论土地征用之补偿》,载《法律科学—西北政法学院学报》,1994(5)。

陈锡文:《当前我国农村经济和农村政权》,载《改革》,2004(3)。

陈颐:《论以土地换保障》,载《学海》,2000(3)。

程蹊、陈全功:《"民工荒"与民工维权组织的建立》,载《农村经济》,2005(2)。

都阳、朴之水:《迁移与减贫——来自农户调查的经验证据》,载《中国人口科学》,2003(4)。

窦开龙:《我国农民工弱势群体城市适应问题的人力资本视角分析》,载《甘肃经济管理干部学院学报》,2005(2)。

段小梅:《人口流动模型与我国农村剩余劳动力转移研究》,载《农村经济》,2003(3)。

樊小钢:《论城市农民工的社会保障问题》,载《农业经济问题》,2003(11)。

范剑勇、王立军、沈林洁:《产业集聚与农村劳动力的跨区域流动》,载《管理世界》,2004(4)。

冯宪:《农民工进城和留城的政策诌议》,载《现代经济探讨》,2005(7)。

高梅书、梁莹:《从城市化的视角看民工潮》,载《经济与社会发展》,2003(2)。

高倚云:《农民增收与农村土地制度创新》,载《农村经济》,2005(11)。

辜胜阻、刘传江主编:《人口流动与农村城镇化战略管理》,华中理工大学出版社,2000。

管兵:《管庄的土地转包》,载《社会学研究》,2004(1)。

郭剑雄、苏全义:《从家庭承包制到土地股份投包制》,载《中国农村经济》,2000(7)。

郭书田:《"民工潮"—农村劳动力跨区域流动的分析》,载《科技导报》,1995(4)。

国家发改委投资研究所课题组:《"十一五"时期我国城镇化战略》,载《经济学动态》,2004(11)。

国家统计局农调总队、上海市农调队：《发达地区农民不想轻易放弃承包地》，载《农业经济导刊》，2002（4）。

国务院研究室课题组：《中国农民工调研报告》，中国言实出版社，2006。

韩玉玲：《“农民工”的称呼该改了》，载《农村·农业·农民（B版）》，2005（9）。

韩云鹏、涂莲英：《农民工培训的需求导因、制约因素和对策思考》，载《职教论坛》，2005（6）上。

贺汉魂、皮修平：《“农民工”：一个不宜再提的概念》，载《农村经济》，2005（5）。

胡宏伟、唐莉：《土地保障与失地农民补偿模式分析》，载《统计与决策》，2005（9）。

胡务、张伟：《成都农民工综合社会保险研究》，载《农村经济》，2005（2）。

华迎放：《农民工社会保障：思考与政策选择》，载《中国劳动》，2004（10）。

华迎放：《农民工社会保障问题》，载《新华文摘》，总第344期，2005（20）。

黄晓静、张辉：《“民工荒”——中小企业劳资关系冲突的症结》，载《科技情报开发与经济》，2005（18）。

黄祖辉、汪晖：《城市发展中的土地制度研究》，中国社会科学出版社，2002。

贾生华、张宏斌著：《中国土地非农化过程与机制实证研究》，上海交通大学出版社，2002。

简新华，张建伟：构建农民工的社会保障体系：《中国人口·资源与环境》，2005（6）。

江立华：《论农民工在城市的生存与现代性》，载《郑州大学学报（哲学社会科学版）》，2004（1）。

焦玉良：《鲁中传统农业区农户土地流转意愿的实证研究》，载《山东农业大学学报（社科版）》，2005（1）。

金崇芳：《当代中国农民工阶层的群体特征探析》，载《理论导刊》, 2005 (11)。

金一虹:《非正规劳动力市场的形成与发展》, 载《学海》, 2000 (4)。

李惠斌主编:《社会资本与社会发展》, 社会科学文献出版社, 2000。

来建强、胡作华:《农民工养老保险“退保”率高涨的隐忧》, www. xinhuanet. com, 2006 - 02 - 14。

蓝春娣、任保平:《关于农民工社会保障问题的思考》, 载《社会科学研究》, 2004 (5)。

劳动和社会保障部课题组:《农民工社会保障的基本思路与政策建议》, http: //www. drcnet. com. cn/, 2005 - 11 - 18。

李传志:《关于珠三角“民工荒”的思考》, 载《经济问题》, 2005 (5)。

李军峰:《中国非正规就业研究》, 河南人民出版社, 2005。

李淋、冯桂林:《我国当代农民工的消费行为研究》, 载《江汉论坛》, 1997 (4)。

李路路:《移民新趋势需予关注》, 载《经济参考报》, 2002 - 04 - 17。

李培林主编:《农民工——中国进城农民工的经济社会分析》, 社会科学文献出版社, 2003。

李培林:《流动民工的社会网络和社会地位》, 载《社会学研究》, 1996 (4)。

李强:《城市农民工的失业与社会保障问题》, 载《政策研究》, 2001 (05)。

李强:《当前我国城市化和流动人口的几个理论问题》, 载《江苏行政学院学报》, 2002 (01)。

李强:《影响中国城乡流动人口的推动与拉力因素分析》, 载《中国社会科学》, 2003 (01)。

李胜兰:《我国农村产权制度改革与农村城镇化发展》, 中山大学出版社, 2004。

李郁芳:《试析土地保障在农村社会保障制度建设中的作用》, 载《暨南学报 (哲学社会科学)》, 2001 (6)。

李元:《中国土地资源》, 中国大地出版社, 2000。

刘传江、徐建玲:《“民工潮”与“民工荒”: 农民工劳动供给行为视角的经济学分析》，载《财经问题研究》，2006（5）。

刘传江：《城乡统筹发展视角下的农民工市民化》，载《人口研究》，2005（4）。

刘传江等著：《城镇化与城乡可持续发展》，科学出版社，2004。

刘传江、李桂芝：《城市化进城中的“新三农”现象及其出路》，载《人口与计划生育》，2004（12）。

刘传江、周玲：《社会资本与农民工的城市融合》，载《人口研究》，2004（5）。

刘传江：《当代中国乡城人口流动的中间障碍因素分析》，载魏津生等主编：《中国流动人口研究》，人民出版社，2002。

刘传江：《中国城市化的制度安排与创新》，武汉大学出版社，1999。

刘传江：《世界农业经营规模：变迁、现实、政策与启示》，载《经济评论》，1997（4）。

刘传江：《人口迁移：宏微观分析及其结合》，载《人口学刊》，1991（03）。

刘红梅、王克强：《浙江省农村土地市场实证研究》，载《中国农村经济》，2001（2）。

刘江涛等：《城市边缘区土地利用规制》，新华出版社，2005。

刘书楷：《土地经济学》，地质出版社，2000。

刘艳：《“民工荒”现象探析：一个产业转移的视角》，载《探索》，2005（2）。

刘燕萍等：《市场经济体制下我国农村集体土地产权制度构建思路》，载《中国土地科学》，1998（7）。

刘正芳：《民工潮：起源效应与对策》，载《财经科学》，2004（4）。

卢海元：《实物换保障：农村社会养老保险制度的创新之路》，载《湖湘论坛》，2003（1）。

卢汉龙：《劳动力市场的形成和就业渠道的转变——从求职过程看中国市场化变化的特征》，载《学术季刊》，1997（2）。

卢巧玲：《从“民工荒”现象看农民市民化》，载《农村经济》，

2005（6）。

陆强：《安居才能乐业》，载《四川建筑》，2003，23（8）。

陆学艺：《当代社会阶层研究报告》，社会科学文献出版社，2002。

罗玉达：《农村剩余劳动力的现状及其出路研究—兼论“民工潮”的对策》，载《贵阳师专学报（社科版）》，2000（3）。

罗志先：《落实农民工保障要从制度着手》，载《中国经济周刊》，2005（43）。

马用浩、由彦平：《社会转型视野中的“民工荒”现象》，载《求实》，2005（7）。

梅金平：《不确定性、风险与中国农村劳动力区际流动》，中国财政经济出版社，2003。

孟祥舟：《实行土地征用补偿“双轨制”创新的探索》，载《河南国土资源》，2003（10）。

孟昕、白南生：《结构变动：中国农村劳动力的转移》，浙江人民出版社，1988。

米庆成：《进城农民工的城市归属感问题探析》，载《青年研究》，2004（3）。

潘盛洲：《农村劳动力流动问题研究》，载《管理世界》，1994（3）。

彭美玉等：《明晰农村土地所有权的紧迫性》，载《宏观经济研究》，2005（11）。

平新乔：《关注民企劳资关系》，载《中国改革》，2005（4）。

钱雪飞：《进城农民工消费的实证研究》，载《南京社会科学》，2003（9）。

秦海荣：《关于集体非农建设用地流转的理解》，载《中国土地》，1995（10）。

任元军、韩玉堂：《深化我国户籍制度改革的经济学思考》，载《理论学习》，2003（1）。

宋晶：《从民工潮到民工荒：基于劳动力市场管制视角的分析》，载《财经问题研究》，2005（10）。

宋林飞：《“农民工”是新兴工人群体》，载《江西社会科学》，2005（3）。

孙爱军等：《开发区农民工社会保险问题分析及政策建议——基于对上海市社会保险制度的考察》，载《决策参考》，2004（06）。

孙树菡、张思圆：《都市边缘群体及其社会保障权益》，载《经济与管理研究》，2002（6）。

谭林、李军锋：《中国非正规就业的性别特征分析》，载《人口研究》，2003（5）。

谭文兵、黄凌翔：《农村人口城市迁移的动力机制》，载《城市问题》，2002（2）。

唐健：《征地制度改革观点综述》，载《中国土地》，2004（06）。

王春光：《农民工：一个正在崛起的新工人阶层》，载《学习与探索》，2005（1）。

王春光：《新生代农村流动人口的社会认同与城乡融合的关系》，载《社会学研究》，2001（3）。

王国辉、穆怀中：《民工荒、技工短缺与农民工社会保障制度建立的临界点》，载《人口与经济》，2005（4）。

王海坤：《失地农民出路与现实：4000 万失地大军游荡城市》，http://business.sohu.com/article219787454.shtml，2004－04－09。

王洪春：《中国"民工潮"与经济发展》，载《社会学研究》，1997（4）。

王建红：《农民工短缺的理性分析与应对策略》，载《南京人口管理干部学院学报》，2005（7）。

王立正、刘丽：《国外土地征用补偿程序及纠纷解决》，载《国土资源情报》，2004（1）。

王曼：《北京农民工消费与储蓄选择——基于实证基础上的理论研究》，载《北京工商大学学报（社会科学版）》，2005（11）。

王西玉、崔传义、赵阳：《打工与回乡：就业转变和农村发展——关于部分进城民工回乡创业的研究》，载《管理世界》，2003（7）。

韦曙林、许经勇：《透过"民工荒"现象看其问题的本质》，载《学术研究》，2005（1）。

"我国农村劳动力转移与农民市民化研究"课题组：《农民市民化的趋势与国内相关理论学派的主张》，载《经济研究参考》，2003（5）。

吴鹏森：《"民工潮"对中国东西部地区发展差距的负面影响》，载

《社会》，2001（7）。

吴鹏森：《进城农民：中国社会特殊的身份集团》，载《安徽师范大学学报（人文社会科学版）》，1998（2）。

吴兴陆：《农民工定居性迁移决策的影响因素实证研究》，载《人口与经济》，2005（1）。

肖云、郭峰：《农民工就业及其可持续发展——对重庆1083位样本农民工的调查》，载《统计与决策》，2005（7）下。

新华社：《4000万失地农民生活保障问题受关注》，http://www.jgny.net，2004-05-03。

徐赛嫦：《农民工社会养老保险制度探析》，载《社会保障制度》，2003（10）。

徐维祥、唐根年：《基于产业集群成长的浙江省农村劳动力转移实证研究》，载《中国农村经济》，2004（6）。

徐小军：《当前就业过程中的双重机制：人力资本和社会资本》，载《人文杂志》，2002（3）。

许巧仙：《"民工潮"现象的经济学思考》，载《河海大学学报（哲学社会科学版）》，2004（6）。

许小青、柳建华：《关于农民工教育培训问题的研究》，载《求实》，2005（5）.

闫威、夏振坤：《利益集团视角的三农问题》，载《农业经济导刊》，2004（1）。

严华珍：《龙游县土地流转的基本形式及问题》，《农村经济导刊》，2000（11）。

阎德民：《当代中国农民工阶层特征分析》，载《中州学刊》，2004（5）。

杨桂宏：《农民工社会保障缺失的深层原因分析》，http://www.sociology.cass.cn，2005-05-24。

杨进、张迎春：《关于改革农村土地征用制度的思考》，载《经济体制改革》，2005（1）。

杨立雄：《"进城"还是"还乡"—进城务工农民社会保障政策的路径选择》，载《中国社会保障》，2004（2）。

杨立雄：《建立农民工社会保障制度的可行性研究》，载《社会》，

2003（9）。

杨思远：《中国农民工的政治经济学考察》，中国经济出版社，2005。

杨云彦、蔡昉、陈金永、王德文：《城市就业与劳动力市场转型》，中国统计出版社，2004。

杨云彦：《劳动力流动、人力资本转移与区域政策》，载《人口研究》，1999（9）。

姚洋：《农地制度与农村社会保障》，《农村内部文稿》，1999。

叶晓楠：《共同关注农民工疾苦："民工潮"到"民工荒"》，载《人民日报（海外版）》（第4版），2004－11－26。

袁方：《劳动社会学》，中国劳动出版社，1992。

曾文鸿：《我国现行户籍制度五大弊端》，载《新闻周刊》，2001－08－23。

曾湘泉：《劳动经济学》，复旦大学出版社，2003。

曾旭晖、秦伟：《在城农民工留城倾向影响因素分析》，载《人口与经济》，2003（3）。

曾旭辉：《非正式劳动力市场人力资本研究——以成都市进城农民工为个案》，载《中国农村经济》，2004（3）。

张安录、毛衡：《农地城市流转与土地一级市场均衡》，载《华中师范大学学报》，2000（2）。

张宝兰、郭其友：《就业与招工"两难"矛盾解析》，载《现代经济探讨》，2005（2）。

张杰等：《农村土地流流转与劳动力转移的关联分析》，载《涪陵师范学院学报》，2005（5）。

张其仔：《社会资本论——社会资本与经济发展》，社会科学文献出版社，1999。

张文根、吴维群：《集体非农土地流转管理思考》，载《中国土地》，2000（8）。

张喜亮、吕茵：《从"农民工退保"看社会保障制度的完善》，载《工人日报》，2006－01－09。

张照新、宋洪远：《中国农村劳动力流动国际研讨会主要观点综述》，载《中国农村观察》，2002（1）。

张照新：《中国农村土地流转市场发展及其方式》，载《中国农村经济》，2000（2）。

张智勇：《户籍制度、歧视与社会分层——论农民工目前不是中国新的产业工人》，载《生产力研究》，2004（4）。

赵奉军：《我国农地征用制度改革的三种模式》，http：//www.Drcnet.com.cn/，2004－03－18。

赵树凯：《农村劳动力流动的组织化特征》，载《社会学研究》，1997（1）。

赵晓霞、张广博、高淑桃：《我国农业非农产业群体社会保障问题研究》，载《农村经济》，2003（11）。

郑功成：《中国社会保障改革与制度建设》，载《中国人民大学学报》，2003（1）。

郑英隆：《中国农民工弱信息能力初探》，载《经济学家》，2005（5）。

周诚：《农地征收补偿新论》，载《国土资源》，2006（1）。

周运清、刘莫鲜：《都市农民的二次分化与社会分层研究》，载《中南民族大学学报（人文社科版）》，2003（1）。

朱力：《从流动人口的精神文化生活看城市适应》，载《河海大学学报（哲学社会科学版）》，2005（9）。

朱力：《准市民的身份定位》，载《南京大学学报（哲学·人文科学·社会科学）》，2000（6）。

朱青：《中外土地征用制度比较与借鉴》，载《国土资源》，2004（1）。

朱胜国：《取消"民工"称谓并无多大意义》，载《农村·农业·农民（B版）》，2005（9）。

邹农俭：《中外农村劳动力转移模式的比较研究》，载《人口学刊》，2001（5）。

爱德华·格拉泽：《社会资本的投资及其收益》，http：//www.nber.org/papers/w7728。

S. D. 霍夫曼著：《劳动力市场经济学》，中文版，上海三联出版社，1989。

詹姆斯·M. 布坎南、罗杰·D. 康格尔顿著，张定淮、何志平译：《原则政治，而非利益政治：通向非歧视性民主》，社会科学文献出版社，2004。

德思克·博斯沃思、彼得·道金斯：《劳动市场经济学》，中文版，中国经济出版社，2003。

约瑟夫·古格勒主编：《第三世界的城市化》，牛津大学出版社，1998。

H. 孟德拉斯著，李培林译：《农民的终结》，中国社会科学出版社，1990。

A. E. 奥斯特罗姆：《社会资本：流行的狂热抑或基本概念》，摘译自《社会资本》，世界银行1999年版。

Bian, Yanjie, "Bringing Strong Ties Back in: Indirect Ties, Network Bridges and Job Searches in China", *American Sociological Review*, 1997. 1.

Harper, Malcolm, 1996, "Urban Planning and the Informal Sector", Regional-Development Dialogue, Spring, No. 1 (Volume 17).

Hernando, De Soto, 1990, *The Other Path*: *The invisible revolution in the third world*, New York: Harper & Row Publisher.

Ruan, Danqing, "The Content of the GSS Discussion Networks: An Exploration of GSS Discussion Name Generator in a Chinese Context", Social Networks. 1998.